佐藤優

学生を戦地へ送るには

田辺元「悪魔の京大講義」を読む

新潮社

目次

カバー図　田邊元『歴史的現實』（昭和十五年刊　岩波書店版）挿図より
装幀　新潮社装幀室
241頁扉写真　Ⓒ朝日新聞社

学生を戦地へ送るには

田辺元「悪魔の京大講義」を読む

本書は二〇一五年六月一二日夜から一四日昼にかけて「あの戦争と国家」と題して箱根仙石原で行われた佐藤優氏の講座合宿の記録である。

登場する受講生は全て仮名とした。

まえがき

時代が嫌な方向に動いている。特にドナルド・トランプ氏が米国大統領に就任したことによって、この傾向が加速している。トランプ大統領がハンドリングを誤れば（誤るというよりも、米国の国益にとって必要と考え乱暴な選択をすると表現した方が正しいのかもしれない）、中東や朝鮮半島で戦争が勃発しかねない。米国と北朝鮮の間で武力紛争が起きれば、日本もそれに巻き込まれる。

さらにシリアとイラクにおいて、イラン、ロシア、米国などの軍事介入によってイスラム教スンナ派過激派「イスラム国」（ＩＳ）が近未来に解体されることになる。その結果、シリアとイラクの一部領域を実効支配していたＩＳという事実上の国家はなくなる。それと同時に、ＩＳの戦闘員が世界的規模で拡散し、「第2イスラム国」を建設する策動を強めるであろう。特に危険な地域は、エジプト、タジキスタン、キルギス、ウズベキスタン南東部のフェルガナ盆地、フィリピン南部のミンダナオ島だ。フィリピンと日本の間での人的交流は盛んなので、ミンダナオ島に「第2イスラム国」ができるような事態になれば、日本にも本格的な訓練を受けたテロリストが入ってくる。

戦争の場合、国家は国民に死を覚悟させる。ナショナリズムが近代人の宗教となっている場合に、「祖国を守るために、愛する家族を守るために命を差し出してくれ」という説明は比較的やりやすい。これに対して侵略戦争の場合は、理屈づけが必要になる。米国が対アフガニスタン、対イラク戦争に用いた「自由と民主主義を守るため」というのはその典型的な例だ。ＩＳをはじめとするイスラム教過激派の場合には、アッラー（あの人たちが信じる神）のためにジハード（聖戦）に参加してシャヒード（殉教者）となった人は天国で永遠に生きるというような思考と心理の操作によって、死を超克させる。

本書では、われわれ日本人が、死を超克し、戦争に参加する場合にはどのような思想がでてくるのかという問題を正面から取り扱っている。対象とするのは京都学派の優秀な論客であった田辺元《たなべはじめ》（1885〜1962年）だ。大東亜戦争、太平洋戦争、アジア太平洋戦争などと呼ばれる「あの戦争」は、3つの性格を帯びていた。米国、英国、オランダなどとの戦いは、対等の帝国主義戦争だ。第2はアジアでの戦いだ。これは侵略戦争と呼ばれても仕方がない性格の戦争だった。ソ連との戦いは防衛戦争だ。当時有効だった日ソ中立条約を侵犯してソ連は日本を侵略した。日本は侵略された側なのである。

対ソ戦争に関しては防衛戦なので理屈はいらない。これに対して、客観的に見て勝ち目のないことが明白な米英との戦争、さらにアジアにおける日本の植民地拡大をどう正当化するかということについては、知的操作が必要になる。本書を読んでいただけば、田辺の「生きることは死ぬことだ」「悠久の大義に殉じた者は永遠に生きる」というような結論に人々を引き込む悪魔的魅力を持った論理（ロジック）と表現法（レトリック）を理解していただけると思う。私が考えているのは、本書を通じて危険思想に対する予防接種をすることだ。世界的規模で「国家のために命を捨てよ」という感染症が流行したときに、この予防接種を受けた人は感染しないか、感染しても症状が著《いちじる》しく軽くなる。

1　金曜夜　歴史という制約

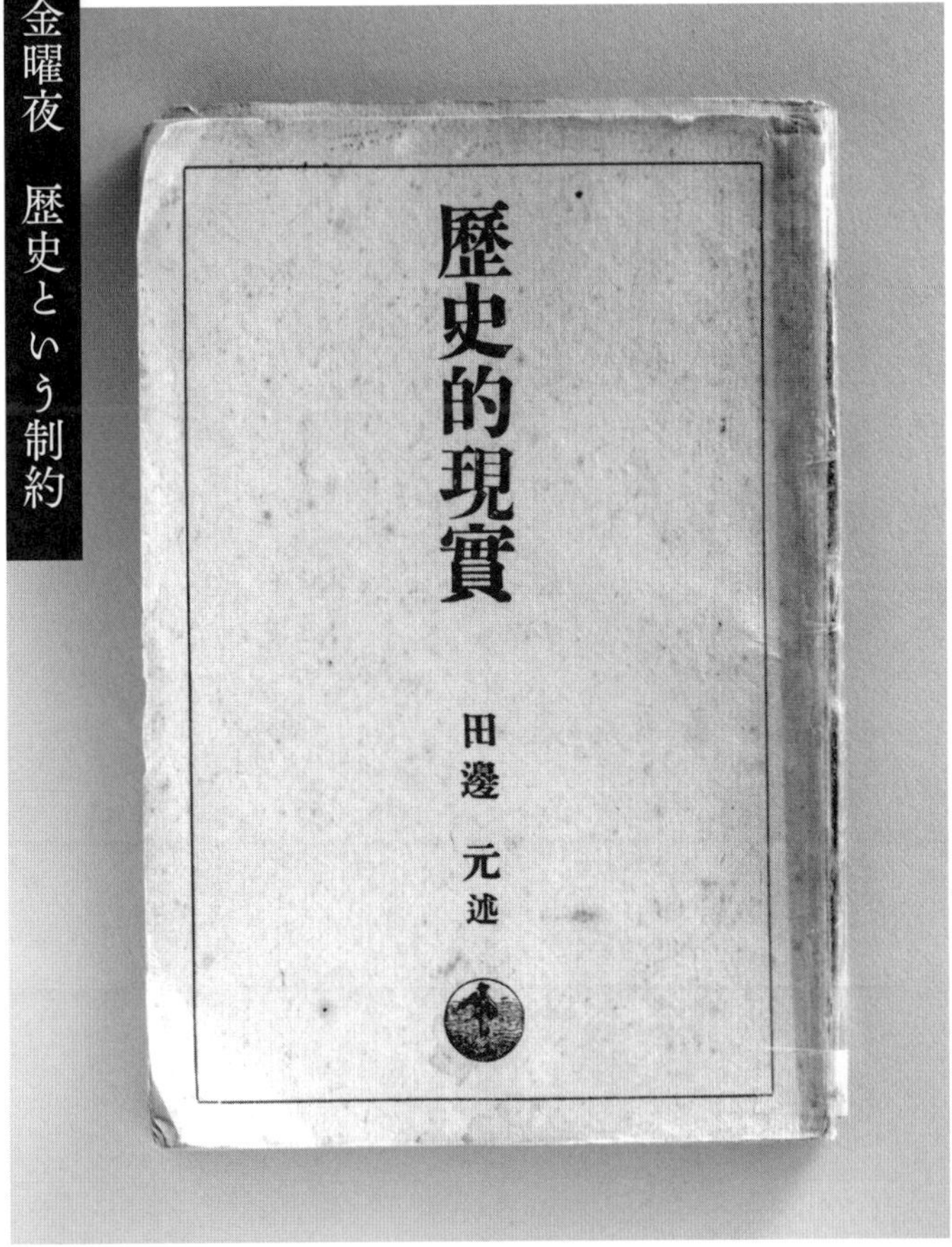

「新世紀エヴァンゲリオン」の第3新東京市で

こんばんは、佐藤優です。これから二泊三日の間、明後日の正午までよろしくお願いします。

こうした合宿やセミナーをやらないかって誘いは、セミナー業者からは結構受けてきたんです。でも、一切やりたくなかった。「佐藤さん、一日付き合ってくれたら一五〇万出すよ」とか「先生、三日連続で講義して四五〇万円でどうです？」みたいな話が来る。ということは、来る人からは一日一〇万円以上取るんだろうし、しかもひどいところだと四〇〇人、五〇〇人集めて、会場をすし詰め状態にしちゃう。それを堂々とセミナーとか合宿とか称しているわけ。そんな商売に私は加担したくなかった。

それで、二〇一四年一月から新潮講座で講義を始めた時に、八、九〇人の規模に抑えて、一回三千何百円という普通のカルチャーセンターの値段でやってみたんです。タダで講義を聴いても、みなさんだって身が入らないでしょ（会場笑）。でも、普通のカルチャーセンターの講義を私はやる気はなかった。重要なのは、双方向性の担保なんですよ。そこで、宿題を出し、もらった答案はちゃんと採点して、質問が書いてあればメモを添えて返す、ということをやってきました。これまでの講座を纏めた本が『いま生きる「資本論」』『いま生きる階級論』『ゼロからわかるキリスト教』と三冊出ていますから、読んでくれた方はご存じでしょう。

けれど、九〇人でもね、全員の方に対してきちんと双方向性を担保できているのかと問われたら、それはできないんだ。私はテレビ出演は拒否していますが、一五分以上喋らせてくれるラジオには選択的に出ています。ラジオ局のマイクの前で喋っていても、マイクの向こうのリスナーがどういう反応をしているか、皮膚感覚で多少は分かるんですね。きっと、ラジオの優れたパーソナリティの方々は、私の何十倍も分かるのでしょう。そして私だって、こうしてみなさんが目の前にいてくれれば、ラジオで喋っている時の一〇倍ぐらいはよく分かる。つまり、私の話を聴いているみなさんが、ふと「ああ、聞きたいことがあるんだな」、あるいは「もっと細かく知りたいんだな」「痒《かゆ》いところに手が届いていないな」「こっちの方面には興味があまりないのかな」って感じになるのが、新潮講座でも毎回見えるわけです。ただ、受講料を払って下さっている九〇人を相手にして、護送船団方式で少なくとも八割くらいの方にはちゃんと理解してもらわないといけないとなると、個別対応もなかなかしにくい。

そこで、「じゃあ、もう少し人数を絞り込んで、なおかつたっぷり時間をとった合宿という形で、痒いところに手が届くような講義をやろうじゃないか」と考えました。そうすればテキストの内容についても、あるいは勉強法や参考図書についても、もっと詳しく、突っ込んで話していけるだろう。みなさんの方でも、自分探しをしている人もいるかもしれないし、あるいは人生の中で何かやりたいと熱望している人がいるかもしれない。あるいはひそかに本を出したいと考えている人もいるかもしれない。いろんな目的や欲望があるでしょう。それに対しても、長時間一緒に講義をしていく中で、ふっと答えが出てくるかもしれない。そんな場を実験として作ってみようかなと思ったのが、今回の合宿という形式なんです。

そうして今日、ここ箱根仙石原《せんごくばら》のホテルへ三〇人の方々に集まってもらいました。六月半ばにしては、だいぶ涼しいでしょ。明け方はけっこう冷え込みますから、注意なさって下さい。

仙石原という土地を知っていましたか？　例の「新世紀エヴァンゲリオン」では「第3新東京市」って名前で日本の次期首都になっています。あれで仙石原の知名度がまた上がったでしょう。でも、実は「エヴァ」以前から、映像で目にすることの多い土地でした。今日、広大な薄野《すすきの》を通って来られた方は、どこかで見たなって気がしませんでしたか？　あそこは時代劇でよく目にしているところなんです。ドラマに応じて、川中島になったり、関ヶ原になったりしてる（会場笑）。あの広さで電柱が一本も見えないんですよ。実際の川中島も関ヶ原も今は電柱があるから、だいたい時代劇の合戦はここでロケするのだそうです。東京から近いから撮影に便利だということもあるでしょうね。さっき聞いたら、ちょっと色っぽいグラビアとかビデオの撮影にもちょくちょく使われているそうです。

原稿を書いたり集中して本を読んだりするために、あちこち泊まり歩いた中で、いちばん私が気に入ったのはこの仙石原でした。だから仕事場を今いるホテルからちょっと先へ行ったところに持ったんですよ。だって、東京で夜八時半にこんな静かな場所ってないでしょ。

あと、今日は少しガスっていますが、星もきれいなんです。明日もし晴れていたら、すごくきれいな富士山が間近に見えます。それと当然、箱根の天然ミネラルウォーターと水道水はまったく同じものですから、水道水をそのまま飲んでもおいしい。いいイタリアンがあったり、蕎麦《そば》屋の水準が高かったり、おいしいパン屋があったり、うまいものもけっこうあるんです。

それに箱根ってほとんどが傾斜になっていて、別荘なんかでもまず斜面に建っています。ところが仙石原は元来、芦ノ湖の湖底でしたから、箱根には珍しく平たい土地なんですね。ただ、一つダメなところは、通信。ルーターを持ってきても、仙石原に入ると、いまだ3Gになっちゃう。芦ノ湖まで行くとLTEなんだけれども。だから、動画を送受信したりするにはけっこう大変です。それから、新聞が売っていないんだな。近所に新聞屋さんがあったけれども、三年前に廃業しました。新聞を入手するのが大変なんです。

この合宿で目指すこと

さて、この合宿でやりたいことは三つあります。

まず、明後日の昼までに完璧にやりとげたいと思っているのは、哲学者の田辺元《たなべはじめ》（一八八五〜一九六二）が書いた『歴史的現実』という本の全文読み合わせと解説と、みんなでの議論。どうしてか？

これは一九四〇年に岩波書店から出た、いわばパンフレットみたいな本です。京都帝国大学での六回の講義を纏めた、原稿用紙で一一〇枚くらいの薄い小冊子のような本。だから一字残らずこの合宿で読み通せます。内容は、「一人ひとりの命は有限だけれども、それが悠久の大義のために使われるのなら永遠に生きることになるんだ」というレトリックを使って、平たく言えば「国のために死ね」と言っています。この本はベストセラーになって、読んだ学徒動員の連中が感化され納得して特攻隊に行ったわけです。いよいよ特攻に出撃する時、このパンフレットを胸に入れて特攻機に乗っていった学徒動員の若者たちもいたといいます。私が最初にこの本について聞いたのは、同志社大学神学部の藤代泰三先生（歴史神学者）からでした。やはり戦争に行かれた方で、「国のために死のうとは思わなかったけれど、兵隊にとられるのは当り前だし、いつ死ぬのか、何を考えて死ぬのか、そんなことばかり考えていた」と言われた。そんな時に、この本はよく読まれ、大きな影響力を持っていたのだそうです。

　では、この本にはどういう魅力があって、どういう力があって、どういう怖さがあるのか。田辺元は頭が抜群にいいのです。頭が切れると同時に、人の腹に沁《し》み入るように、相手のレベルを見て話す話術も巧みです。そして、きわめて怖い思想の持主でもある。だから、ある意味、悪魔のような思想家なんだね。彼の恐ろしい思想というものを、みなさんと一緒にきちんと読み解いてみたい。

　そして、もう一つ。田辺元や京大生はエリートの世界、インテリの世界だよね。では、庶民はあの七十数年前に終わった戦争下でどんなことを考え、どんな暮らしをしていたのか？

　現在のわれわれは、あの戦争は最後には東京大空襲があり、沖縄では地上戦があり、それから広島、長崎に原爆が落とされ、ソ連が参戦し、とんでもなく悲惨な終わり方をした、軍部や政治家や財閥はなんて無謀な戦争をやったんだろう、庶民は実にあわれだ——そんなふうについ考えがちなんだけれども、どうもあの時代の庶民は、昭和一九年ぐらいまで、結構〈銃後の生活〉を楽しんでいたんですね。その雰囲気がよく伝わるのが、昭和一八年四月に公開された『敵機空襲』という国策映画です。これを観て、いったい七十数年前のわれわれは何を考えていたのかということを追体験してみようと思います。

当初は、みなさん金曜まで働いて疲れているだろうから、初日の夜はまずこの映画を上映して、明日から本格的な講義に入ろうかと思っていたのですが、みんなを集めておいてDVDだけ観せるなんて、なんだか新興宗教のセミナーみたいになるし（会場笑）、手抜きしている感じもするので、映画を観るのは明日の午後にしましょう。

『歴史的現実』を読み、『敵機空襲』を観た後、最終的に、現在の国際関係や世界の構造がどういうふうになっているのか、戦争はなぜ起きてくるのか、時間の許す限り、そのへんの問題に取り組めたらいいなと思っています。ここまで行けるかは時間との勝負になるでしょうが、近年こういった問題に真剣に取り組んでいる柄谷行人《からたにこうじん》さんの『帝国の構造』をみなさんと少し読んでみたいのです。今夜か明日の夜、もし余力があって（会場笑）、予習して頂くのなら、冒頭の「第1章　ヘーゲルの転倒とは何か」、そして最後の「第7章　亜周辺としての日本」を読んでおいて下さい。『帝国の構造』の中でも難しい箇所ですが、こういうふうにみんなと一緒に読む時は、難しいところを集中的に読むんですよ。チューターがいないと読み解けないところを読んでおけば、あとは一人で読めますからね。

それから、講義の途中で質問がある時は、いつだって「ちょっと待って。そこのところが分からない」とか「もう一度説明して下さい」とか、手を挙げてインターラプトして構いません。

ゼミナールとは違って、コロキュームというのがあるんですよ。例えば大学の助手以上でやるゼミなどをそう呼ぶんですが、このコロキュームが、いま言ったようなやり方なんです。誰かがプレゼンテーションしている途中でも、「あ、ちょっと待って。そこのところ分からない」とか「こういう意味ですね？」とか、きちんと分からないところは一緒に立ち止まって考えていこうというスタイルです。これは信頼関係があって同質性が高いところじゃないとできないんだけれども、この合宿ではそのやり方をとりたいと思っています。

話は公共圏から始まる

先ほど、席の並び通りに名前を書いて貰いました。何人か、この合宿に来た目的について伺わせて下さい。じゃ、右端のウチダさんから。

ウチダさん　ウチダアサオと申します。いま監査法人で監査をやり、コンサルティングをやっています。この合宿に来た目的は「なぜあの戦争が起きたのか？」。基本はそこです。そして、今後そういうことが起きないのか、そういったところも考えていきたいなと思って参加しました。よろしくお願いします。

その目的とこの合宿はうまくハマると思いますね。まさに田辺元の『歴史的現実』はなぜ戦争が起きたのかという原理的な解き起こしにピッタリの本だからです。では、隣りのナリタさん。

ナリタさん　よろしくお願いします。仕事は、ＩＴのシステム開発をしています。この講座に参加した理由は、これから生きる上でのヒントが欲しいというのが一つ目、息子などにいろいろ伝えていきたいなというのが二つ目、三つ目は、今後日本はどうなっていくのか、安倍さんは何を考えているのか、世界はどうなっていくのかということが知りたくて参加しました。

それは私もまさに知りたいことなんだよね。安倍さんが何を考えているかを知ることは、うちのネコが何を考えているかを知るより難しいからね（会場笑）。動物行動学の課題にかなり近いと思ってる。じゃあ後ろ、キムラさん。

キムラさん　キムラトシエです。佐藤さんの新潮講座をずっと聴いてきて、今回の合宿にも参加しました。田辺元さんの本は、学生時代からずっと手が出なかったやつなので、いよいよ読むんだなと緊張しています。宗教的な匂いもして、ちょっと避けていたんです。

非常に不思議なことに、この『歴史的現実』は、もともと一九四〇年に岩波書店から出たんですが、岩波が復刊しないんですよね。いま入手しやすい版は、こぶし書房から二〇〇一年に出ています。ここは、はっきり言いますと革マル派の出版社なんです。しかも解説を書いているのが、革マル派の創設者である黒田《くろだ》寛一《かんいち》という人。ということは、革マル派の創設者にまで田辺元は強いインパクトを与えているわけです。しかも黒田寛一は、最近になって読んだと書いている。このへんも非常に面白いですね。田辺たち京都学派のものの考え方というのは、今なお左とか右とかいう枠では収まらない、しぶとい力を持っているのです。柄谷さんも「日本人がものを考えていると、最後は京都学派になっちゃうんだ」と言っています。彼は否定的な意味で言っているんだけれどね。じゃあ、お隣りのカネコさん。

カネコさん　よろしくお願いいたします。僕は、九〇歳を過ぎたような高齢者の方、要するに実際に戦場を体験した方と話をするのが好きなのですが、「戦場へ行ったら、俺たちが現れた瞬間にもう敵はみんな逃げて行ったもんだ」と、すごく嬉々として喋る方も多いんです。東京で空襲を受けたりして、内地で逃げまどった人たちとは明確に差があって、この差ってどこから来ているんだろうと、今しがたのお話を聞いて思っているところです。

私が実際に戦争を体験した人の話で衝撃を受けたのは、青島《チンタオ》で防諜機関に所属していたという陸軍中野学校卒業生の方の話です。人を殺して、完全に跡がつかないようにするには、硫酸《りゅうさん》風呂に入れて溶かしてしまう。これがいちばん痕跡がつかないんだと。風呂のホーロー びきのバスタブは結構強くて、硫酸ぐらいではやられないから痕跡が残らないそうです。「きれいに消えますよ。ただ、あれをやるのって、やはりなかなか抵抗あるものですよ、最初のうちはね」と、嬉々としてではなく、しごく淡々と話していました。やっぱり陸軍中野学校の人たちってすごい訓練を受けていたんだなあ、これは胆力が違うなと思いましたね。次は、ナワさん。

ナワさん　昭和一八年生まれで、アルバイトをちょっとしていますが、年金生活者です。さきほどお話に出た映画が公開された年の生まれですね。ちょうど終戦の年、私が二歳になる前に母が亡くなりまして、父が兵隊にとられていたものですから、鎌倉の養護施設に預けられました。三年くらいたって、父がようやく復員してきたんですが、もう体が弱っちゃっていて……。

私の人生の初《しょ》っ端《ぱな》の部分で、戦争というものに非常に大きな影響を受けたんだなという気がします。でも、あまり関心もなくて、まあ戦後ほとんど勉強する暇もなかったこともあり、よく知らないままで今日まで来ました。もう棺桶に片足を突っ込むような年齢になったので、生まれた頃の世界的な大事件というものを教えて頂いて、納得して死ねたらいいかなと、そんな思いで参りました。

むしろこちらこそ、いろいろ教えて下さい。では、ミカミさん。

ミカミさん　今年四五歳になるんですけれども、大学を出てからずっと会社員になったことがなく、フリーターをしながら現代アートの作品を創っています。言葉にはならないものを表現したいなと思ってやってきたんですが、だんだん行き詰まってきまして、体の動く六五歳ぐらいまでの残り二〇年間をどうやって世間と折り合っていけばいいのか、正直見えなくなってきているんです。ですから、何かヒントでも欲しいなと思って、『資本論』の新潮講座から参加させていただいています。

私も新しい人生を始めたのは、四五歳でした。鈴木宗男《すずきむねお》事件があって、私は「小菅《こすげ》ヒルズ」というところで修行することになり（会場笑）、外務省を休職せざるをえなくなった。小菅から出て来て、四五歳の時に『国家の罠』という本を新潮社から出して、作家としての人生を始めたのです。二〇〇五年のことだったから、もう一〇年以上経ちました。

これはちょっとした巡り合わせの結果で、私自身は職業作家になれるとは全然思っていなかったのです。ただ、これは勝負だという意識はありました。というのは、外務省にまだ籍があるのに、別の職に就くとクビになるんです。鈴木宗男事件と言っても、私は悪いことはしていないのだから、外務省を自分から辞める必要はない。法廷闘争を続けながらカネを稼いでいく方法は何かないかと、外務省設置法、国家公務員法、外務公務員法なんかをずっと読んでいって、その隙間に出てきた唯一の解決策が作家業だったんです。要するに、表現の自由は憲法上認められているから、ものを書くことは禁止できないわけ。書いたものに対して対価を取ることも禁止されていない。そして外部の雑誌などに原稿を書くのは、許可制ではなくて、届出制になっているんですよ。届出制というのは「原則ＯＫ」のことです。だから、この細い線で成功しなければ法廷闘争もできないというギリギリの選択で、作家の道を選んだわけです。

作家になるのが唯一の道と言っても、別の道も考えていました。土地勘のある根室か釧路に行って、学習塾の先生をやろうと思ってた。子どもにものを教えるのは好きだからね。特に数学と英語を教えるのが好き。それで、夜は大人相手にロシア語を教える。もしそれでもうまくいかなかったら、『闇金《やみきん》ウシジマくん』にタヌキってヤクザが出てくるでしょ、何かというとすぐオホーックの方へ行く漁船に借金まみれの人を乗せちゃうヤクザ（会場笑）。いや、ほんとにそういう漁船があるのです。そして、そんな漁船には当然ながら通訳が必要なわけ（会場笑）。これはあんまり大っぴらには話せないことなんだけども、カニの洋上取引というやつがあったんです。つまり、沖合でロシアの漁船と待ち合わせて、ロシアのかごに入っているカニを日本のかごに移す。漁師が腹巻からカネを出して、そこで通訳が必要になる。これ、今はできないよ。

漁獲証明書方式になる前は、私の外務省の後輩でそんな仕事をやってたヤツがいるんです。そしたら、ある時相談してきて、「佐藤さん、二年もやってるとどうも余計なこと知り過ぎた気がする。そのうちオホーツクに突き落とされそうだ」と。「それはすぐ辞めたほうがいいよ」と言ったら、彼は速攻で辞めて、今度はウラジオストックへ行って地上げ屋になりました（会場笑）。

いずれにせよ、いざとなったらオホーックで漁船に乗って通訳すれば、二ヶ月で六〇〇万円は稼げるらしいと。ただし二年もやると命の危険が生じるらしいけれども、とりあえずカニの通訳で飯を食って、裁判を闘えばいいやと腹を括ったら、なんか気分が楽になっちゃったんだ。でも、いざとなったら、やっぱりオホーツクは嫌だなと思ったかもしれない。獄中にいた頃から、何で食べて行こうかとは頭を悩ませていたんです。獄中で、私は新聞を読ませてもらえなかったんだけど、日刊スポーツだけは「弁護士が差し入れる」という形にしたら読めました。その求人欄を見たら、「リフォーム訪問販売　月六〇万保証」とあって、これはきっとヤバいんだろうなと思った（会場笑）。比較的堅実そうなのは、静岡とか名古屋あたりの自動車の部品工場で、寮に入って年収三〇〇万円、とかね。だから、そのへんが私の収入の上限だろうなと思っていました。まあ前科があるからハンディがついて、二割引きの二四〇万円かなと。獄中にいた頃は、そんなことを考えていたのです。

だから、四五歳からスタートっていうのは、私の場合も同じです。ではもう一人、隣りの女性の方、ナカムラさん。

ナカムラさん　こんばんは。私は佐藤先生と同じ埼玉県大宮出身です。共通点は他にもありまして、ネコを飼っていることと、人生においてロシアと切り離せない生活を送ってきたことです。初めてロシアへ行ったのは一九九七年で、留学というか、ホームステイみたいなのをしまして、それからずっとロシアに関係する仕事をしています。去年までは旅行会社で企画をしていまして、ロシアへ二万人ぐらいの方に旅していただきました。

実は私の家族もロシア関連の仕事をしていまして、具体的には、あの、カニを（会場爆笑）。いや、カニの他にも、いろんなロシアのブランド品を日本に卸《おろ》す会社を経営しています。なので、私も家族もずっとロシアのこと、日本との友好のことなどを真剣に考えてきましたので、佐藤先生の『国家の罠』を読んだ時、「あ、こんなにロシアのことを考えてくださっている日本人がいるんだ」と、ほんと単純にすごく嬉しく思ったのを覚えています。明後日までどうぞよろしくお願いいたします。

まさかロシアのカニに縁のある方がいるとは思いませんでしたが（会場笑）、つまりこの場にはロシア関係の旅行会社に勤めていた人もアーティストも年金生活者もＩＴ系企業におられる人もいる。さっき始まる前に伺ったら、大学生もいるし、お医者さんもいる。金融関係者も、保険の関係者も、不動産業の人もいる。他にもいろんな職業や立場の方がいらっしゃる。いろんな人が集まることのできる、こんな場所のことを〈公共圏〉と呼ぶんです。歴史的に言うと、一八世紀イギリスのコーヒーハウスが最初のそんな場所でした。その次に登場したのがパブです。

それまでは、例えば「Ladies and gentlemen」と言うけれども、なんでレディが先なの？　レディは女性形です。男性形は？　Lord だよね。Lord のほうが Gentry より階級が上でしょ。だからレディファーストって、ジェンダーで、性別で女を先にするという意味じゃないんだな。上の階級の人を先にしましょうってこと。Gentry よりは Lord のほうが上で、Lord の奥さんだから Lady で、身分の高い人が先にということで、レディファーストなんです。すべては身分で分かれていた。つまり、みんながみんな、同じ場所に入れるわけではなかったのです。

ところがコーヒーハウスが生まれ――正確には初期はチョコレートハウスでした。ちなみにチョコレートが今みたく固型になったのは一九世紀半ばになってからだからね。それまでは、今でいうところのココアだから。それがコーヒーになって、インド植民地が本格化したことによって紅茶が広まって、それから、それとは別にパブができて、ビールが出るようになっていったんです。

ともあれ、コーヒーハウスやパブは、飲み物代さえ払えれば誰でも入れる場所ですよ。そこでは身分と関係なしに、どんな議論をしてもいい。ただし、一つだけルールがある。自分の発言には責任を持つこと。それがたった一つのルールです。そしてそこから生まれてきたのが、新聞なんだよね。

最初期の新聞というのは、「今度マドラスに行くけれども、何か必要な買付はありますか」とか、あるいは「船員募集」とか、「船の保険をかけたいんですけど、受けてくれる人いますか」とか、そんな雑多なリクエストを書いて配って、答えをもらう、というものでした。そのうちに、それだけでは面白くないからと、「アフリカで海坊主を見た」とか、そんな体験談とか面白おかしい話がたくさん載り始めるんです。新聞はまだ随分いかがわしい感じのものでしたが、それを共通して読むところから公共圏というものがだんだん広がっていったのです。

いろんな人が集まって、いろんな意見を言える場所が公共圏で、そこから民主主義が生まれてきます。つまり、「この場所から、俺たちの代表を外に送り出そうじゃないか」となっていったわけです。例えばパブでも、お互い一緒にいて気持ちのいいパブと、どうも肌に合わないなというパブが出てくる。リベラルな人の集まるパブもあれば、動物愛護を主張する人たちが集まるパブも労働運動をやる人たちが集まるパブもある。パブごとに集まる人が違い、そこから徐々に固まって出てくるのが政治運動なんです。

民主主義の根っこは、コーヒーハウスやパブにいろんな人が集まって、自己紹介することから始まったんですよ。今、みんなで自己紹介したでしょ。「サトーズ・パブへ、ようこそ」みたいな感じで（会場笑）。それは自分の言える範囲だけで言えばいい。そうしてお互いに知り合って、信頼関係を持って、話者の誠実性をもって話をしていくってことが、民主主義の大原則、政治運動の大前提なんだよね。

覚醒剤使用は愚行権ではない

公共圏と政治の関係を整理しておきましょう。

公共圏において、いろんな政治的な考え方をする人がいても構わない。ただ、そこで適用されないといけない原則がある。何か？ 「愚行権《ぐこうけん》」なんです。すなわち、愚かなことをする権利。そして当然、他の人が愚かなことをするのも認めないといけない。ここは敢えて「愚かなこと」と言っておきますね。

例えば、私はネコが大好きです。去年の一一月から今年の三月まで、本当に大変でした。まず一一月にショウというネコが急性腎不全で死にかけて、その際、他のネコの健康診断もしたら、シマという、私の非常にかわいがっている頭のいいネコが溶血性貧血だと分かった。シマは三週間入院して、その後はステロイド治療をずっと続けて、またステロイドは切る時が大変だから、少しずつ減らしていって、幸いにして調子は戻ったのだけれども、率直に言って中古の軽自動車なら軽く買えるぐらいの医療費がかかったんです。そんなお金を出すなんて、他の人から見ればものすごく愚かな行為かもしれない。人によっては、「お前、そんなカネがあるんだったらアフリカの難民のために寄付しろよ。ネコと人間とどっちが大切なんだ」と言うかもしれない。でも、そう言われても、「俺の稼いだカネだ。何に使おうが余計なお世話だ」と言い返せるのが愚行権です。

愚行権というのは言葉としてやや品が悪いから、別の言い方もあって、曰く「幸福追求権」。各人の幸福を追求することは認めないといけない。ただし、幸福を追求する中で唯一やったらいけないことがある。他者危害排除の原則に反することだよね。

酒井《さかい》法子《のりこ》さんが覚醒剤の使用と所持で執行猶予判決を受けた後、『贖罪《しょくざい》』という本を出しました。これはすごい本ですよ。本人が書いたんじゃなくて、たぶん編集者かライターが書いていると思うんだけど、ライター・編集者の枠を飛び越えて、酒井法子さんの地《じ》がくっきり出ている。なぜ彼女がシャブをやったのかも書いていますが、基本的に、夫に勧められて嫌々やっていたんだと。あのヤローがパクられて、実は二週間前に私もやってたから、調べられて薬物反応が出るとヤバいと思ってまず逃げた。熱い風呂に入れば体から抜けると思ったけれども、よく考えれば、髪の毛に残っているかもしれないので、髪の毛を切った。そんな話を延々と書いているわけ。もし判決の前にあの本が出ていたら、確実に実刑を食らったと思うな。結局、彼女の言わんとしていることを私なりにまとめると、「私の体がボロボロになったって別に構わねえだろ、人に迷惑かけてるわけじゃないんだから」ということ、そして「でも、世の中が『いけないことだ』って言っているから、今後はしないようにします。

笑）。

ああ、悪かった、悪かった。運が悪かった」ってこと。それが『贖罪』の通奏低音《つうそうていおん》（会場笑）。

でもこれ、ダメなんだ。愚行権、幸福追求権にはならないんだな。どうしてかというと、覚醒剤を日常的に使っていると、相当の確率で幻覚とか幻聴とか聞こえるようになって、被害妄想を持って、他者に危害を加える蓋然性《がいぜんせい》が高いでしょ？　だから他者危害排除の原則に反するから、覚醒剤は愚行権にあたらず、使用したらいけないんです。

深夜一時に大きい声を出したり、大きい音でラジオをかけるのをなぜやったらいけないかというと、他者の安眠を妨害し、危害を加えるからですよね。ここで面倒くさいのは、どこまでが危害で、どこまでが迷惑かという線引きです。満員電車に酔っ払いのおっさんが乗ってきて、隣りに座っている女性のスカートの上へギェーッと吐いたら、これはたぶん危害（会場笑）。しかし、臭い息をつきながら隣りに座っているのは単なる迷惑か危害か。もたれかかってきたら、もう危害かもしれない（会場笑）。

あるいは、テレビのワイドショーでとんかつ屋の特集をやっている。それを見て、「俺はムスリムだ」と（会場笑）。「見ていて気持ちが悪くなったし、俺の信仰を傷つけられたから危害だ」と主張できないこともない。たぶんムスリムが多いインドネシアでそんな放送があったら、テレビ局は責任を取らないといけなくなると思います。つまり、文化との関係があるから、線引きが難しくなってくる。

政治におけるトランスの重要性

公共圏に話を戻しましょう。

公共圏というのは、いろんな政治思想を持っている人、自民党を支持する人、公明党を支持する人、いろんな宗教思想の人、キリスト教の人、あるいは統一教会の人がいてもいい。統一教会の信仰を人に押しつけることをその場でしなければ、いっこうに構わない。宗教を持っていない人でも、もちろんいい。ただ、政治というものは宗教思想とは違って、究極的には権力を行使することですよね。そして権力とは、嫌がることを相手にやらせることができて初めて権力なのです。

では、政治はどういうふうに権力を行使するのかといえば、民主政治の場合においては政党を通じて行動します。政党、英語ではパーティですね。パーティというのは、パートタイムと同じように、〈部分〉的ってことです。同じ考えを持つ〈部分〉の代表を議会に送って、予算あるいは法律などをめぐって折り合いをつけていく、妥協点を見つけていく。それが政治です。つまり、政治は本質的に複数性を持っているわけ。だから政治的な実践ですごく重要なのが、トランスすること、つまり〈行ったり来たりすること〉なんだよね。このトランスを説明するのがすごく上手なのが、現代だったら柄谷行人さんであり、昔だったらヘーゲルですね。

「für es」っていう言葉があります。「彼にとって」という意味。彼、すなわち当事者にとってそう見えることが、「für uns」われわれにとってはどう見えるのか。われわれ、というのは、例えば読者と仮定してみてもいい。神学や哲学の本を読んで神なら神を考える時、神の存在を信じる人は神がどんなふうに見えているのか、また学理的な反省機能を持つ人にはどう見えるのか。同じことでも、別な見え方をするわけでしょう？　読者はそこを想像して、行ったり来たりしなければいけない。政治について考えるにしても、安倍首相は戦後レジームからの脱却をすることで日本を強くするんだと主観的に思っている。これは学理的反省の立場に立つ人からすれば、サンフランシスコ平和条約という敗戦国の処遇を決める「処分的条約」によって決められた戦後の国際秩序をひっくり返そうとする歴史修正主義そのものにしか見えない。こういうふうに見方を行ったり来たりすることができるようにしないといけないんです。むろん、これはどちらが正しいかってことではありません。

　もう一つ例を挙げるなら、イエス・キリストは私にとっては救済の主であり、死後三日にして復活した方です。そう信じています。ところが学理的反省者から見るならば、空虚な墓があっただけじゃないかと。そこまでしか歴史的実証はできないよと。なおかつキリストがいたとされる一世紀は、素朴実在論の世界であると。つまり、『源氏物語』で六条御息所《ろくじょうのみやすどころ》の夢を見るのと、御息所の怨霊が現れるのとが昔の人間にとっては原理的に同じであるように、誰かがキリストの夢を見たのを復活したと信じたのじゃないか。学理的反省者の見方からするとそうなる。だって、死人が復活するはずなんかないんだから。

　しかし、キリスト教徒の私としては、また神学者の私としては、死後三日目にキリストが復活したというのは、文字通り肉体をもって復活したと信じています。それがいくら非科学的であってもね。そうじゃないと神学は成立しません。

　こういう偏見って、実はいろんなところにあるわけです。さまざまな偏見からどうやって距離を置きながら見ていくか、その技法というのを、こういった講座や読書会なんかで身につけていかないといけない。

田辺元とは何者

さっきから私が何を言わんとしているのか、気づいた人もいると思うけど、つまり今日からここで田辺元を読んでいって、「すげえなあ、やっぱり世の中の真理はこれにあるぜ」って、このとっつぁんにかぶれたらいけないわけです。だって、絶対にかぶれたらいけないような、とんでもないとっつぁんなんですよ。どうしてか？

端的に言って、戦争末期に箱根か軽井沢に籠《こも》ったやつは、絶対に信用したらダメです。なぜ？　戦時国際法で、各国の公使館や大使館がある場所は空爆したらいけないことになっていました。昔は大使館と公使館を分けていまして、重要な国には大使館を、中小国には公使館を置いた。日本にあったうちソ連は大使館だけども、スイスやスウェーデンは公使館でした。

明日観る国策映画『敵機空襲』とも絡んでくる話だけれども、だんだんアメリカの本格的な空襲が迫ってくる。東京にいると空襲の危険があるので、各国の大使館、公使館は箱根や軽井沢に疎開しました。その避難地図は中立国であるスイスを通じて、日本からアメリカに渡されます。「この地域に各国公館があるから、空爆をするな」と。その空爆禁止区域にはこの箱根の山と軽井沢が丸々かかっていました。あの時、箱根と軽井沢は本当に高級リゾートになったんだね。要するに富裕層がこぞって、自分の家族を絶対に空襲されない場所へと逃がしたからです。

田辺元は、一九四五年三月三一日に京都帝国大学を退職し、すぐに軽井沢へ移って、そのまま軽井沢の山の上から戦後になっても下りてきませんでした。一回しか下りなかったと言われています。文化勲章をもらった時ですら、東京へ下りてこなかった。

戦前、「一人ひとりの生命は有限だけど、悠久の大義のために死ねば、永遠に生きることができる」という、つまりは「国のために死ね」と主張した『歴史的現実』がベストセラーになったと先に言いましたが、敗戦後、昭和二三年（一九四八）にまたベストセラーを出すんです。タイトルは『懺悔道《ざんげどう》としての哲学』（会場笑）。「われわれはどうして間違えたのか？」と。当時よく言われていた〈一億総懺悔〉みたいな雑駁《ざっぱく》なものではもちろんありませんが、「懺悔の精神が足りなかったからだ」というのがその答えなんです。実は、機を見るに敏な田辺は、敗戦の前年には「懺悔道」と言い始めています。この昭和二三年には、『キリスト教の弁証』という本を出して、これもベストセラーになりました。

田辺元って確かに面白いんだよ。〈笑いの研究〉なんてのもやっているんです。お笑いがラジオでものすごく流行《はや》るようになっているが、これは原子力時代と関係しているんだと。原爆によって人類を破滅させるような力が出てきたけれど、そういったことは深刻に考えたくない。人間は物事の認識の限界に至ると、笑うんだと。だから、お笑い番組がこれだけ流行って、それをみんなで笑っているというのは、今起きている深刻な核の脅威を見たくないからだ、と分析しています。

それから、野上弥生子《のがみやえこ》という、『迷路』とか『海神丸』『秀吉と利休』『森』などの作品を書いたリベラル派の作家がいますが、田辺は晩年、同い年の彼女と老いらくの恋をして、大量のラブレターが残っています。ちなみに、野上弥生子さんの孫娘って誰か知ってる？　長谷川三千子《はせがわみちこ》さんだよね。あの右派の論客のお祖母《ばあ》ちゃんは、すごくリベラルというか左派の有名な作家なんですよ。

さて、田辺元は戦後しばらくの間、夏の一週間だけ哲学セミナーをやっていました。この哲学セミナーに参加できるのは、長野県の小学校か中学校の先生。そして筆記係は田辺の弟子の評論家唐木順三《からきじゅんぞう》らがつとめました。この哲学に関する連続講義を『哲学入門』という題で筑摩書房から新書版のシリーズで出版して、やはり大ベストセラーになります（一九四九～五二年）。とにかくベストセラーをどんどん生み出していく人なんですよ。『哲学入門』は田辺元全集に入っているし、今も単行本として何分冊かされて売られている、非常にいい本です。

ただ、彼はあの戦争に多くの学生たちを送り込みました。自分の理論によって日本は大東亜戦争を正当化した、あるいは学生たちはおのれが特攻死することを正当化した、そのことに関して彼はまったく反省していなかった。それは日本全体に責任があるんだと。だから懺悔は日本全体でするべきであって、自分に特別の責任があるという発想は、まるで持っていなかった人、ものすごく無責任な人です。そして自分が生き残ることとか、自分の恋愛に対しては、極めて貪欲《どんよく》だった。だから人間としてとても尊敬はできないよね。人間として尊敬できない人だからこそ、こういう人が書いた魔力のあるテキストを冷静に読んでみることがすごく重要になるわけです。

分からない話には二種類ある

じゃあ、さっそく読み始めましょう。今夜は一一時までやっていいかな？　僕がストップかけるまで一人の人が読みあげて下さい。では「はしがき」を、ウチダさん、読んで下さい。

「　はしがき

本書は昭和十四年五月十日から同年六月十四日迄の間に前後六回に亘る京都帝国大学学生課主催の日本文化講義に於て田辺元先生のなされた御話を速記し、教学局の許諾を得、先生に請うて上梓したものである。当時満堂の学生が非常な緊張と感激とを以て此の講義を傾聴した光景を今も眼前にまざまざと憶い浮べる。

最初先生は本講義を広く世に公にせられる御考を持たれなかったのであるが、本書を出版するに至ったのは独り本学学生のみが之《これ》を私すべきものでないと思われる事と、先生が本学学生中学資に乏しき者のある事を平生御心にかけて居られた事とにもとづく。

本書の印税は挙げて先生の御意思に副うよう奨学資金にあてる事になって居る。

なお岩波書店は前記の趣旨に賛意を表し、並々ならぬ援助を与えられた。

学生課は田辺先生に、教学局に、又岩波書店に対し、茲《ここ》に厚き感謝を捧げるものである。

申す迄もなくこれは速記であって、文責の先生にない事を御ことわりして置く。

昭和十五年三月廿日

京都帝国大学学生課」

田辺が対象にしていたのは誰かというと、京大の学生ですね。ということは、当時の日本で選りすぐりの若きエリートたちを対象にしていた。ちなみに戦前の国立大学って、授業料がずいぶん高かったんです。単に物価の比較ではなく、皮膚感覚的に言うと、一年で今なら三〇〇万円ぐらいの感じでしょう。私立大学はもっと高かった。だから大学へは富裕層の子どもしか行けないのが基本でした。奨学金を得る道も、ものすごく狭かったのです。じゃあ、カネのない人間はどうすればいい？　お金が全くかからない陸軍士官学校があった。海軍兵学校があった。あるいは高等商業学校（高商）。ここは授業料を取るけれども、帝大なんかと比べるとずっと安いんです。あるいは高等師範学校（高師）があった。東京文理科大学もありました、今の筑波大学だね。ここは無料であるだけでなく、学生に小遣いまで出たんです。そんな形で高等教育が複線化されていたんです。けれども何より今と違うところは、大学生が基本的には富裕層の子どもだったという点です。

そして田辺元は「はしがき」にあるように、このベストセラーの印税を最初から放棄して、学生の奨学金に充《あ》てています。つまり、お金には汚くない人だったということ、それは非常に伝わってきます。

文責がない、というのは速記を基にしているから、自分できちんと一字一字、原稿用紙の升目を埋めながら書いた文章とは違うという程度の意味です。田辺が行った講義を纏めたものので、当然田辺も目を通していますから、内容について田辺の責任がないとはもちろん言えません。

じゃあ、ナリタさんに代わって先を読みましょう。

「一　歴史的現実の一般的意味

今日から六回にわたって歴史的現実という題でお話したいと思うのであります。出来るだけ気を附けて余り平生お聞きにならない哲学の専門用語等を避けて分り易い言葉で、分り易い筋道をお話したいと思います。一体哲学は難かしい分りにくいという印象を誰しも持つのでありますが、併《しか》し私が今若《も》し皆さんに十分お分りになる様に話が出来ないならば、これは必ずしも皆さんの罪ではなく、又哲学そのものの罪でもなく、私の力が不十分で未熟な為であります。勿論私自ら求めて分りにくくお話しようという事は絶対にありません。ただ私の力が足りない、自分に問題の隅々まで見透しが附いて居ない為に、お分りにくくなるのであります。それは私の本意でなく、出来るだけ避けたいと思っているのであります。併し今申した様に、私の力の不足の為に御了解にならないような事があれば、これは慚愧《ざんき》致す外ありません。ただ私自身の力の及ぶ限り、分りよいようにお話したいと思います。」

分からない話って、ふた通りあるんだよね。一つは、内容がデタラメだから分からない話。二つ目は、積み重ね方式になっているから分からない話。後者はつまり、読者なり聴き手なりに、何らかの積み重ねの基礎知識が必要とされるものです。例えば四則演算ができなくて、ゲーム理論の話を理解することはできないでしょ？

前者の例も多いんです。世の中にはよく分かっていないのに、いい加減なことを言う人がいるからね。テレビや新聞・雑誌などでロシア情勢とかウクライナ情勢、中東情勢についていろいろ言っているのを聞いたり読んだりしても、ほとんど腑に落ちないというか、よく分からないんだよね。それは話している本人が分かってないからだよ。そういう言説が横行していることは知っていていい。

ついでに言うと、書評も弱っていますね。明らかに、読まずに書いている書評がある。そんな原稿が載るということは、担当の編集者なり記者なりも読んでいないわけだ。もし担当者が読んでいたら、書き直させるでしょう。書き手の恥になるし、掲載した新聞なり雑誌なりの恥にもなるからね。ごく当り前のことだけど、池上彰《いけがみあきら》さんや柄谷行人さんの書く書評なりコメントなりはきちんと読んでいることがわかるし、信用がおける。一方で副島隆彦《そえじまたかひこ》さんなんて人は、読んでない本は読んでないと明記した上で、タイトルだけで気に食わないとか（会場笑）、これはある種のフェアネスがあるし、また芸にもなっているわけ。

田辺と京都学派

ちょっと田辺元の紹介をしておきましょうか。

最初から人間性を謗《そし》ってばかりいるようですが、田辺は間違いなく一級の哲学者です。田辺元は一八八五年に東京で生まれました。京大の先生になるんだけど、東京大学出身です。最初は数学を専攻していましたが、途中から哲学に関心を持って、哲学科に転じたんです。

専門は科学哲学。

京都大学には西田幾多郎《にしだきたろう》（一八七〇～一九四五）という、『善の研究』などを書いた京都学派の御大《おんたい》がいました。これはやはり天才的な哲学者。今でも西田幾多郎の名前は、アメリカ人はともかく、ヨーロッパのインテリだったらよく知っていますよ。西田の著作は英語にもドイツ語にもフランス語にも訳されている。

当時の京都帝国大学の哲学科は、第一講座と第二講座に分かれていました。第一講座が西洋哲学、第二講座が東洋哲学で、第一講座の方は西田幾多郎が仕切っていました。西田幾多郎が自分の後継者として指名していたのは山内得立《やまうちとくりゅう》という哲学者でした。もう半ば忘れられている人ですが、この人が京大で西洋哲学を教えていたんです。ところが、東北大学に田辺元というすごく優れた若い哲学者がいると聞きつけた西田は、第一講座の後継者を田辺元に変えました。山内得立は、東洋思想なんて全然やったことがないのにもかかわらず、第二講座へ移されるんです。それで二級の哲学者だと目されて、みんなからバカにされます。

でも、彼の『随眠《ずいめん》の哲学』なんて、すごいオリジナリティのある哲学理論を展開しているんですよ。でも、オリジナリティがありすぎて、誰も継承できなくて、もう完全に忘れ去られてしまった。この山内得立の弟子が梅原猛《うめはらたけし》なんです。梅原さんが回想録の中で、田辺元と山内得立の授業の違いを書いているんだけど、田辺元の授業はもうカルト化していたと。みんなシーンとして、目に星を浮かべるような感じになって、田辺元の話を一心に聞いていた。研究室に行っても、学術的な質問ばかりをして、田辺先生のお答えを拝聴するスタイルだった。ところが山内得立のところへ行くと、どこの温泉まんじゅうが旨いとか（会場笑）、食い物の話を平気でしている。それで「あそこはレベルの低いやつの行くところだ」というイメージがあった。

確かに、田辺元はすごくシャープなんです。数学は西田幾多郎より断然強いんだね。田辺は一般向けに相対性理論の解説なんてのもやっているくらいで、ベースが数学だから科学哲学に強いんですよ。だから途中からは西田幾多郎を小バカにしたような論文もたくさん書きました。西田幾多郎はしゅんとしちゃって、ひたすら沈黙を守ったわけ。それで田辺元の独壇場になって、京都大学は田辺が全部押さえていったんだ。そうして戦争の正当化の哲学なんてのを展開していく一方で、高山岩男《こうやまいわお》などの優秀な学者たちを育ててもいます。さらに、自分の頭の良さを、今で言えばジャーナリスティックに表現することができた。現に、いま読んだところだけでもそんなに違和感のない文章で、哲学者の難しい文章じゃないでしょ。こういうふうにして語り、かつ書くことができる人なんです。

われわれは人間と人間の間にいる

じゃあ、『歴史的現実』に戻りましょう。

「尤《もっと》もそれに関聯して申して置きたい事は、今私は哲学は難しいものではないと申しました。それは人間が本当の人間になると云う要求を満たす学問が哲学であるからであります。若し或思想がほんとうに人々に分らないならば、それはその思想が哲学として十分の資格がないからであると考えられるのでありますが、しかしその反面に次の事をも御承知置き願いたい。

哲学は一方からいえば一般に人間に固有な要求を満たす学問であって、人間が人間になる為の道でありますが、併《しか》し人間になるとは現在本当の人間になっていない、十分に本当の知識を持っていない事を意味する、日常ある所のままの人間では本当の人間と云えない所があるということを意味します。」

ここは何を言っているかというと、人間というのは〈なる〉ものだと。人間は〈ある〉ものではない。英語で言えば〈being〉という存在概念ではない、ということです。人間は〈becoming〉、生成概念なんです。普段、日常を暮らしているだけの人間では、「本当の人間」とは言えないんだと。本当の人間になるためには、変化して、どんどん変わっていって、成長していくものだと。だから、いま私は人間ではあると言えるかもしれないけれども、不十分な知識しかないから、本当の知識を身につけ、経験を積むことによって、より人間になっていく。人間ではあるんだけれども、同時に人間ではない、いわば人間と人間の間に、今われわれはいるんだ——こういうふうな考え方なわけ。

じゃあ、読み手代わって次へ行きましょう。

「日常の生活にはそれで足りている常識とか知識とかいうものだけでは、我々は本当の人間になれない。其故に常識の外に本当の人間になる為の知識が必要である。それで若し哲学が常識の立場では分らない、それどころか、却《かえっ》て常識で分っていると思っている事を分らなくするものだとすれば、それは私の力の不足な為に分りにくいのと違った意味に於て分りにくいのである。」

「常識」というのは、世間一般に流通しているものですね。そして「哲学」とは、頭のいいやつのものであると。ここ、頭のいいやつしか本物の人間にはなれないと言っていますよね（会場笑）。通常の常識にとらわれているような人間、その知識で事足れりとしている人間は、二級の人間であると田辺ははっきり思っているんだけど、そう言ってしまうと差し障りがあるから、「生成の途上にある」なんて誤魔化している。でも本心としては、「バカは永久に生成なんかできるはずがねえよ」と思っているわけだな。それで「君らのような頭のいいエリートだけが人間なんだけども、まだ若いから人間修業が足りないね」と。「だから俺の言うことがちゃんと分かるような人間になれ。それがとりあえず、諸君が大学にいる時の目標なんだ」と。このおじさんは、こういう言葉で相当いやらしいことを言っている。

先へ行きます。

「これは哲学の長所の為で短所の為ではない。分らない事を分らないと知る事も、ある意味で分る事である。」

ここは大切な真実を述べています。

私なんかも「知識の欠損を確認しろ」って、よく言います。学問をやる時、知識をつける時に、いちばん重要なのは「自分がどこまでを分かっていて、どこからが分かっていないか」という仕分けです。その次に重要なのは、その分かっていないことを補塡するためには、どの程度の時間とお金とエネルギーがかかるかを計算することなんです。その結果、補塡する必要があるかどうかを判断すればいい。

例えば精神科医の斎藤環《さいとうたまき》さんと会うとアイドルの話になるんですが、私でもＡＫＢなら元メンバーのあっちゃん（前田敦子《まえだあつこ》）や大島優子《おおしまゆうこ》さんの話まではできるけれども、それ以外のいろんなメンバーや、ももいろクローバーＺの話になると、さっぱり分からない。では、その時、私はももクロのＣＤや写真集を買ってきて勉強する必要があるかどうかってこと。これは私の人生においてやる必要のない勉強だから、ももクロについては知らないでいいや。と、そんなふうに決めるわけですね。

田辺も、「分らない事を分らないと知る事」が大切なんだと。分かったと思っていたとしても、それは常識の上に安住しているだけで、本当の意味では分かっていないんじゃないかと。そこを仕分けするのが重要なんだ、と言っているんです。これは実に正統的な態度。

彼と同じことを言ったのは誰？　もちろんソクラテスだよね。「無知の知」というのは、こういうことを言っているわけです。ソクラテスは、ソフィストたちの悪口を言いますよね。ソフィストは「詭弁家《きべんか》」と訳されもするんだけど、正確には今でいう予備校の講師です。「栄達のためには知識が必要だ」と教えている予備校の講師たちに向かって、「そんな知識なんて何の役にも立たないさ。もちろんお前たち程度の知識は持っているのが前提だけどね」なんて言って、アテネの町中でソクラテスは予備校講師たちをいじめて歩いていたんです。

知識がつくと混乱する

先、行きましょう。

「分ったと思っている事を分らないと自覚させる、所謂《いわゆる》無知を自覚させるのは哲学の職分である。そこで私の話を聞いていよいよ分らなくなられたとしても、私の話には分ったと思って居る事を分らなくする事も本来意図されて居るものと予《あらかじ》め御承知置き願いたいのでありま す。」

ここも正しいことを言っていますよ。これは何も哲学の分野に限りません。

例えば新潮講座で私の『資本論』講座を受けたとしますね。今までは能力に応じて給料がもらえると思っていた。けれども、マルクスの『資本論』を理解してみると、「あ、給料と能力とは関係ないんだ」と分かる。労働力というのは商品となっているから、賃金（給料）というのは労働力商品の再生産のためのものであると。能力とは関係なく、賃金は生産のところで決まっているんだと。

となると、トマ・ピケティの『21世紀の資本』を読んで、「分かった！　富の再分配こそ、二一世紀の格差問題の処方箋《しょほうせん》だ」って思っていたのに、私の『資本論』講座を聞くと、あるいは『いま生きる「資本論」』を読むと、分からなくなってくる。ただ、労働に対して賃金、資本に対して利潤、土地に対して地代という三位一体的定式が実は全然経済の構造を反映しておらず、価値は労働力からしか出てこないというのがマルクスの基本モデルであり、そのモデルの方がわれわれの住む資本主義社会を説明できるとは分かってくる。

例えばアイビーリーグを出て投資銀行に勤める。そうしたら二十代で年収五〇〇〇万円稼ぐなんてのは、そんなに珍しい話じゃないよね。ところが、例えば同志社大学を出て、どこかの信用金庫に勤めたら年収三五〇万円だと。これはピケティの考え方だと、ハーバード大学と同志社大学の偏差値の違いが年収の差になっているんだ、となる。

でも、違うよね。同志社大学を出て、雄琴《おごと》でソープランドを経営して年収五〇〇〇万円以上稼いでいるやつもいるかもしれない。ポイントは簡単なことなんだ。自分が資本家となって他人の労働力を搾取すれば、そこから利潤が上がっていく。労働者の立場に自分を置くと、賃金が何億円とか、そんなことはあり得ない。

そこまで理解すると、今まで能力に応じて自分たちの収入が決まっていると思ってきた常識や理解が混乱して、ふいに分からなくなってしまう。学問とか知識を身につけるとは、そういう途方にくれる体験をすることなんです。

未来は過去に制約される

じゃあ、読み手代わって、少し長めに読んでみましょう。ソクラテスが出てきます。

「何故というと、例えば歴史的現実という題で話す事が、既に分らない事を含んでいる。我々と対立し、我々と独立に存在して居る自然の事物に就いて語り、認識する場合には、分って居る事は分っていないものは分っていないことは明白である。ところが歴史的現実について語る場合には、分っている事が分らないことであり、分らない事が分って居ると云う事がある。それは歴史的現実というものが我々を離れてあるものでなく、我々自身も歴史的現実の内にあるだけでなく、歴史的現実の如何《いか》なるものなるかは我々自身によって決定せられる所があるからであります。歴史的現実について語る事それ自身が或意味で矛盾した循環論的な、我々を周囲から搦《から》めつけて望みをなくさせる困難なパラドックスを含んで居る。一体歴史的現実について私が御話するという事が、一つの動かす事の出来ない現実であり、それに就いてそれが何であるかを知ってお話する事は、自然の現象である此の机とか此のマイクロホンに就いて知り、又語るのとは違うのであります。皆さんの御考えになるのも、私の話するのも夫々《それぞれ》現実であり、寧《むし》ろ現実そのものが、皆さんや私を通して自覚するのであります。更に私は皆さんに御話することを通して自覚し、皆さんは私の話を通して自覚されるのであります。そういう事は分っていて分らないという事を前以て想像させる。何故なら現実が自覚するなら、之より分っているものはない。小さくいえば私自身がどんなものかは私には一番よく分っている筈である。然《しか》るに却て、私が私を知る事は、これ程困難な事はない。寧ろ私は皆さんについては大体知り得ても私については殆ど知らない、そしてその知らないという事を知るのが本当に私について知る事の第一歩であります。同様に現実は却て最も分らないものであり、寧ろその分らない事を知るのが現実に就いて知る第一歩である。この意味で自己を知るとは自己の無知を知る事であり、自覚とは自覚を持っていない事を知る事である。御承知の通り古代の偉大な哲学者であるソクラテスは、我々が無知を知る事が知の第一歩であると考えて、青年殊にアテネの青年をして彼等が何も知らない事を知らせる事を務めとした。ソクラテスは知を何も知らない事から始めた。それでは、ソクラテスはそれ以上何も知らなかったかというとそうではない。彼が泰然として毒杯を口にし、逃亡の機会があったにも拘わらず弟子の勧めを斥《しりぞ》けて国法に殉じたのを見ると、ソクラテスは単なる無知を知っただけでなく、それだけの事をする知識と確信とを持っていたのである。もし私がいくらかでも皆さんに御知らせしたい事があれば、先《ま》ず皆さんに何も知らない事を自覚して頂くことから始めるより外に途がない。歴史的現実について語る場合にもこういう半面のある事を、同時に前以て考えて置いて頂きたいと思うのであります。」

では、その「歴史的現実」とは何か？　読み手代わって続けましょう。

「そこで一体歴史的現実とはどういう事を意味するかを第一に御話するはずですが、今申した通り電気とか熱とかいう物について同じように歴史的現実について語る事は出来ない筈である。我々は寧ろ歴史的現実を知らないという事を先ず知らねばならない。併し歴史的現実について何か知る手懸りはないか。それには我々は歴史的現実の中に於てありそれに最も近い故に分っていると感じている事から、却て其事がどういう意味を持っているかを解きほぐす事によって手懸りを持つより外に途がない。ところで改めて申すまでもなく我々が歴史的現実に関心を持つのは、それから殆ど堪え切れない圧力を加えられており、我々自身の希望とか要求とかがその前には全く無力であり、それが我々に抵抗することの出来ない力としてはたらいているからであります。斯様《かよう》に自己はそれに対して何もなし得ない、歴史的現実の力に流されているると感ずるのはどんな関係にあるからであるかというと、それは我々は自分の将来に対してはまだ現にはないが、かくあれかしという願をもち、又進んでかくあるべしという要求をもっている、かかる要求・希望は今現に在るのではないが在る可能性に係わって居る。これに対しその可能性を不可能ならしめる必然的な力が我々をして現実のもつ力と感ぜられるのである。所でこの可能性を不可能にする必然的な力は過去から働いてきている。だから歴史的現実は歴史的という言葉が示すように差当り過去に由来する力が我々を押している事を意味するのである。」

まず、そこまで。で、何言っているか分かるかな?　文章がくねくねとしてきて、よく分かんなくなったでしょ。

つまりね、「希望」とか「要求」とか、私たちにはやりたいことがある。これからはこうしたい、こうありたい――それは未来に属することですよね。だけれども、それは「過去に由来する力」、過去からの制約に縛られているんだと。

どういうことか?　例えば、私はインド仏教についてもっと知りたいんですよ。ところが、サンスクリット語とパーリ語の知識がない。サンスクリット語、パーリ語を今から勉強すると、習得するのに一〇年かかると思う。年齢的に、もうそんな時間はかけられない。そうすると、インド仏教について知るには、日本語になっているもので学ぶしかないから、けっこう限定的になってしまう。過去においてパーリ語とかサンスクリット語を勉強しておけばよかったわけだよ。でも、手遅れなんだよね。

あるいは、今の日本の教育体系では、文科系の私立大学に行っちゃうと、数学をほとんど迂《う》回《かい》することになってしまう。ところが、三〇歳になってから、ふとゲーデルの不完全性定理について強い関心が生まれる。でも、数論を理解するには、例えば自然数と有理数と複素数が哲学的にどういう意味を持つのかとか、そういう基本的なことを押さえていないといけない。その根っこは、やっぱり高校ぐらいの数学が必要になってくる。そこが分からないと、知ろうと思っても、あるいは知る必要性があったとしても、かなり困難になってしまう。これも、自分の「過去に由来」して、制約されているわけです。

座標軸の原点は動かせない

こういうことは私たち一人ひとりに起きることでもあるし、われわれ日本人という集団や日本という国家単位でも起きることでもあるんです。

あの戦争について、「中国や韓国に一体いつまで謝り続けないといけないんだよ。もういい加減、胸を張って生きていきたいんだ、俺たち戦争とは関係ない世代で、戦争の責任は直接はないんだし」と言いたいのが、たぶん安倍政権だし、ネトウヨもそうだし、若い世代であまり歴史に関心のない人たちもそんなふうに思っているかもしれない。

ところが現実においては、国際社会で生きている限りにおいては、そしてわれわれが日本人だという看板を掲げている限りにおいては、あの七〇年以上前に負けた戦争に対して拘束される部分は歴然としてある。われわれは任意に自分たちの原点を選ぶことはできない。これは、国家でも個人でもそうなんです。われわれが今いる場所というのは、過去の力によって、ある閾値《しきいち》の中に定められているのです。このことを田辺元は「自覚しろ」と言っている。しかし、それは変えることもできるわけ。

もう少し先を読んでみましょう。

「然るに現実とは何であるかというと、それは現在に於て成立って居るものである。過去も未来も直ちに現実とは云えない。現実とはこの現在に我々が直接に面接しているものである。若し単に自然の現象のように過去から現在、現在から未来にわたり同じ法則に支配せられているものとすれば、過去・現在・未来という時の様態を区別しても、それらは特に意味をもつものではない。物理学者は時をパラメタ－tで表しYの座標軸に盛って行きさえすればよい。原点はどこにとってもよい、然るに我々が現実というとき現実のもつ現在はどこにとってもよいというものではない。それは我々が動けないように限定されている所である。」

よし、今夜はここまでにしますが、たぶん、安倍政権の人たちは「自分たちは普通だ」と思っているんです。「世の中が左に寄り過ぎているから、それをちょっと普通の方向、真ん中寄りに戻しているんだ」ぐらいに思っている。これがまさに、「物理学者は時をパラメタ－tで表しYの座標軸に盛って行きさえすればよい。原点はどこにとってもよい」という発想そのものだよね。自分のやりたいように原点を定めることができると考えているわけです。「世の中が左に行き過ぎているから、俺のことが右に見えるだけだ」なんて言う政治家は、ここで指摘されている物理学者と同じ考え方をしているんです。

ところが、どこに原点を定めるかというのは、現実の歴史によって制約されているのです。決して、任意の点を原点にはできないんです。でも、〈歴史によって制約されている〉という、その制約を自覚しているということは、そこを変化させていくという意志があるということであり、そしてそれは変化が可能だということでもあります。これはこのすぐ後で、田辺も指摘します。

まあ、くねくねした文章だけど、これは弁証法という方法を使っているから、こんな文体になるんです。「こうだろ?」「いや、ああじゃないか?」「すると、こうなるのか?」って対話を自分の中で繰り返しているわけ。弁証法というと難しく感じるかもしれないけれども、対話の形で思考実験をしていくことです。弁証法って英語でダイアレクティック dialectic、ダイアローグ dialogue だと対話という意味ですよね。語源的には、対話が上手い、ってことなんですよ。

対話だから、どうしてもくねくね行ったり来たりする。その行ったり来たりする思考の中で、さっき言った〈生成〉をしていくわけです。新たな思想が生成されていくんです。今ここにいるわれわれに引きつけて言えば、今夜八時半に講義を始めた時よりも、この一〇時五五分の時点においては生成プロセスが進んでいるんです。まだ、お互いに名前と顔が完全に一致していないけれども、何となく知り合って、『歴史的現実』を読み始めて、田辺元というのはどうも頭はいいけれども、責任感は著《いちじる》しく欠如していて、性格が悪いらしいと（会場笑）。

しかし、実際このくねくねした箇所を読んだだけでも、「物理学者は時をパラメーターtで表しYの座標軸に盛って行きさえすればよい。原点はどこにとってもよい、然るに我々が現実というとき現実のもつ現在はどこにとってもよいというものではない。それは我々が動けないように限定されている所である」というわずか数行で、安倍政権の歴史認識に対する根源的な批判になっている。産経新聞の人なんかもよく言うよね、「自分たちは右なんじゃなくて、真ん中なんです。世の中が左に行き過ぎなんです」なんて。でも、座標軸の原点は任意にとれないことを田辺はきちんと押さえています。

じゃあ今夜はここまでにして、明日はこの続きからやりましょう。何か質問とか意見とかありましたら、どうぞ。

ワタセさん　最後のお話に関係することだと思いますが、「あの戦争に対する責任がないと言うのはもはや精神の病だ」みたいなことを誰かが書いていた記憶があるんです。説得力があったとは思うのですが、これはどういう意味合いで受け止めたらいいのでしょうか？

どういう文脈で書かれたものかは分かりませんが、おそらくそれはこういうことだと思います。もし現在・過去・未来というものに連続性がなくて、それぞれの局面にしか過ぎないと見るのだったら、それは確かに何らかの病になってしまいます。例えば八時半の私と今の私は同一ではないと考える。だから八時半にワタセさんから私は一〇〇〇円借りたけれども、一〇時半の私は別の人格である。細胞が入れ替わっているんだからと。だから返す必要がない。こんなふうに本当に思っている人がいるのです。現在・過去・未来であるとか、自己同一性であるとか、そういったことは私たちの体内に何らかのプログラムがあって、認識ができているわけだよね。もしそのプログラムがなくなったら、これは病の範疇に入ってしまう。

では、これを日本の歴史に置き換えた場合、今夜八時半と今の一一時では日本の歴史に連続性があるのか。二時間半なら連続性があると言うのであれば、じゃあ五時間だったら？　五〇時間だったら？　一年だったら？　一〇年だったら？　五〇年だったら？　どこでそこの区切り目が出てくる？

だから歴史認識に関して、「われわれにはまったく責任がない。そんなの私がやったことじゃない」とか「俺、中国で人殺したことないよ。俺の責任じゃないよ。父親の世代ですらないね」とか「それに、だいたい戦争をやるために生まれてないからね」といった形で認識していくとなると、それは歴史という考え方、あるいは世界でいま標準的に考えられている世界観からすると、正常な発想の持ち主ではないとは言えるでしょう。もちろん、そういう比喩《ひゆ》的に病んでいる人は、どの国にもいるんです。でも、それが政治エリートの世界の中で出てくるとか、世論の中で中心的な共感を呼ぶとか、ベストセラー・リストに何冊も入るという国は世界でも比較的珍しいね。その意味においては、今の日本の社会はいくぶん病的だと言えるかもしれません。

とりあえず、いいですか？　ではまた明日の朝、少し『歴史的現実』を読み進んでから、昼食後に『敵機空襲』を観ることにしましょう。

2 土曜朝 過去の必然性と未来の可能性

縁起によって成り立つ世界

お早うございます。まだ定刻より三〇分早い九時ジャストですけど、みなさん揃っているようなら始めましょうか。まずご相談なんですが、お昼休みは一時間いるかな？　四五分でもいい？　映画を観る時間をちょっと前倒ししませんか。午後は一二時四五分からスタートでいいでしょうか？

昨夜、仕事部屋に帰ってから声に出して『歴史的現実』を読んで計算してみたんだけど、解説したい分量を考えると、思ったより時間がかかるんだな。明日、最後にやるつもりの柄谷さんの本はポイントを読むだけでもいいんだけど、田辺元だけは飛ばさずに、一行残らずみんなで全部読み合わせをしたいんだ。今三〇分、昼に一五分稼いで、講義に四五分余計に使えればどうにか最後まで行けると思うから、負担かもしれないけれど頑張りましょう。

水を飲んだりコーヒーを飲んだり、あるいはお手洗いへ行ったりするのは自由にやってください。あるいは、飴をなめたり、チューインガムを噛んだり、クッキー食べたりとかも、私の講義の場合まったくＯＫです。唯一、私語だけしなければいい。というか、周りに音を出して、他の人が講義を聴くのに迷惑するということさえなければ、あとは別に何をやってもかまわないという考え方です。これはゆうべ言った他者危害排除の原則、すなわち愚行権を行使する原則に立っているわけです。頬杖ついて天井眺めても、みなさんが一番集中できる形で聞いて頂ければと思います。

では、昨夜の復習をしましょう。

われわれがいる現実について、田辺は「物理学者が実験するんじゃあるまいし、自分勝手に任意の点を原点とすることはできないんだよ」という趣旨を述べていましたね。いわば過去のしがらみがあって、われわれは現在にいる。しかし、現在のこのままでいいと意識している人には、実は現在を認識できない。変化を求めないのならば、過去・現在・未来という流れとも関係がなくなる。現在を認識しているということが、すなわち「変わりたい」と願っているということなんです。

変わりたいということは、未来に〈なりたい自分〉があるわけだね。未来に〈こうなりたい〉という自分の姿なり世界の姿なりと、過去からのしがらみがぶつかり合う力の均衡《きんこう》こそが現実だ、と田辺元は言うのです。そのことを今日これから読む部分では、「時間論」によって説明していきます。時間論というのは恐ろしく難しい世界だけど、彼は上手に説明しているから大丈夫。

もっとも、いま言ったような考え方は、われわれ日本人にとって、そんなに違和感がないんだよね。飲み込みやすいでしょ? なぜならば、仏教の縁起観に近いからです。〈縁起〉という言葉は私たちの日常語になってますよね。縁起がいい、縁起をかつぐ、縁起でもない……。スマホかタブレットを持っている人、「縁起」をウィキでも辞書でも何でもいいから引いてみてください。チバさん、何て書いてあります?

チバさん　えー、「㈠〔仏〕因縁によって万物が生じ起ること。㈡物事のおこり。起源。㈢仏寺や神社などの創始の由来。また、それをしるした書画。㈣物事の成り行くべき吉凶のきざし。前兆……」。

はい。そうして本来は仏教の言葉だったのが日常語になっていったわけです。「こいつは春から縁起がいいぞ」といった具合にね。

縁起というのは、仏教にとっては基本的な考え方の一つです。そして、われわれ今日の日本人のものの考え方の、うんと底にはいまだに仏教的な存在論が根強くある。これは神道的な存在論とは全然違うものです。神道的な存在論は、実はギリシャなどヨーロッパの存在論とけっこう繋がることができる。ところが仏教的な存在論は独特のものです。

例えば仏教は、宇宙がどうやってできたと説明しているか? 何もない空虚な空間の中で、ある時、風が起きる。その風がすごいスピードになってくると、上のほうに水が浮いてくる。その水の上には、牛乳を沸かした時のような薄い膜ができる。その膜は黄金色をしています。だから、これを金輪《こんりん》と呼びます。そこがこの宇宙です。「金輪際、お前とは付き合わない」というのは、「お前を、この膜の外側の世界の人間だと見なすからな」ってことです。その上に今度は海ができて、さらに須弥山《しゅみせん》という高い山ができる。これが仏教の宇宙観です。

その後で、天上、人間、修羅《しゅら》、畜生、餓鬼《がき》、地獄という六道《ろくどう》、あるいは修羅を別にして五趣ができてくる。これはできあがると、ある一定期間は維持されるのですが、やがて解体されていく。解体されると、どこか遠くにあるところで、また同じように宇宙が生成されていく。そうやって無限に因果の関係が続いていくのだけれども、この原因となるのが業《ごう》、カルマです。

ともあれ仏教的な世界観によれば、この世の中のすべては縁起によって成り立っています。何かがある時には必ず原因があるわけです。仏教の考え方では、「無」からの創造というのはあり得ません。すべては何かの原因、目には見えないような縁起という一種の関数的なものから生まれてくるのだ、としています。

仏教によれば、生き物は生まれ方によって四つに分かれます。胎卵湿化《たいらんしっけ》の「四生《ししょう》」と呼ばれるもので、人間は胎生《たいしょう》、母親の腹から生まれてきます。鳥や魚は卵から生まれる卵生《らんしょう》。虫やヘビは、じめじめしたところから生まれる湿生《しっしょう》だと考えました。では妖怪はどうやって生まれてくるか？　これが化生《けしょう》です。何もないところからポンと出てくるんだと。しかし、妖怪だって正確には何もないところからではなくて、有情《うじょう》の業（サットヴァ・カルマン）によるものだと。こういう構成になっています。

こんな話もしてみましょうか。

よく比喩に使われる「釣鐘《つりがね》と提灯《ちょうちん》」、あるいは「月とすっぽん」の間にはどういう関係があるのか？　これは〈無関係という関係〉があると考えるわけですね。すっぽんが池の中でどう動いても、天に輝く月には影響を与えない。これは、ある因が動いても、ある果が生じないという、無関係という関係があるんだと。無関係というのは、何の関係もないということは違うんですね。あくまで、〈無関係という関係〉なのです。

このへんは〈空《くう》〉の思想に繋がっていきますが、ここを分かりやすく説いた本は私の見るところ一冊しかありません。もう古典中の古典、一九六〇年代に出た櫻部建《さくらべはじめ》さん――当時、大谷《おおたに》大学の先生でした。浄土真宗大谷派、東本願寺の大学ですね――と、上山春平《うえやましゅんぺい》さん――この人は京都学派の西洋哲学の先生で、戦争中は「回天《かいてん》」特攻隊員だった人――の共著で、『仏教の思想　第2巻　存在の分析〈アビダルマ〉』という名著があるんですよ。今でも角川ソフィア文庫で買えますから、読んでみて下さい。

ちなみに日本の仏教の中で、どこの宗派を勉強すればこういう理論的なことがよく分かるかと言えば、法相宗《ほっそうしゅう》です。法相宗の寺って奈良に多いんです。薬師寺とか興福寺、特に興福寺は法相宗大本山です。法相宗の教理はアビダルマと唯識《ゆいしき》で、アビダルマは上座部（小乗）仏教に属します。つまり法相宗は小乗仏教の教理も採用している数少ない大乗教団なんですが、これを別の言い方をすると、要するに法相宗の人って非常に理屈っぽいわけ（会場笑）。

今の興福寺貫主の多川俊映《たがわしゅんえい》さんは唯識に関するしっかりした本をいくつも書いていますよ。唯識というのは無意識を非常に重く見た考え方です。そもそも多川さんは立命館大学の文学部心理学専攻の出身で、ソビエト心理学をやっていた。ソビエト心理学とも法相宗は相通じるところがあるんですね。

さて、こういう仏教的な考え方を押さえた上で、田辺元は説明していくわけ。だからストンとわれわれの腑に落ちやすいんだね。もっとも田辺は「実は仏教思想でもこういうふうになっているんですよ」などという説明は決してしない。このへんが彼の、ある意味ではズルいし、うまいところでもあります。

南無妙法蓮華経という希望

では、『歴史的現実』を読んでいきましょう。

昨日の続きから、とはならないで、つねに一番前の左端に座っているウチダさんからのスタートなんです（会場笑）。学校でこういう席に座るか、五十音順で早い人がだいたい当てられませんでした？　そうやって毎回指されるから、「アオキ」とか「アガワ」とか「アダチ」とか、「あ」で始まる人って、たいてい偏差値五〇以上になるんだな（会場笑）。ウチダさんがなんでそこに座ってしまったかと言うと、どこかのところで、かつて象だった時代か、天女だった時代か分からないですけれども、何か因が働いたのです。その果として、今その席に座っておられるわけで、この因果は誰も変えられない（会場笑）。ただ、今の行動を変えれば、将来は変わっていきます。

じゃあ、「併し」から読んで下さい。

「併し動けないように制約されているその裏には、我々が希望と要求に従い自由に未来を作って行く事が出来るという事を予想していると考えねばならない。」

ここはまさに仏教の考え方とすごく関係しています。例えば、私はこんなに太っていると。これは私の努力では如何《いかん》ともしがたいんだね。「食うな」と言われても、きちんと今日も朝食を食べて、おかわりもしたと。これはどうしてかというと、そういった因果の関係にあるからで、どうしようもないんです（会場笑）。

ここで、「だから、もう俺はダメだよ」と諦めてしまうのも一つの態度です。そうすると、仏教は諦めの論理になる。すると、南無阿弥陀仏に近づいていくわけだよね。この世の中では、救われることは何もないから、彼岸にいる阿弥陀仏様におすがりすべく、「南無阿弥陀仏」を唱えよう。「南無」って「私はおすがりする、帰依《きえ》する」という意味です。あるいは、もうダメだから絶対他力《ぜったいたりき》におすがりして、あの世での救済を考える。

それに対してもう一つ、別の態度もありえます。「たしかに今はこんな状態だ。俺は貧乏かもしれないし、見てくれもよくないかもしれない。必ずしも幸せじゃないかもしれない」と。しかし、この因果の状態は変えることができる、今の俺のあり方を変えさえすれば、必ず将来において変わってくるんだと。すると、仏教が希望の原理になります。この希望の原理を、「これだけ読めば全部分かる」という形で書いている、大変に役に立つお経が法華経です。「法華経には宇宙のすべてが書かれてある」というのが法華の論理ですからね。そして法華経は、「お前が苦しいのは過去の原因のせいだが、これから行いを改めれば、現世にいるうちに悩みは解決できる」と導いてくれるのです。この教えを信奉する人たちは「南無妙法蓮華経」を唱えるようになります。法華経におすがりします、って意味ですね。

余談だけど、いまの自民党国会議員の一年生、二年生は後援会をあまり作らないんだよ。選挙はもう創価学会に依存しきっている。でもね、常識がないというのはすごいもので、創価学会関係の会合へ行って、浄土真宗かどこかの数珠を持っていって、「南無阿弥陀仏」って唱えた（会場笑）。

でもね、法華経がなぜこんなにエネルギーを持つのか、きちんと考えないといけない。田《た》中智学《なかちがく》の国柱会《こくちゅうかい》にしても、その会員だった宮沢賢治や石原莞爾《いしわらかんじ》たちにしても、あるいは立正佼成会にしても、創価学会にしても、近現代の日本に実に大きな影響を与えてきました。そんな法華経の持つ強大なエネルギーは、仏教の縁起観によって、現状への見方を転換して、この世界に生きる苦しさから解脱《げだつ》しようという〈未来志向〉にあるのではないかと思っています。そういう法華経に帰依しよう、南無妙法蓮華経と唱えようという運動が、多くの人に熱狂的に支持され、今なお現実的な力を持っている。

思うんだけど、仏教の強さの一つは、「南無妙法蓮華経」なんて短いフレーズでズバッと本質を全部表現することができる点にあるんだよね。キリスト教の方でも、井上洋治《いのうえようじ》さんという神父さん、遠藤周作や安岡章太郎などカトリック信者の作家たちに強い影響を与えた神父がいて、この人は最晩年に「『南無アッバ』の祈り」なんて言い始めていました。「アッバ」っていうのは「お父さん」という意味。イエスは神をアッバと呼んだと。そこから、「南無アッバと唱えられるようになって、初めてキリスト教は日本に土着化するんだ」というようなことを言っています。これはキリスト教の土着化という観点から一理ある考え方かもしれません。

歴史は生成であり行為である

よし、田辺に戻るよ。

われわれが「動けないように制約されているその裏には、我々が希望と要求に従い自由に未来を作って行く事が出来るという事を予想していると考えねばならない」とは、どういうこと？

〈自由〉というのは、制約があってこその自由なのですね。つまり、〈動けないように制約されている現在〉を意識しているということは、将来において〈変わっていく〉という願望が前提にあるんだと。だって、変わっていくことを考えない人は、現在や制約を意識しないで済みますからね。

これが田辺の面白さでもあるのだけど、仏教の中でごく普通に何百年にもわたって言われてきて、われわれに刷り込まれていることを、西洋哲学的な言語で言い直すことに成功しているだけなんだな。まあ、いつだって、新しいことというのは、だいたいにおいて古いことを言い換えているだけなんですけどね。

先へ行きましょう。ここで田辺は、現実は過去からは動けないものだが、未来へは動けるものとしてある、と指摘しています。

「前に我々が歴史的現実について関心を持つのは、過去が我々の未来の可能性を押えているからだと云ったが、他面、関心を持つのは動けるからである。若し全く自由の余地の無いものならば、関心を持つという事が意味のない事である。関心を持つのは、自由が在り、それを否定するものが在る故に、その否定する力について知ろうとする要求を持つからである。そこで現実は過去からいえば動けないもの、而《しか》も未来的には動ける筈のものである、未来に対する自由を含むものである。ここに歴史的現実の持つ極めて明かな矛盾がある。この事は又歴史に就いても常識が分ったと思っているものを分らないと感じさせる。常識は歴史は過去のもので動かし得ないものと考えている。併し又歴史は過去のものであるが而も現在に係わるもの、歴史的効験性・有効性を持つものであるとする。単に過去にあり、全然現在と関係のない、現在にヴィルクザームでないもの、例えばアフリカの未開土人が或時代に何をしたという様な事は、それだけで歴史とは云えないからである。我々は普通是《これ》までしか考えない。」

ヴィルクザーム wirksam って、ドイツ語で「効果的」といった意味です。つまり、田辺は「例えばアフリカの未開土人が過去に何をしたかなんて、現在に効果が波及してないのだから、それは歴史ではない」と言っています。

そして、歴史は過去のものにとどまらないのだ、という話になっていきます。

「然るに、歴史が現在に働く、有効性を持つという事は、現在が未来に向って自由な可能性を持っているという事と結び付いている。この面は普通忘れられている。普通には歴史とは過去が現在に向って伸びて来、生成して来たものと考えるのであるが、併しそれだけでは、伸びて行くといっても、物理学者が時の原点を何処にでも考え得る様に、畢竟《ひっきょう》真の現在はないのである。現実とか現在とかいうものは未来の可能性を予想しなければ成立たない。で、過去が我々を動く事の出来ない様に取囲み抑えていても、それが歴史的現実と考えられる時、尚《なお》自由に働き得る、新に作り得ると云う意味を同時に含んでいなければならない。これが歴史の自然と違う特色である。自然は運動変化するだけである。生物にしても、何等かの見地から価値が増大し、その構造がより複雑な機能を持つ様に分化し発展するというだけで、それは尚歴史ではない。歴史とは生成するものが同時に我々の自由な働きに属する、生成は行為を含みそれを媒介とする、生成即行為であると云う所に成立つものである。併しそうだからといって、我々は歴史的現実を勝手に作為する事は出来ない。我々は過去の必然性によって決定されている事を通してでなければ、自由に可能性を未来に実現する事は出来ない。決して単に無媒介に新に未来を決定して行くという事は出来ない。」

ここでキーワードになるのは、〈生成即行為〉という言葉です。〈生成即行為〉ってことは同時に〈行為即生成〉になるよね。生成については昨夜説明しました。〈being〉ではなくて〈becoming〉。変わっていき、異なっていき、動いていく。ドイツ語だったら〈Werden〉です。

私の講座に何度か来てくれた人なら、「なんで佐藤のヤローはドイツ語をよく使うんだ。あいつの専門はたしかロシア語のはずだ」と思っているかもしれないね。でもね、ドイツ語っていうのは、ものを深く考える時には絶対に必要なんだ。なぜか？

実は〈ものを観察して考える〉という行為は、世界のどこにでもあることではないのです。古いところでは、ギリシャにはあった。インドにはあった。中国にはあまりなかった。ヨーロッパ西部にもなかった。イスラエルにもなかった。そして、ドイツにはあった。とりわけライプニッツ（一六四六〜一七一六）という人の存在が大きかった。だからドイツ語はものを観察して考えを発展させていくのに相応《ふさわ》しい言語を作り上げることができたのです。作り上げたというより、ごく普段使いの日常語でさまざまな観念的、形而上的、哲学的思考などにきちんと対応できるようになっている。ちなみにインドは、厳密にいうと「ものの観察」ではないんです。さっきチラッと言った「有情の業」がどういうふうに働いているかとか、いわゆる観察とは関係ないところでインドの哲学は深まっていく。

「観察」というのは、まあギリシャの考え方ですよね。そして、実験で何かを証明していくのは中世の錬金術の考え方です。そういった考え方が、近代になって総合されて哲学になっていくのだけれども、哲学はあくまでもラテン語ができる人のものでした。その哲学が世俗化していったのが、一七〜一八世紀のバロック時代です。そこでカギを握るのが、いま言ったライプニッツなんです。

ライプニッツの基本的な著作はラテン語とフランス語で書かれました。でも、彼はハノーバーのドイツ人です。このライプニッツはきわめて多才で、ありとあらゆることをやった人なんです。中国学も神義論も微積分法もモナドロジーも、コンピュータ言語の基礎も考え出したバロックの天才です。

ライプニッツの弟子で、クリスティアン・ヴォルフという人がいたんです。このヴォルフがライプニッツの著作をドイツ語に訳していったんですね。ドイツ人って後進国の田舎者だから、貴族でもラテン語が分かるやつが少ないわけ。だから、連中にも分かるように哲学語を全て平易な日常語に訳していったんです。例えば「理性」はVernunft、「悟性」は

Verstandというんだけど、これはみんなドイツ語では日常語です。いまだにドイツ人にとって、哲学用語は日常で使っている言葉で済むから、皮膚感覚で哲学がよく分かるのですね。例えばドイツ語でSittlichkeitって言葉があります。これを日本の哲学書では「人倫」なんて訳すのだけど、人間と人間の関係を指す言葉なんです。だから恋人同士もSittlichkeitだし、家族もSittlichkeit、学校もSittlichkeit、国家もSittlichkeit、教会もSittlichkeitなんです。前後の文脈によって意味合いは少し変わるけれど、通底する感覚はドイツ人には普段使いの言葉だからよく分かるんですね。でも、これが「人倫」では何のことだか分かんないでしょ。ヘーゲルによく出てくる言葉なんですが、翻訳を読んでいてもよく分かんなかった。

それを、大胆に変えたのが長谷川宏《はせがわひろし》さんです。全共闘運動を経験して、東大の哲学の大学院を出たんだけども、大学のあり方に疑念を覚えてアカデミズムから身を引いた人です。そして赤門塾という学習塾をつくり、小中学生を相手に教えながら、できるだけ平易な訳語を使うという方針でヘーゲルの新しい翻訳をしていったんです。それで『精神現象学』の翻訳を作品社から出したら、ドイツ連邦共和国の翻訳賞を受賞し、そこから脚光を浴びて、ヘーゲルの『歴史哲学講義』も『美学講義』も『精神哲学』も『論理学』も、みんな長谷川宏訳で出たんです。私は小菅の独房で長谷川さんの訳した『歴史哲学講義』を感心しながら読んだら、夢にヘーゲルが出てきたので吃驚《びっくり》したことがある（会場笑）。

長谷川宏訳には「人倫」なんて訳語が一切ありません。文脈によって、つまり家族とか学校とか教会とか国家とか、全て訳し分けています。おかげで、少しだけドイツ人がヘーゲルを読む感覚に近づけたわけだね。

現代を動かすロゴスとは

さて、話を『歴史的現実』のこの箇所に戻しますと、まず「行為」という言葉の持つ意味が分からないといけない。

みなさんの中でゲーテの『ファウスト』を読んだことがある人いたら手を挙げて——ああ、カワタニさんが読んでる。『ファウスト』の最初の方で、ファウスト博士が言いますね。「自分は哲学の研究をした、法学や医学の研究もした、さらに神学の研究までした」と。で、年を取った今、「何も得るものがなかった、むなしいものだ」なんか言って、助手と一緒に、人間の世界を見ようと街を散歩します。そして帰宅して、それから博士が何をしたか覚えてますか？

カワタニさん　ずいぶん昔に読んだのであまり覚えていませんが……確か『新約聖書』の「ヨハネによる福音書」か何かを翻訳したんじゃなかったですか？

その通りです。ファウスト博士は気晴らしに、「ヨハネによる福音書」の最初の部分をドイツ語で好きなように翻訳してみようと思い立つんだね。「ヨハネによる福音書」の冒頭は勿論、「初めにロゴスありき」です。ギリシャ語のロゴス logos、これにまずファウスト博士は何という訳語をあてた？

カワタニさん　「言葉」でしたっけ?

そう、ロゴスを「言葉」と訳してみた。日本の『新約聖書』でも「初めに言《ことば》があった」と訳されていますね。しかし博士は満足しない。言葉を信じていないからです。「言葉」より重要なものがあるはずだと、今度は「心」と訳してみる。しかし、心でも、全ての事柄を説明することはできない。そこで、「初めに力ありき」としてみた。けれど、まだぴったり来ない。力で全ての物事が決まるってわけでもないだろう。そうだ、「行為」だ、「初めに行為ありき」なんだと結論づける。と、そこで、そばにいたムク犬が形を変えて、メフィストフェレスが現れるのです。驚いた博士が「お前、どこからやってきた」と問い詰めても、「いや、入ってきたんです」とか言って平然としている。「悪魔は入る時は、どこからでも入れるんですが、出て行くにはいろいろと難しい規則がありまして。ちょうどあっちの方向へは出て行けないんですよ」なんか言って誤魔化しちゃう(会場笑)。

昨夜言った『哲学入門』って、覚えてるよね? 田辺元が信州の小中学校の先生たちを集めてやったあの哲学セミナーの中で、『ファウスト』の最初の部分を取り上げているんです。そして、すべての物事を「言葉」で理解していこうというのは、ギリシャの考え方だと。「心」が世の中を作って変化させていくというのはヘブライ、ユダヤの考え方であり、「力」で物事が決まるのは中世から近代のことで、人間の「行為」が歴史を作り出していくのが現代だと。もっとも、この言葉、心、力、行為という四つの原理は互いを消し去ったり上書きしていくのではなくて、いわば同時進行形で、現代においても働いています。緊張する国際関係にせよ新自由主義のモデルにしても、この四つの〈ロゴス〉が世界を動かしている。田辺元はそのへんをうまく説いていています。

みなさん、『ファウスト』なんていうのも読んでおいていいですよ。新潮文庫から二冊本で出ていますが、とりあえず二巻目は読まなくていい。第一巻の、今言った最初のところだけでも目を通しておくといい。あとは『ファウスト』の原型と呼べるダンテの『神曲』もね。これは河出書房新社から出ている平川祐弘さんの訳がいい。ヨーロッパのインテリでも普通の人でも、日本人に『ファウスト』や『神曲』の話をされると吃驚するからね。ましてアメリカ人なんて、ほんと古典読んでないから、日本人にゲーテやダンテについて話されるとすごいショックを受けて、劣等感を味わうから（会場笑）。そうやってからかうタネにはいい本です。ダン・ブラウンの『インフェルノ』で済ませちゃダメよ（会場笑）。あれもダンテの『神曲』なくしては語れないけど、ダン・ブラウンくらいはアメリカ人も読んでいるからね。

ちなみに、『ファウスト』は一巻だけ読めばいいように、ダンテの『神曲』も「地獄篇」「煉獄篇」「天国篇」とあるけれども、その順番でつまらなくなっていくから、「地獄篇」だけを読めばいいんじゃないかな。特に「天国篇」なんて、もう読むのが苦痛なぐらい退屈。こういう場所がなんで天国なのかって感じになるんです。

よし、「生成即行為」の先へ行きましょうか。

シガさん　すみません、この「生成」というのは、佐藤先生が宗教論などで書かれている

「神の生成」の生成と同じ意味ですか?

一緒です。「神の存在は生成においてある Gottes Sein ist im Werden」という時の——これは現代のプロテスタント神学者のエーバーハルト・ユンゲルの有名な言葉ですが——「生成」とまったく同じ。神は生成していくというのは、「神は行く」という感覚ですね。神は常に動いているわけです。そんな具合に、運動として物事を理解するのは、ギリシャには欠けているところなんですね。

ムロタさん　質問よろしいでしょうか。先ほど、「未来でこうなりたい自分」であるとか、仏教の希望の原理という話が出てきました。仏教では、今あるがままを受け入れたらいいんだ、「頑張れば将来に幸せが待っている」などという発想をしてはいけない、という教えもあるようですが……。

ええ、それは基本的に浄土真宗や浄土宗の考え方ですね。これが法相宗とか日蓮宗などでは、「今を変えていくんだ、現世で希望を持てるんだ」となる。その立場からすると、現在の状況はあくまで与件《よけん》であると。すると例えば、いま偏差値三八なんだけど、これから勉強していけば来年の春、合格できるんだと。タイムスパンはもっとずっと長いかもしれないよ。でも、この今の悪い状況の遠い先で物事を良い方向へと変えていくんだ、という志向が強い仏教も結構あるんです。

あと、自然観も宗教によって違います。カトリックの場合は、神様が秩序を創造したわけですよね。だから、その創造の秩序、自然を壊したらいけない。人間もその自然の一部としてである。道教の場合も、自然の一部としての人間という考え方ですね。だから裏返すと、人間が核爆弾なんか作って自然を完全に破壊させるようだったら、秩序保全の観点から、人類を抹殺した方がいいという発想だって出てくるのです。これは自然観の違いだよね。とりあえず、今のところはこれぐらいでいいかしら？

よし、『歴史的現実』の先を読みましょう。

持つ国と持たざる国

「この事は極めて何でもない事の様であるが、歴史的現実を考える時容易に忘れがちな重要事である。例えば我々が目の前に見る種々なる事を不合理であるという時は、それに対し何か合理的なものを頭の中で考えてそう言うのである。併し道理に適《かな》うとか適わぬとかいう時、その道理が現実の中から出て来たものでなく、道理から歴史が始まる様に思うならば、それは最早《もはや》歴史的現実の立場を脱しているものといわなければならぬ。現実に対する批判の多くはこういう抽象を犯して居るものである事は、少し考えれば気づかせられることである。次の例が適切かどうか分らないが、例えばもてる国、もたざる国という時に、持たざる国が実力により生存権を主張する事は持てる国からは正義に反した事といわれ、現に理性を尊ぶ知識人は容易にその議論に同感をもちやすい——私も亦《また》かかる考方を完全に脱却しては居ないかも知れません——が、併しそこに考えるべき事は、歴史が或《ある》時から計画的に一定の規準に従って始められ、土地資源が公平に分配されていたのなら、それを勝手に変更し、他のもてるものを勝手に要求したり之を奪ったりする事が不都合なのは明白であり、是認出来ない事であります。併し地球上の土地が諸民族によって占有されているのは、初に正義の法則に従って公平に分配された結果ではない。却て偶然に或民族がそれを占有し又実力を以て之を拡大したのが歴史的事実であります。或哲学者は人間の過去的なあり方は投げられているあり方であると云って居ますが、或者は乏しい状態に投げ込まれて居り、また他の者は偶然的に都合よく投げられているのであります。」

ではイブキさん、この「或哲学者」って誰だろう？　「人間の過去的なあり方は投げられているあり方である」と言った人は？

イブキさん　ハイデッガー？

そう、マルティン・ハイデッガー（一八八九〜一九七六）ですね。

そして、まさにここで展開されている論理こそが、太平洋戦争、大東亜戦争における日本側の論理なんです。持たない国として、持つ国に対して異議申し立てをしていくのだと。それは世界秩序を変えようとすることであるから、「けしからん」と言われるだろう。しかし考えてみると、最初から「土地資源が公平に分配されていた」わけではない。そもそもお前たちは勝手に土地なり何なりを占有したり分捕《ぶんど》ったりしてきた、その既得権益に居座っているだけじゃないか。それは「正義の法則に従って」いるわけでもないし、理性的なことでもないし、公正でもない。そんな論理を田辺元は展開して、大東亜共栄圏の論理を作っているわけです。これは今、中国が日本に対して、あるいはアメリカに対して異議申し立てをしている論理でもあります。

　中国は、ちゃんと田辺元とか高山岩男などを翻訳しているんですよ。彼らは京都学派をよく研究しています。そして今、京都学派の論理を使って、日本に対して尖閣《せんかく》諸島を奪取しようとか、いろんな行動に出ているわけ。京都学派のやつらが余計なことを考えたから、七、八〇年たって回りまわって、こちらに矢が飛んできている。京都学派の論理は非常に緻密で、なかなか説得力があるから、まともに向き合うと面倒くさいんだ。

　でも、田辺がずるいのはね、きちんと論理を立てていきながらも、「自分が言う例が適切かどうか分かりませんよ」とか「私も理性を尊ぶ知識人だから、持たざる国が実力で自分の生存権を主張するなんてことは、必ずしも正しいとは思えないんですけどね」みたいな言い方をして、ちゃんとインテリとしての逃げを打っているところです。

　原文だと「持たざる国が実力により生存権を主張する事は持てる国からは正義に反した事といわれ、現に理性を尊ぶ知識人は容易にその議論に同感をもちやすい――私も亦かかる考方を完全に脱却しては居ないかも知れません」なんてところがそうだよね。今の保守思想の人たちみたいに、逡巡なくスパッと「この戦争は正しい」「あの国はけしからん」なんて言わない。あくまで、くねくねと曲がりくねりながら、インテリとしての保険もかけながら、話を進めていきます。先を読みましょう。

「これが事実である。之を離れて我々は歴史の外に出る事は出来ない。然るにそれを忘れて歴史の外から歴史を批判する事が多いのである。これは自然法的立場といわれる。法律学にいう自然法と歴史法の対立もこういう対立である。自然法は歴史の中で法を考えず、歴史の外なる自然的理性で考えるものであり、自ら神の位置にたって計画し現実を頭の中で考えて作ろうとするものに外ならない。これは歴史的現実に就いて十分な自覚を持たない結果といわなければならぬ。歴史は自然の事物と同じ様に知られるものでなく、それについては我々は何も知らない所がある、という自覚を持たないからそういう事になるのである。歴史的現実を考える時この事は先ず以てはっきり頭に入れて置く必要がある。それを考えない為に、必要以上の圧力と同時に自己の無力を感ずる事が起る。」

自然法というのは、人権の考え方がそうであるように、「自然にこうなっているんだ、これが自然の道理なんだ」という考えから出て来てます。でも、その「自然」というものの見方、解釈は人によって違ってくる余地がある。ある人たちによって解釈された自然にすぎない。そこから法をつくっていくというのは、自然を解釈した主体にとって、無意識のうちに有利な法になってしまう。ここで田辺元はこういう言い方をしてないよ。でも、何かを認識する時には、その前提として必ず、意識的か無意識的かを問わず、利害関心があるんです。

ハイデッガーは、ものを考える時、〈ある方向を見る〉という志向性があると言いました。どういうことか？　例えば普段はメールでやりとりをしていても、やっぱり恋ごころを伝えるならばメールよりも手紙のほうが効き目があるんじゃないかと。佐藤の講義中にふいにそう思い立って、箱根のホテルの窓から富士山を見ながらラブレターを書いたと。すると、普段は気にならないのに、どこにポストがあるかが気になってくる。はたしてこんな山の中にポストがあるのだろうか。ホテルのフロントに預ければいいのだろうが、何となく気恥ずかしいし、やはり自分で投函したい。となるとポストを探すわけですよね。歩いていてもポストがあるかどうか、気になってくるわけだ。

それと同じように、外を歩いててトイレに行きたいなとなったら、公衆便所のありかに関心が行くよね。だから認識の前提として、何らかの志向性が常にあるんです。自然法とは何かという認識の前提にも、その認識を導く利害関心があるわけ。端的に言ってしまうと、自然法というのは、欧米が自分たちに都合がいいように作り出した法律であるから、持てる者の法律にすぎないんだと。持たざる者としてはそんな自然法なぞ無視して、われわれが歴史的現実の中から新しい法を作っていくんだと。

これも今の中国人がよく言うことだよね。中国スタンダードでやっていくんだと盛んに言っているでしょう？　中国がまさにやろうとしているＡＩＩＢ（アジアインフラ投資銀行）なんて、ＩＭＦなどはまさに欧米による自然法的なものなのだから、われわれの手で新たなる金融体制を作るんだという異議申し立てそのものですよ。ここで田辺が言っている考え方と瓜二つじゃない？　既存のゲームのルールに従うというのは、強者の論理に従うことでしかない。ならば自分が自立して強くなっていき、自分でルールを立てればいいと。こう考えているわけだね。

さらに、既存のルールが絶対に動かないものだと考えていると、「必要以上の圧力と同時に自己の無力を感ずる」という形で、自己を過小評価してしまう。最後の部分で、田辺はそう念を押していますね。

時間の流れを捉え直す

先へ行きましょう。

「我々は勝手に何も出来ないこと、現実には我々に知り得ない所があること、をはっきり自覚する必要がある。このどうにもならない所が分れば却てそれが何事かをなし得、知り得る所だという事になる。これは言葉で矛盾した事をつないでいるようでありますが、実は小さい我々の生活についても同じ事が見られる。我々は色々計画をたててもなかなか思い通りになるものでない。併しどうにもならない中で飽くまで無私謙虚に精進していると却て思いもよらぬ先方から道が開けて来る事を我々は何らかの程度で経験する。これが現実の自由である。我々は歴史的現実として動かす事の出来ないものをはっきり知る時、歴史的現実として自由を感得する。そこに歴史は単に成るものでない、現実の中に自己を失って現実と一になった私が行為するという所がある。斯くして歴史は生成即行為であり発展即建設である。歴史を離れて建設・創造・行為する事は出来ない。併しそれは同時に発展・生成でなければならない。未来の可能性が過去の必然性を通して働く。過去の必然性と未来の可能性の結びつくのが永遠の現在である。歴史は直線的に滝が落ち水が流れているようなものと考える事は出来ない。歴史は過去から押す力と未来から決定する力との、相反対する二つの力が結び合い、交互相媒介する円環に成立するのであります。」

　われわれは、タイムマシンを発明しない限り、過去に行くことはできない。未来へ行くこともできない。時は流れていくものだと観念しているけれども、実のところ、われわれは永遠に〈現在〉を生きているだけです。これは当り前のことだよね。しかし、その現在というのは、あくまで制約の中にある。最大の制約って何？　われわれが死ぬことです。それぞれの持ち時間がどれだけかは誰にも分からないにせよ、必ず死ぬことだけは間違いない。二〇〇年後にここでまたみんなで集まることは、物理的に不可能です。生化学が発達して人間が二〇〇歳を超えて生きられるようになるには、われわれの持ち時間では足りないでしょう。ともあれ、われわれには必ず死ぬという制約がある。

　しかし、その制約の中で、同時に無限の自由を持つのです。制約を理解しながら、夢なり希望なりを持つ。そこで壁にぶつかる。けれど、壁にぶつからない人は、壁を破るということも経験できない。

　最近、東大や早慶なんかを出た優秀な若い人たちがよく、「俺はまだ全部実力を出し切ってないんだよな」「本気、出してないだけなんだよね」などと言う。そんな若者が増えているけれども、それは最初から越えられる壁しか越えていないと、そんな感じになっちゃうんだな。そして、そういう人は永遠に自由にはならないのです。自由になるためには、壁にぶつからないといけない。ぶつかっているうちに、壁って、いつかふっと崩れることがある。

あるいは、「あれ？　この壁、隙間があるや」って、その隙間にヒュッと入ったり、裏に回っていったり、そんな抜け道がある場合もある。そのことを、田辺はここで「どうにもならない中で飽くまで無私謙虚に精進していると却て思いもよらぬ先方から道が開けて来る事を我々は何らかの程度で経験する」と表現しているんです。

そして、われわれは〈時間〉というものの捉え方をもう一回見直さなければいけないんだ、と。過去から現在、現在から未来へと「滝が落ち水が流れているような」直線的な時間――これは一見、当り前のようだけど、きわめて近代的な、近代以降に教え込まれた時間の捉え方なんですよ。それまでの農耕民族にとっての時間感覚というのは違っていました。若い人はもうビデオテープなんて知らないかもしれないけど、人間はビデオデッキのヘッドのところにいて、これから画面に映る映像は既にビデオテープに収められており、そのテープが常に回っている、っていうのが農耕民族の時間感覚だったんだな。つまり、未来から現在へと時間が流れ込んでくる。人間はそれを分かっていて、自分の外側を春夏秋冬の時間が流れていくのを、静止したまま眺めている。農耕民の時間はそういう感じになっていたわけ。

一方で遊牧民の時間感覚は、一緒に歩いていく、一緒に育っていく、それこそ生成という感覚を持つんですね。だから時間というのは民族、それから産業によってだいぶ違ってくるんですよ。

ただ、ここで田辺が言っているのは、そんな民族学的な時間の分析ではなくて、現代の主流になっている時間の分析です。

この「未来の可能性が過去の必然性を通して働く。過去の必然性と未来の可能性の結びつくのが永遠の現在である」なんて時間観を持てば、もろに言っちゃうと、出世できます（会場笑）。今という制約条件を自分でよく考えて、その制約条件の中で、現実的な〈可能性の天井〉を考えるってことですよね。決して実現不能な夢は立てないけれども、まったく夢を持たずに現状に安住することもしない。するとね、経済的な制約条件、知的な制約条件、健康的な制約条件などを考えつつ、自分の現状よりだいたい二割ぐらい上の目標を設定すればいいんですよ。これだとある程度の時間と運があれば、到達できる可能性が高い。こういう未来への取り組み方は、現在が「過去から押す力と未来から決定する力との、相反対する二つの力」によって出来ているという時間観を持っている人ができることなんだな。

歴史は必然の自由である

で、ここから田辺は最初のまとめに入ります。

「ここで後にも使う概念ですから、一寸《ちょっと》説明して置きたいことがあります。我々は普通に歴史的現実を因果関係でもって考える。併し矛盾的であり、循環的である歴史的現実を考える時は、単に因果の様な一方向的なものでは考えられない。歴史は直線的でなく、交互関係にあり従って円環的となる（図一）。これが歴史が地域的に決定されるとか、時代が変れば過去の意味が変るとかいう現象を理解するのに大切な事である。交互性は単に因果を双方から働き合わせたものではない。因果とは因が果を決定する事で、結果が原因を決定する事はあり得ない。所が交互関係に於ては一方は自己の結果であるところの他方によって決定されるから、それは最早因果ではない。自分が自分を決定するという自発性がそこにはある。即ち二つの項を含む全体が、自分で自分を決定するのである（図二）。」

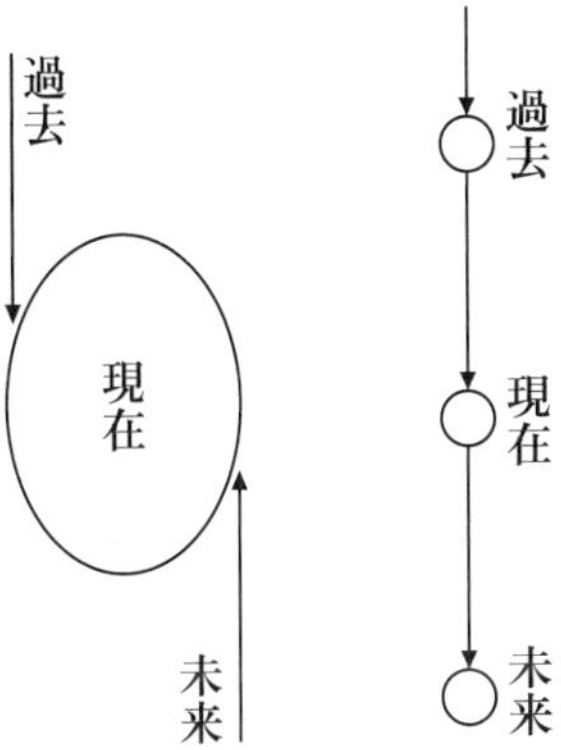

図一

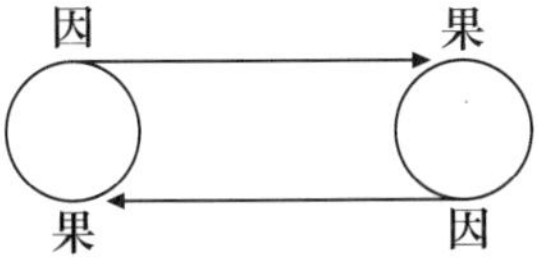

図二

ですから、歴史というのは、因果のように原因があって結果があるといった単なる一方的なものではなく、過去と未来は交互に応答し合う関係があるんだと。〈応答〉って response でしょ。responsibility になると〈責任〉だよね。何かの因果に対して人間は応える。その結果には責任が生じて新たな原因となり、次の結果へと影響を与えていく。そんな相互作用が起きる。そこでは「自分が自分を決定するという自発性」が生じて、自発的な循環が起きるわけ。例えばこの講座に参加している人と参加しなかった人の間では、今後田辺元の名前を聞いた時とか、ゲーテの『ファウスト』という本の話を聞いた時に、認識が違ってくるで

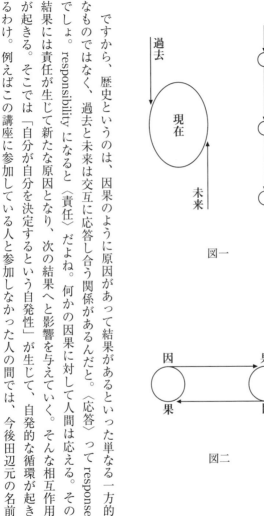

しょ。さらにそこから作用が生じれば、心の中の小さいところだけど一つの文化ができていくわけだよね。

そういう相互作用ができてくるのだから、歴史というのは単線ではないんです。さらに人間同士の相互作用によって特定の共同主観性ができて、それがどんなタペストリーを織っていくかで文化特徴ができてきて、歴史ができあがっていくという、多元主義の原理にここはなってくるんですね。

続けましょう。

「歴史の中の関係は交互関係であり、自分で自己を決定する全体の自己限定である。之を一方的に抽象したのが因果関係である。この事を忘れるのが一般に史観を間違ったものにする理由である。唯物史観や観念史観は自然について云われるものであるこの因果性を、歴史に当嵌《あては》めたものである。豈図《あにはか》らんや自然についても最近では、不確定性原理とか統計的効果とかが特殊な現象に見られるに至ったのである。自然科学でも自然を見る時は、自然の中に人間の協力が加わり、自然が自分だけでは露わにする事の出来ないものを、技術が露わにさせるのである。物理や化学がその実験を以て交渉する自然は、実験を通して始めて其の関係を露わにするものである。我々は自然をして自己の内面関係を語らしむべく媒介にはいるのだといってよい。媒介は普通は抜かしても結果に係わりないものである。併し量子論の取扱う様な特殊な現象になると、実験が媒介的に参加する時に現実そのものが変化するのである。」

量子論みたいな難しいものに例えなくてもいいでしょう。例えば、コップに水を入れます。そこに寒暖計を入れて温度を測る。それで、その水の温度は測れる——と思うよね。でも厳密に言えば、寒暖計自体も熱を持っているわけでしょ。だからコップに入れた寒暖計は、寒暖計自体の熱で影響された水温を指すことになるわけですね。だから、これは純粋な媒介物ではない。本当に何かの温度を測れるのかどうかは、実はものすごく難しい問題になるのです。

あるいは世論調査もそう。どんな世論調査でも、質問の内容や傾向が相手に影響を与えているわけです。対面で調査をするかどうかでも、相手を変容させます。そこで出てくるデータは、実は世論調査の面接者と答える人間との相互作用の結果だから、世論調査に答えた人間の持っている考え方がそのまま反映されたものでは決してない。厳正に言うならば、世論調査には世論誘導の力が常に働いているのです。まあ、日常的にはそんな力をわれわれは無視して議論しているけれども、量子論なんかになると、媒介についての話が重要になってくるってことですね。

先へ行きましょう。この章の末尾です。

「その意味で自然が却て歴史的という意味を持つようになって来て居ると云わねばならない。かく自然も具体的には歴史性を持たねばならないのであるが、併し本来自然はそれを抽象したものである。行為が生成であるという時、始めて具体的に歴史というものが出来る。歴史は必然の自由である。この事は歴史を単に因果的にばかり考える事を捨てる事を要求する。

之が自ら後に現われる困難を解決するもとになるかと思うのであります。」

歴史は必然の自由である、とは言うけれども、まず〈今〉を認識することから始まります。われわれが今を認識する時、二つ方向性があるよね。「今は非常に恵まれた地位にいるから、ここから転落するのは嫌だ」という場合もあるだろうし、「今よりももっといい地位に行きたい」ということもあるでしょう。そういう具合に今を認識しているということは、未来を無意識のうちにでも認識しているってことなんです。

今われわれが〈いる〉というのは、過去の制約条件と、自分が望む未来の像があって、その緊張関係の真っ只中である〈現在にいる〉わけです。そして歴史はその緊張関係の連続から生まれてくるものなのだから、常に生成、つまり変化という要素があるんだと言っています。これで「一　歴史的現実の一般的意味」は終りです。全体のイントロダクションですね。

よし、ここまでいいかしら？　じゃあ、先行くよ。田辺は時間について、さらに突っ込んで行きます。次の「二　時の構造」はすごく難しいけれども、難しいからこそ、田辺はいろんな技を使って、われわれが皮膚感覚で理解できる落語ふうの話なんかも使いながら上手に落とし込んでいきます。

カフェと居酒屋

じゃあ、田辺の技を見て行きますよ。

「二　時の構造

この前には歴史的現実というもののごくざっとした一般的な意味をお話しました。あまりざっとした事で十分御理解なさらなかったかと思うから、今日は第二番目に掲げてある時の構造を話す心算であるが、しかし自ら問題が歴史的現実の一般的意味に関係するので、この前の事を敷衍《ふえん》しながらお話をすすめる事にします。」

ではコイケさん、敷衍って何？

コイケさん　別の言葉で皆に分かりやすく説明する……。

そう。では、「敷衍」の反対語は？　「要約」だよね。要約は、長いものをまとめて短くする。敷衍は、短いものを分かりやすく長くしていく、同じ事柄を別の事柄で表現していくことですね。パラフレーズとも呼ばれる技法です。日本の教育でも、要約はたくさんやらせるんですよ。ところが残念なことに、敷衍ということはほとんどやらせない。でも実は敷衍こそ、物事を表現する場合にいちばん大切な応用力なんですね。

この「新潮講座」では小説を書くための講座も開かれていますが、小説を書くのにも敷衍の技術は重要だよね。「ここの表現は分かりにくいから別の表現で書いてみて」「分かりやすい言葉でいうとどうなるの」と編集者が書き手に要求するのは、敷衍の一種です。内容を本当に理解していれば――小説執筆の場合だと、本当に自分が書きたいことが摑めていさえすれば――、絶対に分かりやすい表現に置き換えることができるはずなんです。

今、日本でいちばん敷衍の技術がうまいのは池上彰さんですよ。彼は事柄の本質を変えずに別の分かりやすい言葉で説明することができるのです。しばしば日本ではこういうパラフレーズを「通俗化だ」ってバカにするのだけれども、そういう通俗化はものすごく大切なんだ。一般には通じないで、専門家だけに通じる、なんてのは密教と一緒だからね。それでは公共性は得られません。公共圏、例えば居酒屋で話題にできないようなことは、社会で力を持ちえない。

でもね、最近の酒場はつまらなくなりましたよ。四谷にイタリアンの立ち飲み屋があって、けっこう若い人たちが多いんで、時どき私もビール一杯飲みながら、周りの話を盗み聞きするんです。このところずっと、話はほぼ二つに収斂《しゅうれん》する感じがします。「自分は能力があるのに、いかにそれが正当に評価されていないか」という話。それから「こんな会社辞めてやって、俺たちで起業しよう」って話。何年か前から、この傾向は変わってないんだ。この二つのタイプの人は、きっと出世しないし成功もしないなと思いながら私は黙ってビールを飲んでいるんだけどね（会場笑）。

本来、飲み屋というのは、そんなぐるぐる回るような話をする場所ではなくて、身分とか家庭とか収入とかに捕らわれずに、公共圏ならではの話をするものですよ。例えば読んできた本の話でもいい、「ゲーテの『ファウスト』って、やっぱり後半はつまらなくなるんだよなあ」とか「『存在の耐えられない軽さ』って、映画もいいけど、クンデラの原作も読むべきだよ」なんて話をするのが、飲み屋での本来の姿なんです。その手の話がつまらない人は、別の公共圏に属する飲み屋へ行ってサッカーの贔屓《ひいき》チームの成績に一喜一憂したっていい。AKBとももクロの本質的な違いについて口角泡を飛ばして論じあってもいい。出世の話と金儲けの話しかしないっていうのは、やっぱり飲み屋の正しい使い方じゃないんだよな。

ちなみに、ソ連時代のモスクワには居酒屋がなかった。長居できるカフェもありませんでした。なんでだと思う？　レーニンやトロツキーやスターリンたち、彼らが居酒屋とカフェで革命運動の相談をしてきたからですよ。だから、一九三〇年代にモスクワの土地整備をする時、スターリンは居酒屋とカフェを全部潰したのです。居酒屋とカフェがあると、そこからいろんな不穏な動きが生じると見越したわけ。レストランも全部事前に予約をしないといけないようにして、秘密警察の係官を常置させて、誰が誰と飯を食ったかを筒抜けになるようにしました。

それがエストニア、ラトビア、リトアニアのバルト三国だけは、ソ連に併合されるのが遅かったので、居酒屋とカフェが残っていました。八〇年代後半からバルト三国でソ連からの独立運動が生まれて来た時、それは案の定、居酒屋とカフェの密談から始まったのです。居酒屋やカフェというのは公共圏として、やはりすごく重要な役割を持っています。

でも日本では旧来型の喫茶店がなくなって、ドトールはちょっとカラーが違うけども、スターバックスなんかが蔓延《まんえん》して、私はうんざりしてます。スターバックスって、ソビエト時代の立ち飲みコーヒー屋とすごく雰囲気が似てるんだ。あそこは長時間の相談ができる空気じゃないでしょ？　日本が、あるいは世界中が、ソ連化しているんじゃないかって気になってきます。

一人前の泥棒になるために

次に田辺は、今までの話を分かりやすい例を挙げて、まさに敷衍してくれます。

「この前の話の要点は、歴史的現実は過去のもつ必然性の結果として動かすことの出来ない、どうにもならないものであり、而もそれが我々の未来に於て自由に自己を決断する可能性の媒介であると云うのであります。我々はこのどうにもならないという所を手離してはならぬ。それを忘れず捨てず、自己と現実とが隔てのないものになるとき、このどうにもならない必然が却てどうにでもなるのであり、その中に自由の天地が開けて来るのである。所でこの隔たり、よそよそしさのなくなると云うのは、ただ諦めて身を任せる事と思われるかもしれないが、私のいいたいのはその正反対である。却て現実が私なのであるから、それは懐手をして成り行きに任せるのとは正反対の絶対行為である。必然即自由である。此点をはっきり摑んで頂きたい。これからの話はそれを色々な点から、私に出来るだけ解いてお話をする事に尽きるといってもよい。今申した事はそれぞれの程度で皆さんがどうにもならない所に置かれた時、御自身に体験しておいでになる事と思いますが、それを卑近な例を以て敷衍して置きたい。それは禅宗の人（碧巌集《へきがんしゅう》の評唱を作った圜悟《えんご》の師匠である五祖《ごそ》法演《ほうえん》）が、一体禅とはどんなものかを素人に知らせる為に作った寓話の様なもので御承知の方もあろうが、今の説明につけ加えて置きたい。それによると禅は泥棒の技（わざ）の様なものである。或る其道に長じた泥棒の親方が居たが、年をとって来たので、息子が修行して置かねば食って行く事が出来ない事になった。そこで息子は親爺に泥棒の商売を教えてもらいたいと頼んだ。すると親爺は息子を連れて金持の家に垣根を破って忍び入り、立派な着物の入って居る大きな櫃《ひつ》を開けてその中の衣類を盗む為にその櫃の中に息子をはいらせてから、蓋をして錠をかけ、そして自分は垣根から外に出てその家の玄関を叩いて「泥棒が入った泥棒が入った」といって家の人を起した。息子は騒ぐと見附かるし、といって黙って居るとそのまま飢死せねばならなくなるので、実に怪《け》しからぬ惨酷な親爺であると怨んだ。これは我々がどうにもならない所に陥ちた所である。そこで何にも出来ず何もしないで居ては泥棒になる資格はない。ところで息子は櫃の中で鼠が物を咬むような音をさせた。すると鼠が居ると云うので女中が手燭を持って来て蓋を開けたので、彼は女中の燈りを消して逃げた。泥棒だと云うので家の人達が後を追うと、大きな石を井戸に放り込んで、家の人が逃げられなくなって井戸に跳び込んだのかと思って、井戸の周りに集まって騒いで居る隙に逃げ帰った。そして父を詰《なじ》ると、父は「それは大変結構だ、それで一人前になれた」といったという。法演の話はそんなものであるが、そこに外から教えるのでなくどうにもならない所から自由な働きが生れて来ることを自得さす禅の立場がよくあらわれて居る。併し今云った事は禅と云う特別なものに限らない。一体禅は何も特別なものではなく、人間が本当に人間になる為の道と云ってもよいものでありましょう。皆さんも現実というものの意味について今申した様なことを多少とも感得せられる事と思う。即ち私達は現実が圧力を加えるからと云って現実を手離してはならない。泥棒の息子は働く事を止めなかった。歴史的現実が歴史的現実であり、生成が行為に転化せねばならぬと云うことの意味は之によって理解できるでありましょう。」

田辺がこれまでの話を砕いて、できるだけ分かりやすく伝えようとしているのが伝わってきますね。

例えば私だって、この泥棒の跡取り息子みたいな目に遭ったわけです。二〇〇二年五月に鈴木宗男事件で私は逮捕されました。これは何か悪いことをしたからじゃない。当時の外務省の政策に則って北方領土交渉を進めていただけなのに、そんなことになっちゃった。

悪いことしてなくても、一旦捕まってしまったら検察相手に勝てっこないと、みんな諦めちまうんだよね。でも私は、ここに出てくる櫃の中に入った泥棒の息子と同じで諦めませんでした。だって、検察が出してくるオファーというのが、「『鈴木さんが三井物産から賄賂《わいろ》をもらっているのを私は見ていました』という調書に付き合ってくれると嬉しいんだけど」なんて話だからね。俺、そんなの見てないもの、付き合えっこないよね。とはいえ、もし鈴木さんが賄賂をもらっていると私が確信していたら、あるいはそれらしき匂いがしていたら、少しはサービスして調書にサインしたと思います。でも、絶対にもらっていないと思ったもんね。

一般論として、政治家というのは、名誉か利権を求めて動くのです。ただし、この二つを混同する政治家はいない。鈴木さんが他のところでどうだったかは分からないけれども、北方領土に関して鈴木さんは名誉で動いていました。だから、ちんけな発電所一つ作る時にカネを抜くなんてことは考えられないのです。あり得ないことだからあり得ないと私が言ったら、検事もインテリだからね、「あなたが一人反対しても、残る全員で固める調書を作るから時間の無駄なんだよ」と説得してきました。そこで私が黙秘を貫くと、それはそれで、どんな話をでっちあげられるか分かったもんじゃないんです。だから検察の狙っているストーリーと適宜お付き合いしながら、落とし所を探っていかなきゃいけない。

でも、その時くらいから、ぼんやりと考えていました。将来のことであるとか、今までのことであるとか、まさに「過去から押す力と未来から決定する力」の間で考え始めたのです。昨夜もチラッとお話ししたことだけれど、結論としては、檻から出てきて戦おうとしたら、たった一つの可能性しかないなと思った。外務省を休職とはいえ辞めずに身分を維持しながら、法廷で戦うお金と生活費を得るためには、作家になるしかないと。それがダメだったらオホーツクのカニ漁船（会場笑）。私のような立場から作家になるには、一回しか勝負できません。何回も江戸川乱歩賞に応募して、いつかミステリー作家になってやろうと思っているわけじゃないんだからね。第一作を読者の興味を引くテーマで書いて、きちんと満足させる。そこにすべてを賭けるしかありませんでした。

実はその第一作、『国家の罠』という私のデビュー作は、当初は岩波書店から出る予定だった。岩波は公判の時からずっと支援してくれていました。ただ、ちょうど原稿が出来あがる頃に岩波書店で私の利益と相反するような企画が動いていたことと、昔から付き合いのあった新潮社の伊藤幸人さんという「フォーサイト」誌で編集長をやっていた人から「ぜひ出したい」というオファーを受けたことで、私のズルい計算が働いたわけです。将来のことも含めて、どうやら新潮社から出した方がよさそうだなと（会場笑）。

何より、新潮社と私の間には何のトラブルもなかったんですよ。新潮社というのは非常に義理堅い社風があって、かつて取材という形で何回か新潮社とはお付き合いがあって、以来私は新潮社に義理を欠くようなことをしていませんから、鈴木宗男事件の時も、新潮社の「週刊新潮」「新潮45」といった媒体では、外部の筆者が書いた記事で私を批判したものはあるけれども、新潮社のクレジットで書かれた記事で私の悪口を書いたものは一つもないんです。

そこはいいのだけれども、「鈴木宗男研究」という連載を「週刊新潮」でイケイケで連載し、単行本まで出している新潮社が私の本を出すということは、あの時点において、出版社としてはものすごいリスクがありました。だって、内容が真逆で、『国家の罠』は『鈴木宗男研究』を否定するような本ですからね。

さらにもう一つ問題があって、『国家の罠』には新潮社から本を出している著者たちも何人か登場するわけです。それも例えば、今は新潟の方にいるさる教授なんかが、人間としていかがなものか、どんな下劣な行動をしたかを実名で書いています。これは出版社にとって、えらくハードルが高いことですよ。まして、いま言ったように義理堅い社風の出版社としてはね。そんな『国家の罠』を新潮社は出してくれました。

もし、『国家の罠』で大学教授たちが「A氏」とか「B教授」とか匿名になって、検察官とのやり取りに関しても、「密室の出来事だから第三者が検証できない」なんて出版社の法務部あたりがビビって、その場面の筆を緩《ゆる》めるとか、あるいは実名を出さないとかになっていたら、あの本があれだけの影響力を持って売れることはなかったと今でも思っています。

実際、刊行後のある会合で、本来出すはずだった岩波の担当者と会うと、正直に言っていたもんね。「やっぱり新潮から出してよかったよ。うちだったら、ここまで検察に対峙する場面を残す判断はたぶんできなかったと思う。それから岩波文化人が登場するから、彼らに関しては『削ってくれ』と頼むことにもなりかねなかった。そうしたら、インパクトがかなり落ちちゃったよね」と。

『国家の罠』がインパクトのある売れ方をしたので、私は早くに論壇へ出ることができたけれども、最初の二年間ぐらいは必死になって、書店も全部回って、北海道の書店も細かく回って、置いてもらうように頭を下げて歩きました。いろんな雑誌なんかのインタビューも、エロ雑誌でも何でもオファーがあったものは全てに応じていました。とにかくそこで這い上がるのが、自分に与えられたたった一度のチャンスだと信じていたからです。

ここで田辺元が挙げた例で言うと、〈窮地に陥った息子が必死に機転を働かせて、櫃の中でネズミの鳴き声を真似て、やって来た女中の蠟燭の火を消して闇の中へ飛び出し、大きな石を井戸に放り込んで、どうにかこうにか逃げ帰る〉という、このプロセスは、二〇〇五年に『国家の罠』を出してから二〇〇七年までの約三年間、私のスタートダッシュの時の必死さと実に似ています。

みなさんは幸いにしてそういった局面に陥っていないかもしれませんが、この泥棒の息子の話は決して落語の笑い話とか、そんなものでは片付けられないリアルさがあって――さすがに禅の寓話です――、いつ自分たちの身にも起きるか分からない話なんだよね。

ちなみに、私がそれだけの目に遭ったというのは、やっぱりそれだけのことを私がしたからではあるんですよ。決して悪いことはしていないと言っても、「出る杭は打たれる」と言うけれども、本当に出過ぎると打たれることはなくなるが、抜かれることになるんだな。北方領土交渉に本気で取り組まず、おとなしくして目立たなければ、絶対にやられませんでしたよ。検察にやられる人は、例外なく、必ず何らかの理由があるんです。だから国策捜査において完全な冤罪《えんざい》は一件もない。国家から見ると、こいつはダメだ、絶対に除去しないといけないってところがあるんですよ。

ただ人生においては、国家と対峙するなんて局面でなくとも、子どもの教育であるとか、奥さんとの関係であるとか、あるいはこれからはある程度の収入を得る仕事はどんどんキツくなっていくから、仕事や会社の問題とか、選択を迫られる局面はきっと出てきます。ある段階で、自分の心身の健康を考えると、収入が減っても転職について真剣に考えないといけない、とかね。

この泥棒の息子と同じような局面に置かれる時というのは、制約の中における自由ではあるけれども、一回性のものなのです。一回失敗したら、それで終わりってことがある。そしてこういう時の耐性は、それまでの人生の蓄積がそのままモノを言うんですね。

歴史は唯一無二のものではない

じゃあ次の人、続きを読んで下さい。ここはちょっと長く行きましょう。

「それで凡《およ》そ歴史は歴史でないものから之を考えてはならない。またこの前申した例を云えば、例えば持てる国が持たざる国の行動を非難するのは神の世界計画（Weltplan）によって世界が作られ歴史が始まったとする考えを前提して居る場合が少なくない。それでは歴史的現実を正しく理解する事は出来ない。それはまだどうにもならない必然ではなく、そんな勝手をいう余地があると思っているのだからである。歴史を現実と離れた理念で批判する事は許されない。併しそういうと、水の流れるままに萍《うきくさ》の様に流されるのが現実に処する道なのかというならば、それは必然即自由という事がまだよく腹の中に入っていない為である。凡そ理性を持つものは批判的に態度を決する事が必要であると云われるが、それはその通りである。併し批判が現実の外に前提した規準から行われるなら、それは現実から浮いてしまう。我々はかかる態度は捨てねばならぬ。かかる批判は畢竟人間を神の位置に置くもので、それは人間には許されない。かかる超歴史的・無歴史的な規準を考えるのも矢張りそれ自身歴史的なのである。そう考える事も歴史的に発生したので、批判も決して歴史の外にあるのではない。人間は現実の中にあって批判するのであり、寧ろ現実が人間を通して自己を批判するのである。そうでなければ批判は権威を持つ事は出来ない。現実の外にある永遠の立場の理念と云う様なものは、いつか現実がそれをふき飛ばし粉砕してしまう事を認めねばならない。併し批判は現実そのものが自己を批判するのであると云えば、すると何処に批判の規準があるか、それは批判でなく単に現実に便乗する事に外ならないではないかと云う疑いも起きるでありましょう。実際現実を上から、超越的に批判する規準はないのである。之をはっきり腹に入れる事が第一に必要である。歴史的であるとは一切が歴史に相対的であるという事である。併しそれはなにも絶対的なものがないというのではない。相対的なものが、相対的であると共に絶対的と云う意味を持つならば、相対と絶対とは矛盾しないで両立するではありませんか。相対が動く、その活動の中には一々が絶対であると云う所がある。これは我々が時の構造を語る際、この現在の中には永遠即ち時を超えたものがあり、それが時を成り立たせるのだと云ったのと聯関してお分りになるでしょう。我々が相対を免れる事の出来ないのは、前いった現実について語る事が矛盾であり循環であるのと同じである。そこにぐるぐる廻って出る事の出来ないものがある。併しこのぐるぐる廻るものは絶対的である。それが単に相対的だといわれるのは、一々の相対的なものを固定してそれに執着するからである。」

よし、長いので読み手を代わりましょう。

「この執着を去れば相対的であって同時に絶対的であるといわなければならぬ。それで批判も相対性を免れないでいて而も絶対性を要求して居る。併し絶対性を求めても本当に絶対的であると云う証明は出来ない。それを出来ると考えるのは自己の持つ制限の自覚がないのである。我々は自然科学の認識では真理であるか否かは絶対的に決った事と考え、それを歴史的なものにも当はめ、絶対的な批判の規準・真理を求める。併し自然科学、その中でも精密科学（exact science）と云われる物理学さえも、決して動かす事の出来ない精密さを与えはしないのであります。御承知の通り新量子論ではこの精密性への要求が満たされない事を認めて居る。物体の現象を記述する為には、その位置と共にそれが一定の速度で運動する事が分らねばならない。我々は普通にそれを何時でも知る事が出来ると考えている。併し電子と云う様な微細な物質要素になると直接に見る事は出来ないから、顕微鏡下に光を与えて見なければならぬ。所が位置を知るに十分な光を与えると粒子は光のエネルギーを受けて速度を変える。すると位置と速度とは同時に正確には決定する事は出来ない訳になる。そこに所謂不確定性がなりたち、絶対的な精密性は許されないのである。勿論量子論にしても複雑な実験の上に立つ理論、その理論に基く実験という風に理論と実験とが重ねられて確められ、だんだん精密にはなるが、絶対の精密さは自然科学、物理学に於てさえあり得ないのである。実験の操作によって自然を知るのは、自然を作り変えて知るのである。我々が自然の中に入込んで、自然をして人間の操作なしには現わし得ないその関係を露わならしめるのである。併し此様《かよう》に自然ではなりつつある（becoming）がなしつつある（making）であるといっても、自然は飽く迄我々を離れてあるもので、我々は手を貸してやるだけであるともいえる。所が歴史に於ては「作る」と「なる」とが、一方を他方の単なる媒介手段とのみ見る事は許されない。両者は常に不離《ふり》相即《そうそく》するのである。それで歴史については決して固定された絶対不動の規準、不変の認識はあり得ない。併しそれはただ「無い」と云うのではない。自然科学で理論と実験とが持ちつ持たれつして次第に精密なものに向って進んで居る。それと同じく我々の歴史的現実に於ても、絶対的超歴史的な規準を一挙にして摑む事は出来ないが、然も「なる」は「作る」という行為の間に自ら正しかったものは自己を維持し間違ったものは破滅するという様に自己を検証（verify）しつつあるのである。自然の場合、絶対的な真理が一挙に摑めないからといって真理が無いと云う人は無いであろう。我々にとって生きて行くのにもっと重大厳粛なものである歴史的現実について、一挙に確定せられる理念がないからといって絶対的なものがないというのは不公平であり抽象である。それはまだ本当に自分を捨てていないのである。我々は相対的でありながら常に何か絶対的なものに触れて居る。ただその絶対的なものは相対の外にあるのでなく、如何なる相対の中にもありながら何れの相対にも捉われない之を超えたものとしてあるのである。」

ここはちょっと難しくなっています。まず、ポイントは歴史主義の問題です。

例えば日韓中の間で、歴史について語ろうとすると必ず喧々囂々《けんけんごうごう》たる有様になります。自民党の保守派って、いまや頭が悪すぎる人たちばかりになってしまっていて、彼らの言い分を口にするだけでこっちまで頭が悪くなりそうなんだけど、「唯一の正しい歴史を覚えよう」とか「新しい歴史認識を持たないといけない」とか「南京大虐殺なんかなかった」とか「強制されて慰安婦になった女性はいない」とか——つまり、単一の「歴史」というものがあると思っているんだね。もし日本と中国の間に単一の歴史があるとしたら、それは日本と中国が同一の国家になっているということですよ。民族や国家が違う以上、歴史の点のどこをどんな線でどう繋いでいくかは全部違ってきて当り前なのです。

ただ、かつての人類は長い間、唯一の歴史があると思っていました。田辺も暗に指摘しているように、これはキリスト教の影響ですね。ところが啓蒙主義が入ってきて、理性や合理性というものを歴史にも適用するようになって、歴史というものの性格が変わってきたのです。

この決定的な変化を起こしたのは、一九世紀に行われた〈史的イエスの研究〉です。イエス・キリストという男はどういう男で、何年に生まれて、何を言って、何を食って、いつどういうふうにして死んで、それで復活はあったかどうかということを啓蒙主義的に実証しようとしたのです。これは何十年もかけて、徹底的に研究されました。その結果、何が明らかになったかと言うと、どうやら酒が好きで、セックスしたかどうかは不明だけど女にはけっこうモテたみたいで、教育水準は中の上くらいで、三三歳で刑死したイエスらしき男がいたという伝承までは分かっても、とうとう「一世紀にイエス・キリストという男が現在のパレスチナにいたということは証明できない」という結論になったわけです。同時に、「一世紀にイエス・キリストという男がいなかったという不在の証明もできない」と。つまり、イエスがいたか、いなかったかはもう分からないということになってしまった。

　この史的イエスの研究にとどめを刺したのはアルベルト・シュバイツァー（一八七五〜一九六五）、みんなご存じのあのお医者さんのシュバイツァー博士です。彼が医者になったのは四〇歳近くになってからなんですよ。それまでは神学者として史的イエスの研究をやって、実証できないことを突き詰めて、神学研究をやめたのです。今もシュバイツァーの研究、例えば一九〇六年に出た『イエス伝研究史』などは神学の基本中の基本書として残っています。

　その後は、イエス・キリストがいたとかいないとかってことは括弧《かっこ》に入れておくけれども、愛であるとか、そういうキリスト教の教え、キリスト教のものの考え方は正しいんだとなっていきました。

　ところが、エルンスト・トレルチ（一八六五〜一九二三）という人物が現れます。この人は一九世紀の終わりから二〇世紀の初めにかけて活躍した大神学者で哲学者で歴史学者です。国際的には非常に重要な位置を与えられているけれども、日本ではほとんど顧《かえり》みられない人です。そんな人って時々いるんですね。例えばドイツ古典哲学だとシェリング、歴史学だとこのトレルチ。日本でも有名なマックス・ウェーバーは引きこもりで、まともに人とコミュニケーションがとれる人間ではなかったし、学術的研究ものすごく粗くて、キリスト教を論じた部分はほとんどがトレルチのパクリです。彼らは同じアパートに住んで、ある時期まで友だちでした。ウェーバーはトレルチの話を聞いて、『プロテスタンティズムの倫理と資本主義の精神』や『古代ユダヤ教』などを書いたと言っていい。ベースにあるのはトレルチの研究や思想なのです。

そのトレルチが、いろいろキリスト教の歴史を調べ、教会の歴史を調べて突き詰めていくと、「キリスト教会が絶対に正しいとは言えない」という結論に至りました。トレルチは、他の宗教と比べたら、キリスト教が絶対に正しいはずだという仮説から研究を始めたのですが、にもかかわらず、結論は否定的なものになってしまった。キリスト教はまずイエスの実在に正当性を求めようとして、その道は閉ざされ、今度は教会あるいはキリスト教のドクトリンさえもどうも正しいとは言えない、ということになってしまった。つまり結局、歴史相対主義の海の中にキリスト教は沈んでいったのです。

それをもう一度、「絶対的に正しいものは、人間が知ることはできないけれども、必ずあるのだ」と、二〇世紀の天才神学者カール・バルト（一八八六〜一九六八）が引っくり返します。実のところ田辺元は、こういった神学的な議論を全て押さえた上で、神学者の名前をまったく出さずに話しているだけなんですよ。エルンスト・トレルチを読むなら、『歴史主義とその諸問題』全三巻、これはヨルダン社から出ています。自分から積極的に探すと古本屋で三万円ぐらい取られるかもしれない。一冊四〇〇〇円、全三巻で一万二〇〇〇円以内だったら適正価格だと思います。それから『ルネサンスと宗教改革』、これは岩波文庫に入っています。トレルチの考え方というのは非常に興味深く、刺激的です。ぜひ読んでみて下さい。

未来とは何か

先を読んでいきましょう。

「この事が自ら時をどういう風に考えたらよいかという事を示して居ると思う。時と云うのも歴史的現実と同じく分らないもの、分っていて分らないと云う不思議な性質のものでありまます。皆さんもお読みのことと思いますが、基督教の神学の土台を置いたアウグスティヌスの、告白録の中に時の問題が深い立場から論議されています。その中でアウグスティヌスは、時は誰もきかなければ私に分っているが、きかれると分らないものだと言っている。」

これはもう、時間についてのアウグスティヌス（三五四～四三〇）の名言だね。私は時間とは何かを分かっているのだけれど、誰かが質問してきた途端に分からなくなるんだと。

アウグスティヌスの『告白』（田辺は「告白録」と呼んでいますが）というのは、さまざまな人びとが共有する問題をきちんと持った〈私〉、つまり社会性がある〈私〉が告白する形をとっていて、日本的な「私小説」とは違った文学形態になっています。

アウグスティヌスのお母さんはキリスト教徒だけど、お父さんはマニ教徒でした。アウグスティヌス自身も最初はマニ教徒だったんです。だから、「性欲が罪を遺伝させるんだ」などという考え方に強烈に囚われていたのです。そのために去勢願望があった。去勢をしてしまえば自分は罪から逃れられるんじゃないかと強く思っていました。古代の神学者でオリゲネスなんて人も去勢したと伝えられている。キリスト教の歴史で、けっこう去勢願望との戦いはあるんです。ともあれ、『告白』も読んで面白いものです。

読み手代わって先へ行きましょう。

「時間は向うに置いて語ることは出来ない、それは時を時でないものに投射して考えることに外ならない。この事は恰《あたか》もこの前現実について御話した事と同じ様に皆さんに不思議な感じを懐《いだ》かせるかもしれません。時は歴史的現実よりもっと客観的なもので、歴史をも包むものである、それに自分の事を考えるのはおかしいと思われるかもしれません。併し私に関係しないような現実とか時間とかは知る事が出来ない。時は私に関係して成立する故私に非常に近い、従って人にきかれなければ時は私に分っているのである。所が人にきかれる事になると、私は第三者としてその外に立ちこれを語る事になる、それは時を時でなくすることである。時は斯様に分り難いものですが、しかし兎《と》に角《かく》手懸りとしては過去・現在・未来の分析から出発する外ない。過去とは昔あった事に違ないが、併し必ず現在にまで働いて効力・

影響をもつものでなければ意味をなさない。過去が現在にあるとは我々の意識とか記憶の中に我々の働きを制約するものとして働いている事である。過去は過ぎ去っていながら「ある」もの、現在を必然的に規定しているものである。併し現在に「ある」なら過去ではない。過去というからには同時に過ぎ去っていなければならない。それで過去は「なくてある」というより外に言いようのないものである。過去には過ぎ去っている面と現在に働いている面と両方がなければならない。しかし若し過去が現在に於ても働いて居るのなら、それが現在と区別される点はどこにあるか。」

このへん、外国語の場合は、過去形と現在完了形を使い分けることによって、過ぎ去った過去と、現在にまで影響を及ぼしている過去の明確な区別を文法的にすることができますよね。現代の日本語ではそれができません。

あるいはギリシャ語とかラテン語をやられた方はご存じでしょうが、「アオリスト」という表現があります。これは未完了過去です。やはり、現在に影響を及ぼしている過去を表します。だから〈過去〉という概念が、われわれと違うことが分かりますよね。時間の概念や感覚が違うわれわれは、あまり現在と過去を分節化しないんですね。ただ、時制に注意すれば、物事の分析能力は高まっていくことは覚えておいた方がいいです。

先を読みましょう。

「現在の中には過去だけにはもり切れないものがあるからである。過去から必然的に決定されているものでありながら、却て自由に活動して過去の意味を変化させるのが現在の特色である。現在は却て自分の中から働き出す、過去の必然が活動に転ずる所である。では働くとは何であるか。働くとは我々が自由に決定する、我々の力でかくあらしめるという事である。併しそれは未来に対する可能性、即ち将来あり得るものが現在に於て決定される事である。過去が現在なくしては考えられない様に、現在は未来なくしては考えられない。が、亦未来も現在なくして考える事が出来ない。単に抽象的に考えられた可能性では未来と云われない、現在はないが現在の私の働きによってあるようになるものが未来である。それで未来は現在に結びつき現在の中に働かねばならない。故に未だないものが現在という「あるもの」を決定する、現在は未来によりかくあらしむべく限定され、規定されているのである。」

要するに、未来は何かと。現在において、何か未来像を思い浮かべているわけでしょう？現在に足がかりが全くない未来というのは存在しないわけです。夢を思い浮かべる能力は、ものすごく重要なんです。夢や欲望が具体的にないところでは、行為がないから、生成もない。すなわち発展がないし、世間的な成功だってないのです。夢や欲望によって具体的に考えられた未来は、現在を限定し、規定していくわけです。
「人類が平和になりますように」なんて祈っているだけでは、全然それは平和にも貢献しないし、自分自身にとってもプラスにならないでしょう。自分自身の何らかの具体的な欲望に基づいた目標を設定して、祈って、それを実現すべく努力していく――未来という考え方はそんな構成になっているんです。何も考えないというのは、未来の可能性を放棄しているということでもあります。

時間は時間で表せない

「時間を唯水《ただ》の流れのように直線的に考えれば時間でも何でもない、それは直線的・空間的なものにすぎない。現代に特色ある時間の考えを提出したベルグソンの言葉を借りると、このような時間は空間化・幾何学化された時間である。かかる時間は時間でない。」

ここもきわめて重要なことを言っています。

われわれは時間を座標軸とか、あるいは時計で示しますね。それは空間ですよね。時間を時間で示すことはできないのです。時間は全て空間へと転換して、われわれは空間に転換したその写像を見て時間を観念しているわけです。しかし、それはあくまで時間自体ではありませんよね。こういう当り前のことに人間はなかなか気づかなかったんだけれど、アンリ・ベルグソン（一八五九～一九四一）は気づいたのです。

ベルグソンに関しては、取っつきやすいから、岩波文庫から出ている『笑い』を読んでみたらいいと思う。人間はなぜ嬉しい時ばかりでなく、悲しい時や困った時、あるいは怖い時にも笑うのか？　笑いというのは、人間が自分の認識の限界に来た時に起きる現象なんだという具合に、笑いの構造を徹底的に分析している、これもまたすごく面白い本です。ベルグソンはフランスに生まれ育ったユダヤ人ですが、他の人が思いつかないけど、よく考えたら当り前のこと、今みたいに「われわれは時間を空間で理解してる」なんてことを、ポンと気づくんだな。天才的な人です。

ただし、この天才の書いたものを一般の人でも分かるような言葉にしていくのは非常に難しい。そこのところを、例えばベルグソンの時間論とか行為論なんかを商売にしているのが内田樹《うちだたつる》さんだね。ベルグソンの言っていることをいろんな形で、手を替え品を替え提示して見せています。

複数の時が存在する

「そうではなくして我々が働いて生きて行く事が時間を成り立たしめるのである。時間は何処かにあってその中でものが起ると考えるのは時間を空間化して考える事である。アウグスティヌスは宗教の立場から時間の中で神が世界を造ったのか、時間も神によって造られたのか、という問題を提出している。時間を神が造らなかったとすれば神は時間の中にあるものとなり永遠性をもつ事が出来ない。之に反して神が時間を造ったものとすれば、神は時間を超えて永遠性をもつ事が出来る。これは宗教論的に重要な問題となって来る。普通我々が考えて居る様に時間は川の流れのように流れており、時間の中でものが木の葉が押し流されるように流されると考えるのは、時間を空間的に考える事である。時間は却て世界と共にある、世界の創造に先立つ時間の中に世界が発生するのではない。神は世界と共に時間を造ったのであり、世界なくして時間は成り立たない。それ所か世界・時間は我々の自己なくしては意味をもたない。全く過ぎ去って現在にないものがあると考えるのは我々が記憶を持つからであり、又未だ無いものである未来が何故現在を決定する事が出来るかというと、我々が未来を目的としてそれによって現在を限定せしめる想像とか予測とかを持つからである。併しそれだからと言って勿論、予測や記憶によって未来とか過去が出て来たのでない。却てこれらと結びつかねばそれらも意味をもたないのである。要するに記憶とか予測とかがあるのでそれと共に過去や未来が成り立ち、又過去や未来について記憶や予測が成り立つのである。而して時は過去と未来とが互に対立しながら結びついておるものであり、その転化し合う所が現在である。若し時間が直線的に川の流れのようなものなら一つの統一を形作る事は出来ない。時は円環をなしていると云わねばならない。併し唯円環だけでは時は成り立たない。一方では直線的に考えられる面もなければならない。時が単に円環的であるとすれば、現在は唯一つだけでなく限り無く幾つもの現在があって、動いているという事が云えない。故に円環が円環を包んで重なって行く所に時が考えられる（図三）。こんな風に時が円環的に重なって行けば之を一方から観れば直線的になる。」

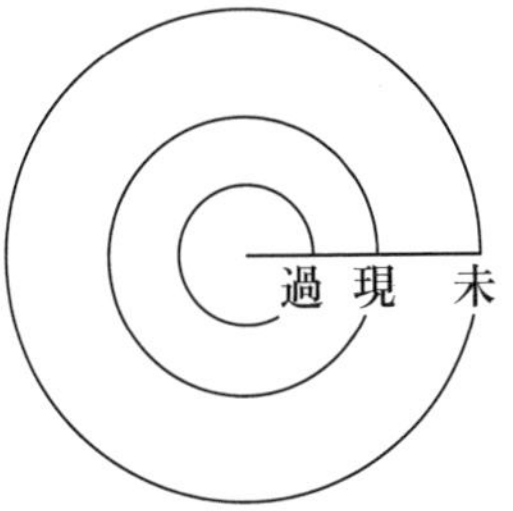

図三

時というのは、複数存在します。今この瞬間にも、みなさんのご家族は別のことをしていますね。別の時を過ごしているわけだよね。それから不愉快な人間といると時間が長く感じられますね。恋人と一緒にいれば時間は短く感じるでしょう。さまざまな形で時間が変容することは、みなさんも日々体感されていることです。

では、われわれは、そんな時間をどう表すことができるのか？　本来ならば、空間を空間で表し、言語を言語で表すことができるように、時間は時間で表さないといけない。でも、時間についてだけは時間で表す方法を、まだわれわれは発明できていないのです。だから、時間を空間に転換している。では、その転換はどういうふうになされているか？　このことは神学の基礎教育を受けた人じゃないとうまく説明できないと思う。

実はこれ、三位一体（三一）論で学ぶことなのです。基礎と言っても、神学部の三回生以上ぐらいの講義内容になるから、神学部の一回生にこの説明をしてもよく分からないんじゃないかな。三位一体論というのは、父・子・聖霊という三つのものがあって、それが一つの神様であるって考え方です。ちなみに同志社大学の系統では三位一体論でなく、「三一論」と言います。なぜかと言うと、「三位」や「一体」の〈位〉とか〈体〉というのが、特定の神学的な解釈になっていて、解釈を限定するから、余計なものをくっつけないで単に三一論と呼ぶんですね。英語でもTrinityで、何にも付けていません。ですから、ここでは三一論で進めます。

内在的三一論というものがあって、これは一つの神の中で父・子・聖霊の関係がどうなっているかの研究なんです。ここには時間がありません。それに対して経綸的三一論には時間が関係してくるのです。経綸というのはオイコノミアといって、エコノミーの語源ですね。これは要するに、神が天地を創造し、時間を創造したんだと。時間というのは、ずーっと真っ直ぐに流れて、やがて終わりがある。終わりはギリシャ語で〈テロス telos〉と言います。「終わり」の他にどういう意味があるかな？

カトウさん　目的。

そう。もう一つ、「完成」という意味もある。テロスは、終わりであり、目的であり、完成なんだ。目的を定めて、終わりへと向かっていく時間がある。入試に合格するには何をやらないといけないかと考えて、例えば一日三時間数学をやっていく、なんていうのはこういう時間の捉え方ですよ。こんな直線的に一定方向へ流れる時間を〈クロノス khronos〉と呼びます。

それに対して、時の中で、あることが起きる。これを〈カイロス kairos〉と言います。カイロスが起きる前と後とでは、物事が異なってきます。この合宿では戦争の話をやるのだけども、まさに一九四五年八月一五日は日本人にとってはカイロスで、あそこから物事が変わったわけです。

ただ、これはうまく座標軸にも表せないね。本来の時間からは抜け落ちることがどうしても出てくる。そこを田辺元は何とか説明しようと、「図三」のように三重の同心円を描いて、その真ん中から線を引っ張ったりして示そうと努力しているわけです。このへんの時間論はかなり高度で難しいテーマなので、この部分を再整理して、原稿用紙二〇〇枚ぐらいにまとめれば十分哲学科の修士論文になりますよ。

無限に一を足すと

「併し一々の現在が同時に纏《まと》まりを持っておらねばならぬ、その方からいえば一々の現在が完結している。その意味で時は一面非連続と云わねばならないが、又同時に重なり繋がっている点から云うと連続的である。連続と非連続とが統一されているのが時間である。所でこの事は後の話に関係するので後になって具体的な意味は判然しますが、一体自己なくして時は考えられないと云うが併し私だけ時を持つと考えてはならない。私も皆さんも歴史的な時の中に生存している。五月十七日というのは私にも皆さんにも同じ日附けである。私なくしては時間は考えられないが私だけで時間は考えられない。主観と客観とが結びつかねば時は成立しない。歴史は考えられないが私だけで時間は考えられない。主観と客観とが結びつかねば時は成立しない。歴史は人間が作るのでなければ歴史にならないが、併し勝手に歴史を作れるものではない。「なる」事を通して「なす」、「なる」と「なす」が結びつかねばならない。「なる事」(Werden) は客観的であり「作る事」(Tat) は主観的である。歴史は客観的であると共に主観的である。単に客観的なものは自然的なものに外ならない。例えば地層が重なって行く事だけでは歴史とは云えない。歴史というものは人間の生活と関係しなければならない。そこに歴史は主観と客観とを必要とする。両者の結附くのが歴史的現実である。すると自己はどういう位置になるかを、序《ついで》に前以て全体の構造を予測なさるのに都合がよい様にお話して置きますと、もし無限に大きな半径をもった円を考えますなら、この円では到る所に中心があると考えることが出来る。そういう無限に大きな円は一が他を包むと云っても或意味では重なると云ってもよい。無限は大きさの比較を許さないものである。有限なものを加えても減らしても変らないものである。それ故円は包むという面からは互に違っているが、無限という点からは同じである、重なって居る。」

はい、「無限は大きさの比較を許さないものである。有限なものを加えても減らしても変わらないものである」。これは分かるよね？　カジさん、「無限ホテル」の例えは知ってる？

カジさん　すみません、知りません。

では、箱根に「無限ホテル」というホテルがあると考えてみましょう。そのホテルは全室シングルルームでできている。そこには無限の人が泊まっています。ところがカジさんが深夜一時にやって来て、フロントに「泊めてください」と頼み込んだ。女性を深夜に追い出すわけにもいかないしというので、フロントスタッフが館内放送をするわけ。「無限ホテルご宿泊のみなさん、夜分に失礼いたします。カジ様がお困りですので、一号室の方は二号室、二号室の方は三号室に移動してください」と。それで、みんな部屋を動いて、一号室が空いたんだよね。無限ホテルは一杯だったはずなのに、カジさんは泊まることができた。無限の宿泊客が一人増えても、無限のままで、はみ出すお客さんはいないんですね。つまり、加減乗除という考え方と、無限という考え方は馴染まないのです。

となると、「無限に大きな半径をもった円」を考える時、どんな任意の点でも中心になりえますよね。田辺元は、そういう数学とのアナロジカルなことをいろいろと出してくるんです。このへん、数学が得意だった哲学者らしいところですね。

そして、これは大東亜共栄圏に対する大いなる批判にもなっているのです。例えば、球体上でアメリカを包囲すると考えるのは、アメリカに包囲されてる、ということと一緒ですよね。中国を包囲することは、中国に包囲されると一緒。そういう視点が田辺元にはいつもあるんです。

しかし、無限というのも面白い概念ですよ。大学で数学をやった人と哲学をやった人で無限について話をし始めると、だいたい最後はつかみ合いのケンカになる（会場笑）。考え方がまるで違うからだけども、哲学の方から考えた無限論なら、野矢茂樹《のやしげき》さんの『無限論の教室』が非常に刺激的です。無限の話はやり始めるとどんどん面白くなってきて、合宿が三日ぐらいかかるけども、とにかく押さえておけばいいのは、「無限＋１００と、無限＋１０００ではどちらが大きいか」というのはナンセンスな設問だということ。さっきも言ったように、無限は可算するという考えはできないからですね。もっとも、密度とか濃度とか、他の要素は出てくるんですよ。

でね、実は世の中を見る時にも、無限っていうのは重要なんだ。一人ひとりの人間の中に無限の可能性の束があるのなら、競争って無意味になって、別に人に勝つ必要はなくなるんだよね。あるいは日本は拡張しなくてもいいんだよ。だって、日本という国の中に無限の可能性があるわけだから。そんな考え方も無限からは出てくるのです。

振り子は上がっているか

ああ、もうお昼になっちゃったけど、このブロックの最後までやっちゃいましょう。次はまた恐ろしく難しい話をしていますが、とにかくこういう難しい話が好きな人なんですよ、田辺って人は。やはり、無限のパラドックスの話になります。

「そこではどの点も中心である。円の中のあらゆる点が中心であり、それが我々の自己である。時間とか歴史とかは自己を包んでいる無限な円であり、そのどの点についても自己が存在するのである。一の円が他の円を包む方からいえば非連続であるが、変化しないで自己を維持している方からは連続的な統一である。そういうものが時間とか歴史とかいうものであると考えられる。

過去・現在・未来の関係はかかるものであるが、更に細かく考えると現在はその一々が絶対的な意味をもつので、そうでなければ過去と未来という全く対立したものを統一する事は出来ない。現在は過去・未来に対しては一の時の様態であるが、併し現在は単に過去・未来と同格に並ぶものではない。現在は時の中にありながら時を超えている。現在は過去・未来に対しては過ぎ去らず又未だ来らざるにあらざるもの、その意味で動かないものである。アウグスティヌスが過去の現在、現在の現在、未来の現在といった現在はそういうものであろう。併し現在は又他の現在に対しては動いている。動いていて、動いていないのでなければ現在とは言えない。相対の中にありながらどの相対にも捉われないものは自分自身相対であるとは言えない。固定すれば相対でありながらどの相対にもとらえられないから絶対的である。それと同じくどの現在も円環であり、而もそれは無限な円だから重なり合って発展している。それは変らないで変っている。相対の外に絶対はない、がどの相対にもとらわれれば絶対でなくなる。現在は変って変らないものである。そこに現在は時の中にあって時を超えていると云う事が出来る所以がある。」

これは動いている振り子ですよ。振り子は、行ったり来たりしているでしょ。振り子がいちばん下に来た時、この振り子は上がっていると言うべきか、下りていると言うべきか？まさに、これが「現在」なんです。この比喩が次に出てきます。

「卑近な実例をとれば、振子が動いて一番下へ来た時は一体下りていると云うか上っていると云うか、そのどちらでもない（図四）。併しそうだとするとそこに止まって居るのかというとそうでもない。下りもせず上りもせずして而も下りつつ又上りつつあるのであるから、止まって居るのではなくして、下りる運動と上る運動とがそこに統一されているという外ない。それで下りる方を過去、上る方を未来といえばこの点は過去と未来とを統一している現在である。それがなければ運動は理解出来ない。ベルグソンも運動を一の点から次の点へと一つ一つ辿ることであると考えれば運動が理解出来ないと云って、ギリシャのゼノンの考えを論駁《ろんばく》した。ゼノンは運動は或所から或所までの距離の半分の点を、更にその半分の点をと無限に辿らねばならない、それは不可能故運動は起らないといった。」

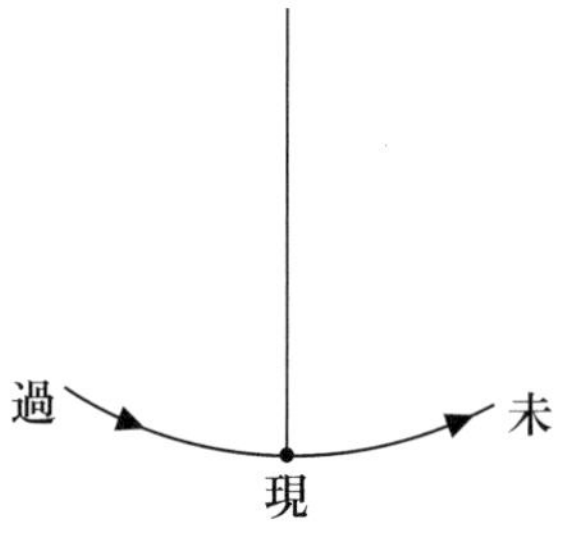

図四

ここで言っているゼノンの話って、何？　誰か知っている人いるかな？

ノグチさん　飛んでいる矢は止まっている。

もっと具体的に言うと？

ノグチさん　あるものが動くには、無限に続く点の位置を占めていかないといけない。無限に続くということは、ついに目標に到達できない。

そう。矢を放つ。ビューッと飛んで行って、的を射る。しかし、もう一回考えてみよう。

矢は、的までの半分の位置を間違いなく通っている。さらにその半分の位置も通っている。さらにその半分の位置、さらにその半分の位置がある。つまり無限の位置がある。その無限の位置を通るためには無限の時間がかかるはずだから、飛んでいる矢というのは実は止まっているんじゃないか、的には永遠に到達できないんじゃないか。

このパラドックスに対しては、「点によって分割できるという前提が間違っているんだ」という処理の仕方をしているのだけど、それで本当にゼノンのパラドックスを崩せているのかどうかは結構難しいところだよね。「飛んでいる矢は目標に到達しない、止まっているからだ」とか「後からスタートしたアキレスは永遠に亀に追いつくことができない」とか、この手のパラドックスはすごく難しくて、面白い。

時の間に生きる

じゃあ、先行こう。いま私が言ったことを田辺も言うわけです。

「一見馬鹿馬鹿しい議論のようであるが、それを論理的に壊す事はそう容易でない。数学や物理学の様に運動が起ってから運動の起った空間を刻んでその点をよせ集めて運動が出来ると考えれば運動は不可能と考えるより外ない。」

点とは何だろう？　数学上の点って何？　点って描ける？　点を描くと、それはどうしても面積を持ってしまうよね。点って、本来は面積を持ったらいけないんだ。線も面積を持ったらいけない。だから点とか線というのは、現実に描くことが不可能なんです。

「所が運動は実際に起っている。そこで運動は下りつつ上っているその瞬間に於て捉えられなければならない。但しその点は今はわかり易い為に振子が一番下に来た点をとったが、振子の動く線上のどの点にとっても差支えない、上るのと下りるのを一つで兼ねているものが運動を成立せしめるのである。」

今ここで取り上げているのは振り子だからシビアな話ではないんだけどさ、これが人生についてだったらどうだろうか？　われわれが生きているってことは、裏返すと一歩一歩死に近づいているということだよね。生きることは、今まさに死につつあるということでしょ。で、いつ死ぬかは分からないじゃない？　私だってこの瞬間に、これだけ太っているんだから、不整脈が起きて倒れるかもしれない。その瞬間に誰も対応してくれなかったら、血栓ができて死んじゃうかもしれない。こればっかりは分からないことだよね。

『歴史的現実』のこの先に行くと、田辺のとっつぁんはこういう意味合いのことを言い出すんですよ。

「分かっただろ？」と。「いかによく生きるかということは、いかによく死ぬかってことなんだ。人生は長く生きるとか、短く生きるとかってことじゃないんだ」と。「みなさんは最前線に行くわけだけれども、本土でもこれからは空襲があるんです。そうすると、銃後にいる私たちも最前線にいるのと一緒だ。私たちだって、いつ死ぬか分からない。戦場に行くとか行かないとかいうことじゃないんだ」と。

そして、「いかにしてよく生きるかってことは、自分のために生きることではなくて、歴史的現実を踏まえて、悠久の大義に生きることなんだよ。分かるだろ？　君たち」と。要するに、「先生、国のために死ねっていうことですね」という返事を待っているわけ。そうやって、学生たちを晴れ晴れとした気持ちで特攻隊に赴かせる。そこに結びつけていくために、いま伏線として一生懸命振り子の話をして、生きる意味、人生の意味へと議論を近づけていっています。

ここで重要なのは、われわれは時の間、ドイツ語でいう「Zwischen den Zeiten」に生きているということです。このすぐ後にも出てくるけれども、われわれは生まれて死ぬ、その二つの時の間に生きている。これはカール・バルトやフリードリヒ・ゴーガルテンなどの弁証法神学者が使った言葉なんです。第一次世界大戦という世界の破滅を目の当たりにして、「われわれは時の間に生きている。始まりの時と終わりの時の間に生きているんだ」と主張し始めたのです。バルトたちは「時の間」という雑誌も作っています。

そこを読んでみましょう。


「我々が瞬間（Augenblick）と呼ぶものは過去に属するとも未来に属するとも云えない、而もそれは過去未来を包むものである。今日の有力な神学の一派である危機神学では現実は断絶している、時の間（Zwischen-den-Zeiten）に成り立つものであるとし、一々の現在が危機《クリシス》・深淵・裂目に臨んでいる、破れていると云う。かく現在は断ち切られている。切れているから何が出てくるか分らない。現在は偶然を常に含むのである。併し斯様に断ち切られては居るが、断ち切られたものがつながっている。だから偶然が必然となり、即自由となる。現在とはそういうものであるという事が出来る。」

これで「二　時の構造」は締め括られます。「危機神学」というのは、バルトたちについて言った弁証法神学のことです。私はこの弁証法神学の専門家なんだけれども、時代が悪くなればなるほど弁証法神学、危機神学って商売になるわけよ（会場笑）。

ともあれ、もう分かってきたでしょ、田辺元がどこに聴衆の学生たちを誘い込もうとしているか。後で出てくるのをここで言っちゃったけど、空襲の危機と、前線に行って戦争に行く危機とは、危険性においても、また本質においてもまるで違うでしょ？　いろんなところにまやかしがあるのだけども、レトリックは見事だよね。だから田辺元の催眠術には比較的簡単にかけられてしまうのです。

じゃあ、ここまでは当時のインテリたちが時代の危機的な状況をどういうふうに踏まえていたかを見てきました。本文が一〇九ページある『歴史的現実』の三九ページまで読みました。ここで一旦、ご飯をパッと食べちゃって、一二時四五分からは当時のサブカルチャー、ヒット映画『敵機空襲』を観てみることにしましょう。一般民衆は近く来る破滅をどういうふうに認識していたか。それを、映画を通じて追体験してみます。

何かご質問とかご意見とかありましたら、どうぞ。

ソネさん　次に観る映画についてですけれども、東京に空襲が来るなんてことを書いたり言ったりすると、「悪質なデマを飛ばす非国民だ」と特高に引っ張られそうですし、実際そんなエピソードを読んだことがある気がします。それが堂々とサブカルチャーで許されていたのはなぜなのでしょうか？

そのあたりもまずは観てから考えてみましょう。ただ、ひとつ言えるのは、結構偶然の要素も働いていたと思うな。誰が友だちだったのかとか、内務省とか憲兵隊にどういう知合いがいたとか、そういう要素で随分お目こぼしがあったようです。

例えば、戦前に『資本論』がもう訳されているんですよ。版元は新潮社なんだけど、どれぐらい伏字があったと思う？　ゼロですよ。まったくの無削除版です。それは翻訳したのが高畠素之《たかばたけもとゆき》という国家社会主義者で、右翼団体や陸軍と関係が深かったから許されたんだね。これが『共産党宣言』だったら序文だけしか出版が許可されず、しかも『×××宣言』とかになって、中も伏字だらけだけれども、「『資本論』って、高畠素之が訳しているんだったらいいんじゃないの？　信用できるから」「あいつが面白い本だって言ってるの？　まあ、あいつ国家社会主義者だしな」とか、そんな個人的な関係でOKになるわけ。権力側の深い意向なんかじゃなくてね。

ソネさん　一概に、「これはアカっぽいから絶対ダメ」ってことじゃなかったんですね。

そう。だから、〈帝国〉というものは、意外とスカスカなんですよ。ネーション・ステート、国民国家みたいな小さい国じゃなくて、大日本帝国でしょ。権力の目が国全体にはとても及ばないのです。だから、あちらこちらに結構スカスカな場所があった。

じゃあ、短いけれどもランチタイムにしましょう。

3　土曜午後Ⅰ　国策映画『敵機空襲』を観る

これが国策映画だ

〈『敵機空襲』上映。昭和一八年四月一日公開の松竹映画。監督野村浩将、渋谷実、吉村公三郎。脚本斎藤良輔、武井韶平。上映時間八九分。

あらすじ――東京のある下町。隣組では、米屋の重兵衛（河村黎吉《れいきち》）を中心に、小間物屋のおばさん（飯田蝶子）や占い師（坂本武）たちが集まって、バケツリレーなど防空演習を行っている。重兵衛は昨年四月のドゥーリットル機の空襲によって小学生の息子を失い、いまは娘のきよ（田中絹代）と二人暮らしだ。小間物屋に間借りしている工場勤務の三田（上原謙）によると、アメリカはいいガソリンができたので爆撃機が遠距離を飛べるようになり、大がかりな東京空襲も可能になったらしい。また昨年六月に敗れたミッドウェーに基地がつくられたら、航空母艦を必要とせずに、多くの敵機がやって来るのではないかと庶民の間で噂されている。

一方、空襲が近いというので土地の値段が下降気味なところに目をつけて、土地ブローカー（山路義人）は近所の土地を買い漁っている。父を喪った節子（高峰三枝子）たち一家は持ち家を安く買いたたかれ、今は狭い家で暮らしている。それを知った節子の友人で、ブローカーの妹・とみ江（信千代）は金を返すべきだと迫るが、兄は聞く耳を持たず、家作のある山崎（斎藤達雄）との新たな商売に熱中している。とみ江は小学校の教師であり、教え子に重兵衛の亡くなった息子がいた。

節子は兄・貞夫（徳大寺伸）の友人である三田と同じ工場に勤めており、彼に心惹かれている。また、きよも小間物屋のおばさんから持ち込まれる縁談話に興味を示さず、三田への思慕を募らせている。

空襲警報が発令された。敵機五機が東京を目指すが、途中で全て迎撃される。だが、監視船から敵機発見の無電を打った貞夫は機銃掃射を受けて死亡する。

いよいよ重兵衛たちは、本格的な空襲に備えて防空演習を繰り返したり避難所（床下に作る防空壕）を掘ったりして余念がないが、ブローカーや山崎は協力しようとしない。山崎家の女中が隣組に金一封を持ってくるが、小間物屋のおばさんが突き返しに行く。そんな最中、重兵衛はとみ江から、節子と三田の縁談を纏めるよう頼まれる。重兵衛は二つ返事で引き受け、節子も三田も喜んで話を受け入れた。

地上げが進み、ブローカーが小間物屋に立ち退きを迫った夜、ついに本格的な空襲が東京を襲う。日本の航空隊はよく防戦し、地上からの高射砲も威力を発揮するが、大量の第二敵機隊が現れて、ついに帝都上空へ潜入を許し、住宅地、ビル群、隅田川の橋、銀座界隈などで大きな被害を受ける。重兵衛たちの住む町もやられ、ブローカーの家は焼夷弾で燃え上がるが、彼の妻子は重兵衛によって救われた。

翌日、町へは早速材木が運ばれ、再建へ向けて立ち働く人びとがいる。きよは新たな縁談

話に曖昧な返事をし、「どんな人がタイプなんだ」と訊く重兵衛と小間物屋に、「三田さんみたいな人」と答える。〉

いかがでしたか？　国策映画、戦意高揚映画として公開されたものだけど、いろんな意味で、ずいぶん変な感じを受けませんでしたか？

国策映画としての狙いというか、銃後の（銃後もまだ大げさなくらいな、平和な本土に暮らしている）国民に向けて言いたかったことは、セリフにもあったように、「日本は世界一強い飛行機を持ってるし、高射砲もある。でも多くの敵機が来たら全部は叩けないだろう。きっと、何割かは東京上空までやってくる。だから国民総動員で、隣組も全部使って空襲に備えなきゃいけないんだ」というあたりでしょうね。それで、隣組を使ってバケツリレーやったり、防空壕を掘ったりしろと。映画では防空壕ではなく、「避難所」を上原謙——ご存じのように加山雄三のお父さん——と河村黎吉が掘っていましたね。これは、「物資が足りなくなってきているんだから防空壕より簡便なものを作れ、それも遠くに逃げるんじゃなくて、自宅の床下などに作って、敵機が去ったらちゃんと近所の消火活動にあたれ」という当時の新たな国策から、防空壕ではなく避難所という呼び方になっています。

でも、この映画では、金持ちが全然協力しないんだな。金一封とか持ってきてね、それで防空演習をサボろうとする。同時に、空襲が近づいているという噂が流れて、ぼちぼち疎開が始まっているんだね。だから土地の値段が下がり始めていて、そこを狙って土地ブローカーが暗躍して、人の弱みに付け込むような金儲けをしている。映画を観ている限りでは、どうも何だか、総力戦体制で一丸となってアメリカと戦っているって雰囲気が全然しないよね。そうこうするうちに星のマークをつけた米軍機が飛んで来る。最初の空襲は防げたけれど、二回目はそうはいかなかった。日本軍の戦闘機が体当たりして、ちょっとした特攻みたいな攻撃で撃破したりもするけど、物量のあるアメリカは第二編隊を寄こして来る。もう日本は飛行機がないから高射砲を撃つけれども、あまり効果は上がらなくて、銀座四丁目のビル街が次々と爆破されます。このあたり、円谷《つぶらや》プロにいた名人のやった特撮だから迫力あるよね。そして、主人公たちの住む町も、木造家屋だから焼夷弾で火の海になる。で、最後は米屋のおじさん、河村黎吉が「何のこれしき。空襲の一回や二回、屁みたいなもんだ」と言って終わる。これが当時の国策映画なんだよ。しかもサブカルチャーの娯楽作品として大衆に支持されて、ヒットした映画なんです。

ちなみに、この映画に出てくる米軍機の機種は分かりました？　あれ、B17です。B17ってヨーロッパ戦線で活躍して、ドイツの空爆を中心にやった機種ですが、アメリカは南方戦線にも配備しましたから、おそらくビルマ（現在のミャンマー）あたりに配備したB17を捕獲して、それをこの映画のために使用したのだと思う。そんなことが平気でできてしまうのが国策映画である所以《ゆえん》ですよね。

ともあれ、昭和一八年四月にはまだ誰もこんな空襲が東京で実際に起きるとは思っていなかった。観客たちは多少絵空事じみて観ていたかもしれないし、それだからこそ、娯楽作品として楽しめたのかもしれません。でも、当時の銃後にいる国民の生活の雰囲気、あるいは〈一丸となって戦争している〉というのとは程遠い雰囲気はよく出ていて、「うん、そうだ。

こんなヤツいる、いる」とリアルに感じていたんじゃないか。また、そうじゃなかったら、つまり空襲に備える勉強のためだけの映画だったら、ヒットはしないよね。

そしてもう一つ、当時の日本はひどい情報統制をしていたと今のわれわれは思っているけれども、映画製作者も庶民もかなり正確にその後に起きることを見通しているわけです。でも、そこまで見通しているのだったら、なんで戦争をやめなかったのかという疑問も湧いてくる。これは謎の映画で、ほとんど忘れ去られていますが、どういうわけか最近になって松竹がＤＶＤを出したんです。

昭和一八年を追体験する

『敵機空襲』を手掛かりに、昭和一八年のわれわれはいったい何を考えていたのか、もう少し追体験してみましょう。

まず史実として非常に重視しているのは、一九四二年四月一八日のドゥーリットル中佐たちによる東京初空襲でしたね。これは日付もきちんと出てきました。冒頭に出てくる、小学生がドゥーリットル空襲で殺されたというのも事実です。これはもちろん国際法違反ですよ。国際法では、軍事的な施設以外を攻撃することは禁じられており、むろん小学校を銃撃したことは明白かつ重大な国際法違反です。死者まで出ているわけですから、その機長、それから銃撃手に関しては、軍法会議にかけた上であれば銃殺にすることも可能なんです。国際法的に重大な戦争犯罪にあたりますからね。この映画は、開巻劈頭《へきとう》まずアメリカの戦争犯罪性を強く訴えているわけ。

それに、「ミッドウェー」って名前が出てくるでしょ。それも登場人物たちの会話でうろ覚えふうに、「ほら、ミッド、ミド、あれ……ミドウエ?」「ミッドウェーだよ!」みたいな強く印象に残る形で登場させている。この映画の前年、一九四二年六月のミッドウェー海戦は完全な負け戦でしたよね。戦中においても「勝ち戦だ」という報道はしていません。撃沈された空母の数を誤魔化したり、「日本側にも犠牲が出た」って報じ方。ともあれ、この映画のストーリーは、ミッドウェーとダッチハーバーに本格的な空軍基地ができて、航空母艦によらずして米軍機の東京への空爆が可能になった、という想定で作られています。

実際は、アメリカの飛行機といえども、距離がありすぎて、ミッドウェーやダッチハーバーからは飛んでこられなかったんです。サイパンを占領するまでは、日本へ往復できる爆撃機はなかった。だけど、日本としては、アメリカの技術力は相当高いので、近未来においてミッドウェーあたりからの空爆が可能になるんじゃないかと恐れていたんですね。その現れがこの映画になっていると思う。

日本もアメリカの本土空襲の計画はしていました。実際、小規模な空襲はしたんですよ。潜水艦で西海岸に近づいて、爆弾を二、三個だけ搭載した潜水艦の艦上機で空襲したことはあるんです。それとはまた別に、「富嶽」って、富士山のことなんだけど、そんな名前の超長距離爆撃機の構想も日本は立てていました。東京から飛び立って、ニューヨークとワシントンを空爆して、ベルリンに着陸する。そしてベルリンで給油をして、そのまま東京まで戻ってくるっていう、世界一周できる飛行機の計画があったけれども、一九四四年にはどうもベルリンが陥落しそうだという見通しになったので、計画を取りやめたのです。その後日本は風船爆弾にエネルギーを傾注していきました。

戦争をやめる気はなかった

この映画について、みなさんの感想を聞きましょうか。

カネコさん　これはドゥーリットルは別とすると、最初の空襲のはるか前に作られた映画ですよね？

そうだね、ドゥーリットル後、最初に東京が空襲を受けるのは昭和一九年一一月だから一年七ヶ月前の公開。昭和二〇年三月一〇日の東京大空襲からだと一年一ヶ月前。

カネコさん　わざわざ東京の破壊場面がある映画を作るなんて、国民の恐怖心を煽る目的があったんでしょうか？

たぶん恐怖心を煽ることは目的の一つだったでしょう。こんなにひどい空襲があるかもしれないから、それに対する準備をしておけと。ただ、「一回や二回の空襲などクソくらえ」っていう米屋の河村黎吉の捨て台詞《ぜりふ》以外、そんなに建設的な提案はないわけですよね（会場笑）。

これで戦意高揚になるのかねと心配にならない？　ＤＶＤのカバーの解説文句によると、

「アメリカ軍の空襲の様子を庶民たちの生活の中から描くことで、敵愾心《てきがいしん》をあおり、国民の士気を高めようと製作された戦意高揚映画」ってあるけど、これを観て、「ああ、アメリカは憎たらしいなあ」「やっつけてやろう!」「頑張れ、ニッポン!」とか戦意が高揚したとは思えないよな(会場笑)。

映画が描いているのはドゥーリットル空襲以降、ミッドウェー海戦以降の、まさに戦況が苦しくなってきた戦時下の東京下町の姿ですが、まだ普通に恋愛や縁談があったし、料亭も普通にやっているし、ひたすら金儲けに邁進するヤツもいるし、上原謙は「また、きんぴらかあ」とボヤきながらも、田中絹代に大根の千六本か何かのおみおつけをよそってもらうという具合に、みんなおいしそうに食事していましたね。きんぴらだけでなくて、おかずは二、三品ついていましたし、ごはんも玄米でなく、ちゃんと白米だし、米は配給になっているとはいえ、食糧事情がまだまだ豊かだったことが分かります。

さらに、死んだ人が出ても、お国のための名誉の戦死だとか言わずに、あまり力《りき》まないいんですね。非常にみんな、平時と変わらぬ死のように悲しんでいます。兄を米軍機に殺された高峰三枝子の一家にしてもそうだし、ドゥーリットルに小学生の息子を銃撃された河村黎吉だって「憎きアメリカ!」みたいに盛り上がって隣組活動をしているわけではない。そんなプロパガンダ的な感じにはならずに、むしろ「なんて運が悪かったんだろう」みたいな諦念があるでしょう。これは当時の普通に暮らしている日本人の等身大の感覚に近い描かれ方をしていると思うんです。国策映画だけれどもヒットした理由は、おそらくそのへんのところにもあるでしょう。

昭和一八年の日本人はこれを観て、何を考えたか、もう少し議論してみませんか？　イワオさん、どう思います？

イワオさん　うーん。ただ、普通に日常の生活があったんだな、人びとは戦争の中でも当り前のように生活してたんだなってことは分かったんですけど、ちょっとそれ以上は……。

それはすごく重要な視点だと思う。今おっしゃった当り前の生活は、この映画から二年とたたずに東京大空襲で全て消えてしまいます。これ、舞台は荒川区のへんでしたよね？　あのへんはもう焼け野原になるわけね。二年もしないうちに、戦時中でも存在していた普通の生活がまるでなくなっちゃう。

他の人は？

アワジさん　私が思ったのは、戦争の反省として、せめてこの映画公開から一年後ぐらい、昭和一九年春頃までに手を打っておけば、ひどい被害は起こらなかったんじゃないかと。この映画で起きることまで想定されていたのなら、軍部の中に「そろそろ手の打ち時を考えたらいいんじゃないですか」と言える人はいなかったのかなあ、内心そう考えてた人はいたのかもなあと思いながら観ていました。

それは、どうなのかな。昭和一九年になると、例えば陸軍中野学校などは、今の浜松市に二俣《ふたまた》分校というゲリラ戦要員育成の分校を作っています。一九四六年に日本が占領されるという前提のもとで、国内での長期抵抗戦を考えたからです。それから大本営を松代《まつしろ》に移す工事も始まって、もうぎりぎりまで戦うことを前提に動いていましたからね。戦争をこのへんで止めるという発想はあったかどうか。

これは国策映画ですから、国家の基本的な方針はきちんと押さえているわけです。だから、この映画は危機意識を持たせるのが目的なのは間違いないのだけれども、観客としては危機意識を持つというより、それこそ円谷プロの『ウルトラマン』とか、松竹じゃなくて東宝だけど『ゴジラ』とか、そんな映画を観るのと同じようなノリで観ていたのかもしれないね。

あるいは、これは読み込み過ぎかもしれないけれども、もしかしたら長く続いている戦時下での深層心理にあった破壊願望が観客をしてこの映画に向かわせたのかもしれない。いつまでも、うだうだとうっとうしい状況が続くぐらいなら、もうムチャクチャになってもいいから早く終わってしまった方がましだと。だって、通常の国が戦争中に作る〈戦意高揚映画〉に、首都が空襲されて壊滅する場面――東京の中心部、誰が見ても銀座四丁目だと分かる街、深川などの工業地帯、隅田川にかかる橋――、基本インフラがのきなみ破壊されていく場面がこれだけ執拗に続くことは決してないと思う。

あと焼夷弾の恐ろしさね。どう見たって、あの焼夷弾での火災をバケツリレーで消せるはずないでしょ（会場笑）。それは映画の中の描写ですら明らかじゃないですか？　それから、あそこで掘っていた避難所へ、東京大空襲の時に逃げ込んだ人たちがどうなったと思います？　全滅ですよね。国が奨励して作らせた避難所に逃げ込んだ人間は全員、あんな換気ができないような穴の奥で窒息死するか、蒸し焼きになるか、どちらかでした。防空という観点からするとまったく意味のない穴を掘らされていたわけですよ。
それと、あのブローカーの言っていることもある意味、正論でしょ。「世界一強い飛行機もある、高射砲もある。素人のわれわれがいろいろやっても、あんまり意味がないんじゃないでしょうか」みたいなことを隣組の常会で言っていましたが、たしかにそれは当っているんですよ。あれも不思議な描かれ方です。

情報開示としての映画か

ほかに気づいた点はありませんか？

エンドウさん　観客に空襲時の疑似体験をさせている面もないでしょうか。実際に起きた時に、映画で観た通りなんだから、うろたえるなと。諦めろというか、パニックにならなくていいと。そのためにこうやって情報を開示しているんだ、いざこうなった時、準備してなくてひどい目に遭ったとしても政府が悪いんじゃないぞと、そんな考えもあったんでしょうか。

なるほど、疑似体験をさせておくことで混乱を防ぎ、さらに情報の開示をしておいて、政府に責任はないと言おうとしていると。エンドウさんの意見はすごく面白い。負け戦を政府が意識して、「お前たちも分かっていたよな。教えたもんな。騙していたわけじゃないからな」ということですね。敗色濃厚な事実を国民に刷り込んでおこうとしたのかもしれないね。

エンドウさん　もっとも、空襲の翌日、新しい材木がやって来て、「お上でちゃんと用意してくれてるんだ、ありがたいもんだ」とか「壊れたところはどんどん直して、みんな元気で、いつもと変わりないよ」とか言い合うセリフがありますね。「もしこんな目に遭うことになっても、すぐ直すから大丈夫だ」ということをアピールしているのかもしれません。

でも、あれはほぼラストシーンだけれど、相当取ってつけた感じじゃなかったですか？

エンドウさん　取ってつけてましたね（会場笑）。でも、ああいう希望というか、「それでも全然大丈夫だから」みたいなメッセージが必要だったのかもしれませんね。ちょっとはハッピーエンドの匂いがないといけなかったのか……。

こんな感じしない？　今で言えば、「いつまでも国にぶら下がってたらダメだよ」と。「年金にしても、教育にしても、老後の生活にしても、自分で気をつけとかなきゃ知らないよ」と。で、「でも、年金は決して破綻することはありませんけどね」というのが、最後の材木が運ばれてくる場面（会場笑）。

要するに、この映画は〈国策映画〉として、「世界で一番強い飛行機も高射砲もあるけれど、いざという時は、自分の身は自分で守れよ。自助努力だからな、分かってるな？」と言っているように見えませんでしたか？　だから、現在に引きつけて言えば、これからの年金の破綻問題なんかにしても、「いざとなった時は自助努力で、みなさん頑張るように」「自己責任で頑張ってください」と、そんな雰囲気になるのかもしれないね。この映画のラストは、自己責任と、あとは近所の絆に頼れってことでしょ。ちょっと変換すれば、今の日本で起きていることとあまり変わらないんだよね。

ヤマモトさん　うちの祖父は、東京はもう危ないからって言って、最初の空襲が来る前に一家で疎開したそうです。それで、東京に残ってた近所の人たちはみんな死んじゃった、って。そんなことを思い出しました。ひょっとしたら、この映画を観て、疎開を決めた人もいるかもしれないなあと。また東京の土地の値段が下がっちゃうわけですが（会場笑）。

うん、それはすごく重要な視点だと思う。観た人の知識、情報量、経済力、立場によって、この映画への対応が変わってくることはあるでしょう。この映画を観た富裕層の人の中には、あのブローカーの姿からビジネスチャンスを思いついた人がいたかもしれない。また、空襲が本格化した場合は、バケツリレーしたり、あんな穴を掘ったって助かるわけないし、高射砲も頼りないし、何割も敵機が入ってくるなんて、どうも帝都の防空は危ないようだから、これは疎開が唯一の現実的な方策だなと思った人も結構いたかもしれないね。

ヤマモトさんの意見もすごくよくて、この映画の翌年、昭和一九年から学童疎開が本格化するんです。この映画も、子どもを守らなきゃいけない、子どもをどうするんだっていうメッセージは強力に出していましたよね。疎開、ことに学童疎開の推進という意図はあったかもしれない。そう思うと、あのブローカーが最後に心を入れ替えて、「久しぶりに田舎に帰って親父の顔を見てくるよ」なんて妹に告げるでしょう？　後世のわれわれから見たら、皮肉にもブローカーだけが東京大空襲に遭わずに生き延びたのかもわかんないね。編集者の意見も聞いてみましょう。コバヤシさんはいかがでしたか？

コバヤシさん　物語としては、恋愛の方は淡くてもきちんと描かれているのに対して、空襲の方のストーリーは取ってつけた感じがあって、私がこういう映画に慣れていないからかもしれませんが、いまいち空襲の方のメッセージを強く受けとれなかった感じがしました。当時でも、東京ではともかく、ひょっとして地方の観客は純粋に恋愛映画として観たのかも、と。

あるいは、東京は料亭が立派だなあと（会場笑）。そうすると、国策映画としての効果はどうなっちゃうのかしら？

コバヤシさん　メッセージ性は薄れていくんだと思います。

うん、「空襲に備えろ」という方のメッセージが伝わりにくくなるね。だって恋愛は、日常そこいらにあるリアリティのある話なのに、空襲の方はまだリアリティがないもんね。まだ観客にとっては、来たるべき空襲、だからね。

ツシマさん　勝手な想像なんですが、もともとは悲恋というか、昔の日本映画っぽい情緒的な恋愛話があって、そこへ「国策映画を作りなさい」という指示が来たので、二つ筋をくっつけたのかなと。映画としては、すごく曖昧ですよね。

どういうプロセスで作られたかは分かりませんが、意外にあまりプロパガンダ臭はしませんね。それが日本の国策映画の特徴なのかどうか。

昭和一八年の余裕

お隣りのヨシダさんはどうでしたか？

ヨシダさん　国策映画、戦意高揚映画というのはもうちょっと真面目な感じかなと思っていたら、ところどころギャグっぽい場面もあれば、センチメンタルな恋愛模様もあって、肩肘張らないところがヒットした要因かなと思ったんです。まずはお客さんが来ないと、宣伝効果もないわけでしょうし。

適菜収《てきなおさむ》さんの謂う「Ｂ層」にも受けるように作っていますよね。国策映画といえども、松竹としては興行的に成功させないといけない商業主義があるからね。それに、確かにお客さんがいないと、国策のメッセージも広がらないわけだしね。

この映画を観たＢ層には、少なくとも「大きな空襲があるかもしれないよ」ってメッセージは伝わったでしょう。それから、「それに対してはたぶんどうしようもないよ」というメッセージもね。だって、国策映画の中においてさえ、「一回や二回の空襲ぐらいクソくらえだ」っていう処方箋しか出てこないんだから。あの米屋のじいさんは、斎藤環さんふうに言えば「ヤンキー」ですよ（会場笑）。日本はこの時代からヤンキー精神で乗り切ろうと言っていたわけで、本当に今と重なってきますね。

クサカベさん　この映画は興行的魅力があったと思うんです。早く完成させるためかどうか分かりませんが、野村浩将、渋谷実、吉村公三郎という三人の監督が作っていますけど、三人とも有名な人たちです。大ヒットした『愛染かつら』の監督が野村浩将で、その主演がこの映画に出ている上原謙と田中絹代。そして高峰三枝子は後年上原謙と国鉄のフルムーンのCMに出るわけですが（会場笑）、この頃すでに大スター女優です。吉村監督は高峰三枝子と『暖流』、上原謙と『西住戦車長伝』と名作を作ってきていましたし、渋谷監督は喜劇調な演出が得意な人。この『敵機空襲』では、上原謙をめぐる恋愛模様は野村監督、防空演習とか避難所作りとか少しモダンな撮り方をしているのが吉村監督、ブローカーと土地持ちが金の計算をして笑いもあるような場面は渋谷監督が演出したのかなと思いながら観ていました。あと、空襲警報を発令する将校が、喋り方と訛りで気づきましたが、二回とも笠智衆《りゅうちしゅう》なんですね。あんな緊張感のない空襲警報発令があったのかと（会場笑）。米屋の河村黎吉は戦後黒澤明の『野良犬』でスリ専門の刑事で強い印象を残す人、占い師の坂本武やお見合いおばさんの飯田蝶子、土地持ちの斎藤達雄などは小津映画の常連組で、この映画は役者の層が厚いと思いました。

オールスターキャストで、有名な監督を揃えて、特撮にも凝って、ストーリーは戦争をダシに使ったような恋愛話で、作り手の方にある種の余裕を感じますよね。だけど、この余裕は昭和一八年だからなんだと思う。

昭和一九年一一月に公開される『かくて神風は吹く』というのが最後の国策映画なんです。これは大映で作られました。元寇《げんこう》の役《えき》を扱った時代劇で、北条時宗が片岡千恵蔵、日蓮が市川右太衛門、水軍の河野通有が阪東妻三郎。無礼千万な元の侵略的な姿勢に対して断固武断で対応したら、大軍隊が攻めてきた。なかなか勝てないで苦戦していたら、時宗とか日蓮とか、いろんな人たちが加持祈禱を行って、主観的な願望によって客観的情勢が変化して（会場笑）、大変な神風が起きて元の軍団が滅亡するって、そんな映画なんです。『敵機空襲』とはだいぶ雰囲気が違って、切羽詰まった感じになっていますよ。

天皇の不在

もうちょっと『敵機空襲』の感想を聞きましょう。

タナカさん　冒頭のところで、生活に使っているバケツがバケツリレーに使われていく感じとか、国策映画を実質上、恋愛映画にしていくとか、ひょっとして作り手の抵抗みたいなものがあったのかもと思いましたが――。

なるほど、そういう見方も可能でしょうね。防空演習などについて「嫌だな、面倒くさいぞ」「駆り出されたくないな」って抵抗感もちゃんと描いていますよね。

ウメミヤさん　私は観ていて、楽観的な感じがしたんです。考えすぎかもしれませんが、日本の国民性として、実際に窮地へ本当に追い込まれないと、本気になって動かないんじゃないか。この映画でも、主人公の米屋だけが真剣なんだけど、他の人物たちは防空演習を一見熱心にやるんだけど、実はあんまり危機感を持っていないんじゃないかと。まあ、あの米屋の危機感は、子どもをドゥーリットルに撃たれたという事実に裏打ちされているわけですけど……。もしも違う国で作られていたなら、もっと強制力のある、「もっと戦争に励まなきゃいけないんだ」みたいな映画になったんじゃないか、なんてことを感じておりました。

そういった観点から見るなら、天皇がまったく不在だということに気づかなかった？　例えば「陛下のおわす帝都の上空に敵機を侵入させて申し訳ない」みたいなことを考える人間はひとりもいないでしょ。これ、共和制国家の映画だったとしても十分成り立つと思うんだよね。あの戦争における天皇とは何だったのか、この映画からは全く見えてこないんだよ。あるいは、政治家も出てこないよね。軍人は、空襲警報を出す東部軍司令部という形で出てくる。笠智衆がのんびり声を出すところね（会場笑）。あと、上原謙と高峰三枝子が日曜もなく働いているのはたぶん軍需工場でしょう。上原謙の役は理系のインテリで、ちょっとアニメの『風立ちぬ』の堀越二郎みたいな感じだね。
でも、いずれにせよ帝都が空襲されるってことは、日本軍を大元帥《だいげんすい》である天皇陛下から預かっているんだから、防衛の任務をきちんと果たしていないということで大変な責任があるわけですよ。本来、「いやー、空襲の一回や二回なんてクソくらえだ」とか言ってちゃダメなんだよね。まあ、あれは庶民だからいいんだけども、きちんとした軍人の姿も描かれていない。

この映画での二回目の空襲の時、被弾した日本の飛行機が米軍機に体当たりしていきますが、あれは正確には、所謂《いわゆる》「特攻」じゃないんです。もう生きて戻れないから、個人の判断で米軍機に突っ込んだだけなんです。特攻作戦が始まるのは昭和一九年一〇月からです。でも、ああいう具合に個々の兵士は必死に努力しているけれども、将校・指揮官クラスが国体のために何か尽力しているという描き方はまったくない。基本的に、登場人物はみんな自分の生活だけしか考えていません。ただ、少しは近所の絆を重視するとか、あるいは子どもたちをひどい目に遭わせちゃいけないとか、その程度の範囲まで広がる人がいるか、本当に自分の金儲けのことだけ考えている人か、そのへんの違いしかない。

恋愛や縁談にしてもごく一般的なそれで、「もしあなたが兵隊に取られたら」「日本が勝って、あなたが無事にお戻りになるのを待っています」みたいな煩悶《はんもん》も全然ないし、あたかも何事も起きてないがごとくの日常で、今観ると、これが本当に全世界を敵に回して戦っている国家の庶民なのかねって感じがする。でも、これはきっと同時代的にリアルだったんだという気もするんだよね。

オグラさん　この時代の映画は、全体的にこういう感じなんですか。いま戦争映画を作ったら、「お国のためだ」とか「天皇陛下万歳！」「ほんとは死にたくない」みたいなセリフは絶対出てくるじゃないですか。それがないっていうことは、どういう……。

私が観た範囲の国策映画では、もちろん天皇なんて全然出てこないし、大御心《おおみこころ》とか、そういう言葉も出てこなかった。そのへんのところは枝切りされて、むしろ軍事テクノクラートたちがいかに頑張っているかとか、そっちに重点が置かれた映画が多かった。

他の国策映画は

私が観た国策映画、戦意高揚映画で、『間諜未だ死せず《かんちょういまだしせず》』って映画があるんです。やっぱり松竹製作で、佐分利信や上原謙なんかが出ている。

これはまず、重慶の中国国民党の本部で「今、日本は南京に傀儡《かいらい》政権をつくっているから、東京でその要人を暗殺しろ」と密議を凝らしている。そのためには、日支提携のために頑張っている学者がいるから、その学者の家に下宿をして、南京政府に近い人間のふりをして、暗殺するチャンスを窺えと。それで日本にやってきて、いろいろ工作活動をするうちに、やがて東亜における日本の使命と、イギリスの帝国主義の悪辣さというものを骨の髄から分かってくる。神戸のイギリスの総領事館の協力を拒否したら、筆舌に尽くしがたいような拷問を受けて殺されそうになるけども、命からがら逃げ出して、憲兵隊に連絡を入れて、スパイが全員摘発されるという映画。

あるいは『開戦の前夜』というのも面白かった。やっぱり松竹製作。主人公は憲兵本部の特高課長で、これも上原謙（会場笑）。アメリカ大使館の大尉でノックスっていう切れ者の海軍大尉がいて、日本が本当に日米開戦に踏み切るかどうかを調べているんです。呉の軍港に日本の軍艦がいなくなっていたら、対米戦に打って出るって分かる、と気づくんです。

それで「宮島に行きたい」とか観光旅行の申請をしたら拒否される。観光旅行に対してここまで神経質になっているってことは、どうも何か日本人はやっているなと。そこで今度は、ノックスはクーリエ、外交伝書使になるんです。外交伝書使というのは相互主義で、絶対にその行動は邪魔したらいけないのね。長崎にいるアメリカ船へ外交伝書使として文書を運ぶと申請するんですね。外務省はそれに対しては認めるしかない。認めなかったら、ワシントンにいる日本の外交伝書使も動けなくなるからね。

困った上原謙はノックスの行動表を調べるわけ。そうしたら神楽坂の料理屋によく通っていると。ノックスの相手をしている芸者が田中絹代（会場笑）。上原謙が田中絹代に、「君も日本人だろ。何としても憲兵隊に協力してくれないか」と。田中絹代は逡巡するんだけど、協力してくれることになるわけ。で、「とにかく箱根の山の向こうに絶対行かせるな」と。そこで「お腹が痛い」とか言って、伊東の川奈ホテルに連れ込んで時間稼ぎをする。そこへアメリカ大使館からもう一人やってきて、ノックスに「あの女は憲兵隊とつながりがあるぞ」と告げるんです。で、「お前、よくも騙してくれたな」となるんだけど、一緒に車へ乗っている時に、田中絹代がハンドルを切って、アメリカ人二人と一緒に死ぬ。「外人相手の痴話げんかだ」って新聞の三面記事に出るのだけども、時経たずして真珠湾攻撃が成功する。それで愛国行進曲が流れて、「お墓に手を合わせに行かないとな」って上原謙が部下と話しているところで終わる。これは憲兵司令部が主導して作ったスパイ対策映画で、実はここに出てくるスパイの行動様式は、現代でもそのまんま通用しますよ。

オグラさん　じゃあ、「お国のため」とか、そんな言葉は日常でよく使われていて、生活に染みついていたから、わざわざ描かなかったのか……。

という見方もできるし、実際はそんなものを日常的にはまったく感じていなかったからかもしれないね。だから、わずか七十数年前のことでも、追体験するのはかなり困難になっているんだな。

イケさん　先生の今のお言葉と関係してきますが、私が子どもの頃、学校の教師はちょうど戦中派と呼ばれる人たちが多かったんです。彼らから聞いた話と、この映画のイメージが合わなくて戸惑っています。もっと悲惨だったんだろうなと勝手に思っていたんです。当時の東京に住んでいた人たちは本当にあんな雰囲気だったのかなって不思議な気分です。

私の父親はあの時期東京に住んでいたけど、あんな雰囲気だったようですよ。映画館で映画を観ていたら、憲兵に捕まって皇居の草取りをさせられたとかね（会場笑）。戦後のわれわれは、敗戦した時点から過去の歴史を顧みるから、あの時代は暗黒の時代だったと考えがちだし、逆に歴史修正主義者たちは、「いや、あれは聖戦だったんだ」「鬼畜米英で、アジア解放のために日本国民が一丸となって戦ったんだ」「みんな必死に戦っていたのに、何だお前ら」となるわけ。でも、実際はどうやら日本はもっとフニャフニャしていた。この映画からも、今の日本のフニャフニャしている感じと相通じるようなフニャフニャ感が伝わってくるよね（会場笑）。

ただし、空襲が本格化してからは様相が変わってきます。例えば沖縄でも、「本当に戦争って大変だな」と沖縄県民が心底思うようになったのは、一九四四年一〇月一〇日の那覇市空襲以降なんです。それ以降は誰も戦争に勝つとは思えなくなった。これが空襲という〈戦略爆撃〉の心理的効果だよね。これは非常に重要なんだ。

でも、この戦略爆撃を本格的に始めたのはわが日本で、ゲルニカとはまた違う意味で、重慶の爆撃は歴史に名を残す話だからね。結局、戦時国際法的なことを考えても、東京大空襲や広島や長崎の原爆の正当化なんかが起こるのは、相互主義からです。要するに「先に重慶で無差別爆撃を日本が行ったんだから、そういう国に対しては無差別爆撃を行ってもいいんだ」という相互主義が東京大空襲や原爆投下の正当化の論理に流れているんです。

ナカムラさん、今日の『敵機空襲』をロシア人から見たらどういうふうに見えるかな？

ナカムラさん　……あまり愛国心が強くない国だなあと（会場笑）。

うん、この映画から愛国心はたぶん出てこないよね。空襲はやっぱり怖いね——それぐらいしか出てこないでしょうね。映画を観終っても、「空襲のとこ、迫力あったねえ」とか「全部カネで解決できると思ってる嫌なヤツ、うちの隣組にもいるね」とか「なんでもっと早く上原謙のことを好きだって言わないんだろ」とか（会場笑）。きっとその程度の話で終わったと思うよ。大きな空襲があるかもよ、っていう国策的なメッセージは伝わったかもしれないけれども、あまり深刻に受け止められなかったろうなとしか思えないよね。子どもや兄が米軍機にやられながらも、「鬼畜米英め！」と燃え上がる感じなんて毛頭ないですしね。

注意してほしいのは、この映画は昭和一八年（一九四三）の製作、田辺元の『歴史的現実』の講義は昭和一四年（一九三九）ですよ。インテリの方は、映画の四年前にはもう、「総力戦になるんだ」「若者たちはお国のために死を賭するしかないんだ」と、イデオロギー的な準備をしていたわけ。これはつまり、ごく早い時期から、インテリ層はあの戦争をかなり深刻に考えていたということだね。そこで、世界史的な意味をつけたりして、勝てるか勝てないかも分からない中で戦争を正当化する思想を準備し始めていた。ところが庶民の方は、戦争が始まって一年半経って、劣勢に回っていても、まだこれぐらいの感覚でいる。だから、「こんな怖いことも起きうるんだよ」と脅すのがせいぜいの国策映画にしかならなかったんだろうな。でも、いろんな読み取りができるし、全く意外な当時の様子も窺えるし、面白かったでしょう？

よし、じゃあ映画についてはこれくらいにして、田辺元に戻りましょうか。休憩は一五分でいいかな？

4 土曜午後Ⅱ 個人・種族・人類

絶対有から絶対無へ

では『歴史的現実』の「三　歴史の地域性、国家と人類、政治と文化」に入ります。この本を前もって読まれた方で、ポストモダン系のものも読んできた人は気づいたと思うけれども、『歴史的現実』にはポストモダン思想が扱っているような問題がたっぷり出てくるでしょ。だから、ポストモダンって全然新しくないんですよ。一九三〇年代末から四〇年ぐらいの反復と見ていい。
どこまで行ったかな、次の人読んで下さい。

「三　歴史の地域性、国家と人類、政治と文化㈠

この前に時の構造を大体お話したので、今日はそれを敷衍しながら次の「歴史の地域性」という事、更に次の「国家と人類、政治と文化」という事を一緒に纏めてお話したいと思う。この前に時について話した事は、我々は普通時は過去・現在・未来と川の流れの様に直線的、一方向的に流れてゆくものと考えて居るが、そう考えては真に時の構造を具体的に理解する事は出来ない。成程過去は過ぎ去って今は無いものである。併し単にそれだけでなく現在の中に働いて居る、その意味で「無くして有る」という不思議なものである。同様に未来も「無い」ものであるが、ただ無いのでなく将来の企画が我々の現在を支配している。即ち実は現在にあるものである。そこでこの前にも第一図に書いて置いた様に、全く反対の方向のものが現在で統一されねばならない。現在という中心で時の構造を考えねばならない。それで現在のこの結び附け方は単に過去が未来の方へ一方向的に流れて行くこと、又は未来が過去の中に侵入して行くことだけでは考えられない。それでは時の様態が区別出来ない。区別出来る為には現在は過去と未来とを切離すことによって結びつけねばならない。所謂《いわゆる》、無が有を成り立たしめるというより外ない。この切離すことによって結びつけるというのは、丁度前に云ったどうにもならない必然に、却《かえっ》て創造的な自由の境地がそこから産れて来るというのと同じで、それは有たる立場では何も出来ないものが無として働くからである。自由とは此《これ》にも彼《かれ》にも執《とら》われない無となることである。同様に過去にも属せず未来にも属せずして、この公約数のない共通なもののないものを結びつけるのが現在であり、現在は過去と未来の時の間にあって而も時を成り立たしめるから永遠性をもつ。過去も未来もあらゆる時が成り立つのが現在である、現在は永遠であり、永遠は絶対無である。そういう事をお話して置きました。」

はい、そこまで。「絶対無」なんて言葉が出てくるけど、あまり難しく考えないでいい。例えば、今ここにコップがあるね。〈ある〉とは、どういうこと？〈ここにある〉ってことですよね。〈ここにある〉ということは、コップが〈ここにない〉という状況をも想定されているわけです。〈ある〉ことの背後には、必ず〈ない〉ことが潜んでいる。

では、その〈ある〉ことが現れる前の段階、〈ある〉と〈ない〉の両方を包摂した段階を考えた時、それをヨーロッパの人たちは〈絶対有〉と呼んだのです。まず〈絶対有〉があるのだと。その〈絶対有〉から〈定有〉が出てきて、対抗して〈無〉が出てくると。それを西田幾多郎や田辺元は、「いや、最初にあるのは有じゃないんだ、まず〈絶対無〉なんだ」と主張したんです。絶対無から有が出てくるんだ、そしてそれに対抗して無も出てくるんだ、と。でもね、構成としては一緒なんです。どう名づけているかって違いだけですよ。ここはあまり難しく捉える必要はありません。

しかし、なぜ〈無〉という考え方が出てくるかと言えば、実はゆうべ話したことの延長線上になるんです。有情の業の結びつきによって、この世界はできている、という仏教的な縁起観がわれわれの考え方の地だからです。仏教思想の中観《ちゅうがん》から、無とか空の哲学とかになっていく。これは議論がごちゃごちゃするから、問題点の指摘だけに留めておきますね。

神と悪は両立するか?

先へ行きましょう。

「それで過去が現在に働いているのではあるが、その過去が現在に接する所では過去の方向が無になるのである。決して過去が押して来て現在を突き抜けて未来をそっちの方向に引張っているのではない。それでは現在即ち我々の行為する所が無くなる。我々は所謂無の深淵に一度入らねばならない。現在私が話しているこののっぴきならない現在、全く唯一な現在、而もそれが自由である、そういうものを見ないのはこの時間を空間化する自然科学的な考え方の抽象によるのである。所謂唯物論的な歴史の考え方、過去の法則がそのまま現在も未来も必然的に規定するというのが、不十分であり抽象である事もここからお分りになるであろう。勿論抽象的なものが具体的なものの或る一面として成り立つ事は許さねばならない。例えば歴史的現実に於て経済的な事情が重要な働きを及ぼす事は、我々が現実を見る以上無視する事は出来ない。併しそれが歴史の全体を支配するのでなく、却て我々は現在その法則の中にありながら現在の裂目を通して未来に目標を置き現在を動かして居ることを認めねばならない。その具体的なものから抽象的な面を抜き出して見る時にのみ、経済的法則が歴史を支配すると云えるのである。又唯物史観が自然的な側面に重きを置き、因果的に、過去を主として考えるのに対し、精神の実現すべき目標を未来に置き、それが目的論的に現在を支配しているとすると、観念史観・唯心史観となる。単に因果的に規定されると考えるのは過去が現在を支配するという事であり、又目的論的に働くというのは未来が現在を規定する事であるから、この両者は一見すると反対の様に見えるが、実は却て同じ関係を裏と表とから見たものに過ぎない。そのどちらも真の現在を捉えていない、現在の無の円環的統一を見失っているのであって、歴史の見方としては不十分であるといわなければならぬ。」

田辺は例によって名前を挙げていませんが、この箇所も実は種本があるんだな。フリードリヒ・シェリング（一七七五～一八五四）っていう非常に難しい議論をする哲学者の考えを援用しているんです。

ドイツ観念論哲学の完成期の系譜は、教科書では普通、「フィヒテ、シェリング、ヘーゲル」と習うんだけど、厳密にいうと「フィヒテ、シェリング、ヘーゲル、シェリング」の順になるんですよ。シェリングには前期と後期があるんだ。

ヘーゲルが死んだ後、ヘーゲル学派のかなりの部分が左傾化して、ヘーゲル左派と呼ばれる人たちが出てきて力を持ってきた。これはプロイセン王国を維持するのに都合がよくないというので、ベルリン大学哲学部は老齢のシェリングを招聘《しょうへい》するんです（一八四一年）。ところがこの時のシェリングの講義は神がかりみたいで、「よく分からん」と唯物論の文脈が強かった当時の哲学者たちに無視されてしまいます。

ところが、この後期のシェリングの思想は非常に深いものがあるんですね。例えば「無底」とか――底なし沼の底の世界みたいな話です――、そんな興味深い思考をたくさん展開している。これはユダヤ教カバラ思想に似ていて、根っこにあるのは「神義論」あるいは「弁神論」と言われるものです。これは神学者の発想ではなくて、ライプニッツの考え方なんですね。

これはどういうものか？　神様は善なるものだとするよね。でも、この世には悪があるわけじゃない？　悪はどうして生まれるのか？　悪をつくったのが神様だとすると、それは神様じゃなくて、悪魔と呼ぶべきものじゃないか？

バールーフ・デ・スピノザ（一六三二～一六七七）は「汎神論《はんしんろん》」という考え方をしました。

汎神論というのはつまり、人格神はいないと。しかし、この地上にある森羅万象、そして全宇宙にあるもの、われわれ一人ひとりも含めて、全てを合算したものが〈神〉なんだと。だから、ありとあらゆるものの中に神性、神のようなものがあると。これは日本の神道の考え方に相通ずるものがあるよね。だから神道の団体が教学を整えるにあたっては、スピノザがけっこう使われるんですよ。

スピノザは、ここ二〇年ぐらい現代思想でも非常に流行しました。ただ、スピノザで困るのは、悪をどう見るかって問題なんです。悪があるってことになると、汎神論はイコール汎悪魔論になってしまう。この世の中じゅうに悪魔が満ちていることになる。この難問からどう抜け出すかってことをいろんな人が考えてきたわけです。解決法の一つはアウグスティヌスの考え方の応用です。うんと簡単に言うと、穴の開いたスイスチーズってあるでしょ？悪というのは、善の欠如、すなわちスイスチーズのあの空白の部分みたいなものだと。穴、つまり悪には実体はなく、善が欠如しているだけなんだという分析だね。

しかし、善の欠如ぐらいでアウシュビッツが説明できるのだろうか、という疑問が出てくる。あるいは善の欠如ぐらいで、広島・長崎の原爆が、東京やドレスデンや重慶やゲルニカの空爆が説明できるのだろうかと。

空爆で人を殺すことは、どうして容易に可能になるのか？　目の前の人間を素手で殺すことと、一万メートル上空から何十万人もの命を奪う原爆を投下することを較べて、後者の方がたやすく行われるのは、たった一〇キロの距離でも殺人に対する心理的な抵抗がそれこそ幾何級数的に薄れるからなんだよね。でも、本当に悪なのはどっちだろう？　それを考えた場合、悪というのは、やはりそれ自身として自立しているんじゃないのか？　そんな考え方もできるよね。そうすると、この世の中は悪魔によって作られたのか、われわれは悪魔崇拝をしているのではないかって議論になるわけです。

中でも、ビザンチン教会、東方正教会というのは悪をものすごく重視するのです。だからドストエフスキーの文学なんかがあそこからは出てきた。でも彼らは、あまり理屈を重視しないんだな。否定神学と呼ばれるものだけれども、「何ではない」「何々ではない」と否定していく形によって説明する方法をとるから、積極的な定義はしないで済むわけです。

そこで考えられているのは、例えばこういうこと。この世の中に悪があって、人間は悪のとりこになっていて、悪魔は人間を支配する権利があるんだと。その悪魔の権利を取り上げるためには、身代金を払わなきゃいけない。だからイエス・キリストというのは、悪魔に支払うための身代金だったんだ、とかね。あるいは、悪魔には守らなきゃいけないルールがあって、罪があるやつだけを引っかけなきゃいけないんだと。ところが、神様は一計を案じて、見た目は人間そっくりなんだけど、実は人間もどきで、罪をまったく持っていないイエス・キリストを釣り針につけて下ろしてみた。そうしたら、まんまと悪魔が引っかかった。悪魔はルールに違反したので、悪の支配ができなくなったとか、いろいろ考え出すんです。でも、どうも取ってつけたような理由が多くて、この世の中の森羅万象を説明するのにはあまりうまくないと私は思うんだな。

それに対して、イツハク・ルリアという一六世紀のユダヤ教カバラ思想のラビがこんなふうに考え始めたんです。われわれは神様がこの世界を造ったというけど、それは大いなる勘違いであって、神様はこの世界に満ち満ちていたんだと。ところが神様は、自分の自発的意思で何でもできるから、気まぐれでもあって、ある時、神様は気まぐれに収縮することを決めた。それで勝手に小さくなっていった。そうしたら、収縮した跡に空間ができた。これがわれわれの住んでいる所だ。だから、ここは神様と関係なくできた空間だから、どんな悪でもありえる。何でもありの世界、そんな所にわれわれは生まれてしまったんだと。こういうふうに考えた。

シェリングはこれを再整理して、底なし沼の底みたいな場所にわれわれは生きているんだと。でも、底なし沼の底では、収縮していった神様と繋がっていて、その裂目に触ることによって、われわれは救済されると。この世の中には悪があることと神様の存在が両立する理由を、シェリングはうまく再構築していったのです。

この議論を踏まえて、田辺はさっきから「無」という話をしています。悪がある場所をどうやって説明すればいいかと言うと――神が〈絶対有〉としてあって、その神の創った善、というふうに説明していくと、やがて説明できなくなるんだと。善に対抗して悪ができるのではないのだからと、無の哲学にしていくわけだね。このへん、田辺の頭の良さが出ています。

思考には鋳型《いがた》があるんです。ずるいやつは出典を書かないんだよ。これはどの思考の鋳型なのかを分からない人が見ると、「これは大変にオリジナルな思想だ。うん、無の哲学か。これで目的論も因果論も、観念史観も唯心史観も、全てを超克していく、なかなか深い思想だな」なんて思っちゃう。何のことはない、こんなのは「空虚な空間ができて、何でもありの世界になっているんだ」というシェリングの認識から来ているのです。
ひと言付け加えるなら、神のいる世界から外れている空間に生きているのだから、人類が人類を滅亡させることも十分あるだろう。そんな問題意識を田辺は持っていますね。

後醍醐天皇の評価

次の人、読んで下さい。

「そこから時に関して普通の考え方と違った考え方をしなければならない。今までは話を分り易くするために、過去の方向が現在の中で消えると云っていた。併し今いった過去と未来とが統一された所で考えると、我々が過去といって居たものは現在の中で働いておらねばならず、又その現在は未来から規定されている、それで現在という立場から見れば過去は却て未来に規定されるとも云わねばならぬ。これは我々に非常に不思議な事のように思われる。併し実際そんな構造があるのである。例えば我々は普通日本でも支那でも過去の歴史は一遍あったきりでもう動かす事の出来ないものと考えている。併し過去がどんな意味をもつかというに、決してそれは固定された意味をもっているものではなく、それは現在が如何に動くかによって、従って又未来に何が目指されて居るかによってきめられるのである。その事は何か歴史的な事件を例にとるまでもなく、私たちが自分自身の生活をとってみると明白である。例えば私が或る過失を犯したとして、それは自然現象としては私の閲歴から消す事の出来ないもの、変らないものとして一方向きに現在をも未来をも規定している。併しその過ちが歴史的現実としてどういうものであるかは、私がそれを現在の自分に如何に働きかけさせ如何に自己の行為の媒介にするかによって定まり、又この現在は私が未来に於てどういう事を為し得るかによって意味を変ずるのである。それで私が若し過ちを犯したからこそ却て更生し、再びそれを犯さないように之を超克して行けば、過ちは却て私にとって恵みとなり、それに反してそれが縁になって何時までも習慣的に同じ過ちを繰返すなら禍となるのである。奇を衒《てら》った云い方をすれば、歴史は過去にあるのでなく、現在に否、未来にあるとさえ云える。併し勿論これは一面的で歴史はやはり過去にもある。そこに時或いは歴史的現実の不思議な構造がある。

それで歴史的過去にはいつも我々が現在それを如何に解するかが入り込んでいる。我々が如何に解釈するかを離れて歴史は考えられない。外国語で history というのは、歴史的事実(historical facts)をいう事もあり、同時に History of Japan という書物の題の様に記述された知識を言い表わすこともある。これは自然にはない事で、自然と自然科学は別なものである。」

前にも言ったように、歴史というのは必ずしも一つじゃないわけです。歴史的な人物なんていうのは、常に現在の時点から再評価がなされ続けますよね。まさに「歴史的過去にはいつも我々が現在それを如何に解するかが入り込んでいる。我々が如何に解釈するかを離れて歴史は考えられない」のです。

例えば後醍醐天皇って、どういう人だった？　吉野の如意輪寺に後醍醐天皇の御陵があるんですよ。天皇の墓というのは、だいたい南か南東を向いているものです。ところが後醍醐天皇の墓だけは北を向いているんだよね。どうして？『太平記』によると、死ぬ時に、「玉骨はたとい南山の苔に埋もるとも、魂魄《こんぱく》は常に北闕《ほっけつ》の天を望まんと思う」と言い残したと。つまり、「私の骨は朽ち果てて、吉野の森の中で消えてしまっても、私の魂はいつまでもインチキ王朝のある京都のほうを見ている。おのれ、覚えていろ」と言って死んだんですね。この遺言通りに、北向きの墓がつくられたわけです。

そうしたら何が起きた？　京都で、今までにないような天災地変が起きました。しかも内《だい》裏《り》に雷が落ちて、皇居が焼けたりもした。これは大変だとみんなで集まって相談をするうちに、夢《む》窓国師《そうこくし》が「これは今までにない大量の国家予算を投入して、鎮魂のための寺をつくったほうがいい」と。それで作られたのが天龍寺です。

しかし天龍寺をつくっても、いっこうに天災地変は収まらない。これは相当怒っているらしいぞと。それで法勝寺《ほっしょうじ》という、当時有力だった寺の坊主たちを集めて相談した。「天龍寺でも怒りを鎮める効力がないのなら、どうしたらいいんだろうか？」と。すると、「これは南北朝の内乱に関与した数千人の人間たちの怨霊が漂っているんだ」と。「彼らは自分たちの行動が正当に評価されていないことを怒っている。だから、とにかく徹底したリアリズムで、正確な形で何が起きたのか書き残さないといけない」と答えた。それでつくられたのが『太平記』です。だから、プロットも何もなく、だらだらだらだら延々全四〇巻も続いて、登場人物が世界の歴史書でも最多の千四百何十人かなんか出てくる一種の奇書ができあがったのです。あれは南北朝の乱に関わった者全てを書きとめることによって鎮魂し、今の世の中を平和にするという考えから生まれた本なんですよ。だからひたすら戦乱のことばかり書かれていながら、太平を祈願して『太平記』という書名なのです。

だから『太平記』は後醍醐天皇や楠木正成の活躍をたくさん描いていますが、あれは北朝がつくった書物なんだね。基本的には、序文でも分かるように後醍醐批判の書なんだ。ところが、長らく南朝の書物と誤読されてきました。それは一つには、南北朝の合一が行われて、南朝が正統ということになったからでもあります。

ところが、南朝が正統となっても、実際の王朝は北朝の持明院統が続き、南朝の大覚寺統は閉ざされてしまいましたよね？　江戸時代になって、徳川御三家の水戸藩なんかが南朝正統説を非常に強く主張し始めるんです。どうしてか？　それは徳川家が南朝の忠臣・新田氏の末裔を名乗っているせいもあるのだけれど、何より天皇、朝廷に対する牽制だよね。つまり、「お前らは北朝であって、正統である南朝の子孫じゃないじゃないか。言わば、偽者だろ。南朝こそ正統だということを忘れるなよ」と。

やがて明治維新が起きるでしょ。明治天皇だって、むろん北朝ですが、戦前の皇国史観では楠木正成と新田義貞は忠臣の鑑《かがみ》で足利尊氏は逆賊、後醍醐天皇は開明的な人物で、「建武の中興」を成し遂げた名君であるという具合に、国家神話の中心的なところに置かれるようになりました。

ところが戦後は？　後醍醐はとんでもない独裁者で、日本の政治を長く混乱させた人間だったと見られるようになった。さらに、近年になってその見方を引っくり返したのが歴史学者の網野善彦《あみのよしひこ》さんです。後醍醐は時代の大転換期において、従来とは違う人々の力、例えば被差別民の力を味方につけることによって権力の強化を図った「異形《いぎょう》の天皇」だったのだと。後醍醐のやったことは変らないのだけれども、後醍醐に対する評価はどんどん変わっていった。これは、それぞれの時代の「現在」からの後醍醐に対する評価だからですよね。そんな具合に、いろんな歴史上の人物が再評価されます。歴史的な位置づけも変わっていきます。

例えば三月一〇日と言えば何？　東京大空襲でしょ。東京大空襲はなぜ三月一〇日に起きたの？　もう、われわれは忘れていますよね。あの日を選んでアメリカがあんな大空襲を行ったのは、あの日が陸軍記念日だからなんです。では、陸軍記念日って何？　一九〇五年に日露戦争の奉天の会戦で、日本軍がロシア軍を破った日だよね。例の『八甲田山』（一九七七年）っていう映画、あの八甲田山の雪の行軍で生き残った部隊は、奉天の会戦で全滅するんです。

ちなみに、『八甲田山』は何て会社がつくった？　シナノ企画ですよね。つまり、創価学会系の会社。シナノ企画がその前につくった映画は何？　『人間革命』（一九七三年）と『続・人間革命』（一九七六年）ですよ。

この『人間革命』二部作は、戸田城聖を丹波哲郎、山本伸一つまり池田大作をあおい輝彦が演じる創価学会草創期の物語です。ところがこの映画の後、宗門事件が起きて、池田大作氏が日蓮正宗の本山にお詫び登山をして、聖教新聞の「人間革命」の連載が一時休載になったことがあるんです。そういうゴタゴタが起きている時期に『八甲田山』はつくられました。映画『八甲田山』のメッセージは何かと言うと、多くの優秀な人間がいる部隊でも、指導者が愚鈍であると全滅するんだと（会場笑）。的確な指導者を欠くと、その組織は決して生き残れない。「諸君、いいな、分かるだろ？　今の宗門の状況を見てみろよ」と言っているわけです。『八甲田山』を見た創価学会員は「苦しい状況においても、正しい指導者についていけば活路は必ず開けるんだ」というメッセージをきちんと受け止めたかもしれないね。作り手のメッセージを観客にきちんと伝え、観客が危機意識に芽生える意味では、『敵機空襲』よりも『八甲田山』の方がはるかに上（会場笑）。

シナノ企画は『八甲田山』と同じ新田次郎原作で『聖職の碑《いしぶみ》』（一九七八年）もつくっています。信州の山で、教師と生徒たちが遭難する物語です。こちらのメッセージは「師弟不二」。先生は死を賭してでも弟子を愛し、弟子は先生を心から慕う、そんな先生と弟子の関係は永遠なんだと。これも池田大作氏とその信者たちとの関係を『聖職の碑』の中に見なさいという、そんな隠喩が込められた映画です。だからシナノ企画の映画は、創価学会を直接描かなくても、全て信心に通じる映画なんですよ。私は、これは一体どういうメッセージ性があるのかなと、非常に楽しみながら観ているんです（会場笑）。

中韓ロの教科書に見る歴史観

さて、田辺は「外国語で history というのは、歴史的事実（historical facts）をいう事もあり、同時に History of Japan という書物の題の様に記述された知識を言い表わすこともある。これは自然にはない事で、自然と自然科学は別なものである」と、英語を使っていますが、ここではまたドイツ語で考えてみましょう。

英語のヒストリー history にあたるドイツ語は、二つあるんです。一つは「ヒストーリエ

Historie」、これは年表みたいなものを考えて下さい。むろん、年表だって、そこに何を載せるかという判断には歴史観は入ってきますよ。でも、とりあえずそんなには濃厚に入らないよね。いわば、事実という点が並んでいる感じです。それに対して「ゲシヒテGeschichte」、これは出来事を選んでいって、その点を線に繋いでいくことで物語を作っていくことです。近代国家において歴史は全てこのゲシヒテの方なんですね。つまり、それぞれの国の歴史は物語になってくるのです。

ちょっと前の「文藝春秋」誌で、〈中国と韓国とロシアの教科書では日本をどう教えているか〉って特集をやったんですよ。一番おったまげたのが韓国の教科書だったけど、中国の教科書も面白かった。

「都合が悪くなって行き詰まったら、別の道を探せ。これが歴史の教訓だ」とか、とにかく行き当たりばったりでやっていればどうにかなるんだっていう歴史観を教えている。日本に関しては、明治維新を詳しく教えていました。どうやって近代化に成功したのか、ものすごく詳しく紹介している。日本への非難はあんまりなかったけど、数字合わせは結構やっています。日本は南京で三〇万人殺した。そして広島・長崎の原爆では三〇万人死んでいると。日本の教科書だったら、広島二〇万、長崎七万で、死亡者二七万人なんだけど、そこは増やしてもいいから、三〇万という数合わせをしているのが面白い。「南京で殺したのは広島・長崎の合計と一緒なんだぞ。お前ら、それぐらい殺したんだぞ。おあいこだな」と言っているわけ。

ロシアの教科書は、〈日露戦争ではなぜ日本が強かったのか〉の分析を詳しくしています。

日本は戦争目的がはっきりとしており、軍隊を鍛えていた。ロシアは、まず兵器の更新を怠っていたし、何のための戦争かよく分からない戦争だったから士気が上がらなかったと。なぜ負けたか、敗因をちゃんと分析しています。だからマカロフ提督（海軍戦術論の大家で、ロシア太平洋艦隊司令長官。旅順沖で乗艦もろとも爆沈）なども登場するんです。そんな軍人、日本人は誰も知らないでしょ。知っていて、せいぜいバルチック艦隊のロジェストベンスキー長官くらいでしょうか。日露戦争は負け戦だったのに、結構詳しく書いていて、これも面白く読めました。

それから一九四五年の日ソ戦については、「四月にソ連は日ソ中立条約の破棄を通告した」とだけ書いている。でも、条約は一年後の四月までは有効だったのだけど、そのことは触れていません。嘘は書かないが、都合の悪いことも一切書かないという姿勢が貫かれています。で、「八月八日に日本に宣戦布告をした」とは書いてある。宣戦布告をしたけど、電報を封鎖していたから、日本には伝わらなかったんだよね。それでソ連軍が攻めてきた時、日本は全然知らなかったから不意打ちだったんです。そういうことも書かない。

さらに、八月一五日のことは何も書いてないんですよ。「関東軍はようやく八月一九日になり、戦闘をやめる意思を表明した」と。そして「九月二日に日本はミズーリ号の上で降伏調印した」。だから、九月二日までの戦闘行為は正当化される記述になっているわけ。典型的な〈わざと書かない〉という嘘のつき方ですね。

韓国の教科書になると、もっとすごいんだよ。マルクス主義的唯物史観みたいな歴史観が全くないから、歴史というのは、個人の勇気で作られるみたいな話になっているわけ（会場笑）。例えば、安重根《あんじゅうこん》なんて記述一行ですよ。伊藤博文のタマを取ったなんて小さい、小さい。たかが元首相で、大した話じゃないぜと。じゃあ、誰が載っているのかと言うと、「日本国王を狙った烈士《れっし》たち」といって、天皇に爆弾を投げたとか、皇太子を暗殺しようとしたとか、爆弾を抱えているヤツの写真とか、どんどん「烈士たち」が出てくる、完全なテロリスト史観（会場笑）。あの教科書を覚えて受験勉強しても、あとが大変だね。あれでは国際的な通用はしません。

まあ、そんなふうに国それぞれで歴史は作られるのです。ところが日本の歴史教科書はどれもヒストーリエに近くて、「日本史A」の方はいちおうゲシヒテ的な物語性があるけれども、いわゆる進学校で使う「日本史B」になると、巨大な年表だよね。それを全部覚えればいいいってことだから、これは国際的な常識を身につけることとは別に、ロシアや韓国や中国には太刀打ちできないところが出てくる。あの教科書では、日本人は物語としての歴史を持てないから。

ただ、〈物語としての歴史〉というのは複数あるんだってことだけは絶対知っておかなきゃいけない。戦前みたいに国定教科書で、たった一つの物語しかないんだぞって形で歴史を教えると、いろいろ面倒くさいことになるわけ。だけど、今はその反動がちょっと行きすぎたから、これからは物語としての歴史をどれぐらい公教育の中で教えられるか、教科書にどう書くのか、ということが課題になってくると思います。

大和魂はアメリカ的精神に負けた

じゃあ、ちょっと先読んでいきましょう。

「歴史に於ては過去は現在、更に未来によって規定され、事実と我々の観念・解釈・知識とが離れない所があるのである。唯物史観と唯心史観というものに就いてもこれと同じ様な事がいえる。その一方は過去が現在を支配するとし、他方は未来が現在を支配するとするのであるが、過去と未来とは物質と精神との如く前いった様に離れて却て結びつかねばならない。この事は一層詳しくお話すればよく御了解になるでしょうが、いま時の構造をお話した事からも大体の見当はおつきになると思う。つまり精神と物質とは直接結びつける事の出来ないものでありながら、常に我々の行為に於ては結びついて居るものである。従って我々は無の上でそれを切り離すことにより結びつけるといわねばならない。無といっても何もたじろぐ必要はない。この身体を持った我々の精神生活を考えて見ると分るのである。若し身体が一方的に我々の行為を規定するならば、我々が未来に目標・理想をたてて行為すると考えるのは迷いといわねばならない。しかしそういう身体の運動は生きた人間の行為ではない。併し精神に目標さえたてると物理学や生理学の法則に反した行為が出来るかというとそうでもない。これらの法則を通して我々の理想が実現されるのである。そんな訳で無が両者を結びつけるのであるから、物心の関係を因果関係で考える事は出来ない。」

「物質と精神」の関係というのは、すごく重要なんです。

さっきの『敵機空襲』でも、学ばないといけないところは何かと言うと、われわれは精神力においてアメリカに負けたのだ、ということなんです。精神力と言っても、「バケツリレーで焼夷弾の火事を消せ」とか「竹槍でB29を落とせ」なんてことじゃない。アメリカには、ああいう長距離を飛べる飛行機を大量に作り出せる、そういう精神があったのです。それは合理主義の精神であり、テーラーシステムの精神と言ってもいい。

テーラーシステムというのは、チャップリンが『モダン・タイムス』でギャグとして描いてみせたように、人間もいわば工場の部品と見なして単純な作業を延々とさせるシステムです。日本人はそういったものを否定してきたわけでしょ。〈匠の技〉で何かを作り上げていくって発想ですよね。でも、アメリカは『モダン・タイムス』みたいな形で次々と大量に兵器を生産していく。それから、汎用性が高くて、フォードの自動車の部品はいつでもグラマンの戦闘機に使うことができる。日本の陸軍と海軍は、ネジの規格は違うし、エンジンの規格も違う。戦場で陸軍機が壊れたから、横の壊れた海軍機から部品を持ってくる、なんてことができなかったのです。

だから大量生産ができるような思想、それから「近代の戦争は総力戦である」なんていうけれども、その総力戦を遂行するためのインフラを作るという思想。やっぱりこの思想というのは精神力なんですよ。大和魂はアメリカ的な精神（ヤンキー魂）に負けた、というところは歴然としてある。

もっとも、戦後のある時期まで日本というのは、日本的精神によって経済面で世界を凌駕していきました。アメリカがガソリンをばかすか食う大型車を作っている時に、例えばスバルは「スバル360」を作った。排気量わずか三五六ccの二サイクルエンジンで、時速八〇キロぐらい出せる四人乗りの車を作ることができた。どうやって？　車体を軽くしたんです。スバル360の椅子は、実は戦闘機「隼《はやぶさ》」の椅子なんだよね。要するにパイプ椅子を車の椅子にすることによって軽量化を実現し、バイクのエンジンで八〇キロ出すことができる自動車をつくった。つまり、戦前の航空技術がそのまま生きる形で、日本のモータリゼーションを盛り上げることができたのです。そういうモノを作りだす精神が日本の戦後を支えた。

さらに言うならば、日本人は戦後、農本主義の精神で高度経済成長を実現しました。農民がコメとか野菜を作る感覚で、技術者は研究開発をしたし、労働者もモノを作ったのです。だから、「ブローカー」というのは日本においては侮蔑語でしょ。あと、「株屋」というのも、バブル経済が始まるまでは侮蔑語だったよね。株なんかやるのは賭博場に行くのと同じで、まともな人が関わるものではないと見られていた。M&Aなんて、まともな経営人の考えることではない、という感覚だった。どうしてかと言うと、経済の基本が農業だからです。産業化され、工業化されてはいるんだけど、農本主義で社会が組み立てられていたからなんですね。

だから、どの国においても、モノづくりなどを進めるには思想が必要なのだけれど、日本ではそれが農本主義的な思想だったわけです。農本主義っていうと最近はウケないから、「エコロジー」とか「循環型社会」とか呼ぶようになっているけど、今も残っていますよ。

種というモデル

次は面白い考え方が出てくるところです。

「一番初めの日に言って置きました様に交互作用は因果に解消出来ない。過去は過去、未来は未来、方向の反対なものが引き離される事によって却て結びつけられるのである。すなわち無が有を成り立たしめる。そこで時は各現在に於て無に形成されるといわねばならない。ですから時は円環が円環を含む事であるといったりしたのであります。

その事から更に歴史が地域的な限界を持たねばならないという事をも考える事が出来る。歴史では過去は現在に働きを及ぼしておらねばならない。そこで過去が現在に働きを及ぼすとは一体どういう事であるか。それにはその働きで規定される自己がどんなものかを考えねばならぬ。私に外からの力が感ぜられるのは私に動きだす力があるからである。力は何時も反対の力と交互的にはたらくのである、反対の力のない力はない。物理学でも原動と反動とを考えている。我々の現在は未来から働かれて居るから過去の力が感ぜられるのである。そこで簡単にいえば我々を束縛し未来に自由に働く事を押える力が過去として働いて居るのである。所でかかる束縛を加える過去はいろいろ考えられますが、最も強く我々の規定される過去とはどんなものかと云うと、それは単に人類の世界に起った出来事ではなく、我々が属している種族の伝統となって居るものである。自分の属する種族以外の力が自分を動かすのも、種族を通して動かすのである。この種族という制限の全く無い世界から我々が動かされるのではない。そう見える場合にも、それは種族と種族との関係を通してそういう力が間接に働くのである。この種族というのを民族とか国民とか特に厳密に規定する必要は今ない。私が種族というのは未開人の部落でも今日の民族でも更に将来には幾つかの民族を併せたものでも有り得る。これがどんなものになるかが歴史によって決められ又歴史の内容を成すので、これを何か変らないものとするのは歴史を観念で構成する事であります（後出参照）。」

ここで言っているのは、本当の意味での全体主義です。全体というのは複数あるのです。全体主義っていうのは、例えばネコはネコで全体、イヌはイヌで全体。それと同じように、日本人あるいはアジア人で全体なのです。

そうすると、大東亜共栄圏で全体ということとは、それとは別にヨーロッパ共同体とか、アメリカとかいう全体があるわけです。その複数の全体が切磋琢磨して世の中が成り立っているというのが、全体主義の考え方なのです。さらに全体主義は、その構成において多元主義になります。

そして、この全体主義の根底になるのは、その全体を作り出している「種」（種族）なんです。この種をしっかりと持っていないと、その集団は滅びるんだと、田辺や全体主義者たちは考えるわけだね。

例えば新潮社を強化することを考えてみましょう。田辺たちは「みんな頑張れ、競争だ」という形で強くしようとは考えません。「週刊新潮」なら「週刊新潮」という一つのグループがあるなら、その〈編集部という全体〉を考えればいいのです。その中で掟を作る。その掟については外部に漏らしてはいけない。その掟を守らないやつは爪弾きにする。そういう形によって、「週刊新潮」の利益が上がるようにする。そして、例えばどこか新潮社の他の部署、「新潮45」なら「新潮45」で大きな利益が上がりそうな企画を立てていて、「それは『45』でやるよりも『週刊新潮』でやった方がいいな」と思ったのなら、「週刊新潮」に奪って来る。しかも、そのことは新潮社の他の部署には内緒にしておく。会社内でも、そういった種をいくつも作っていって、それぞれのグループの利益を何よりも第一にしていくわけ。そこでは、自分たちのグループがいかに生き残るかだけを考えたらいい。そのグループがあって初めて一人ひとりが生きてくるのです。夫婦があって初めて妻と夫がいるように、この「種」が個体よりも先立つのです。

それと同時に、いくつもある「種」から「類」が形成されます。種は互いに切磋琢磨していくものだから、ある種が大きくなる時は、ある種は小さくなる。そうすると境界線ではいろいろ軋轢《あつれき》が起きます。そんなふうに世界が成り立っているのが、種というモデルなんです。これはライプニッツのモナドロジーのモデルに近いのです。今、ＴＰＰであるとかＥＵであるとか、ユーラシア経済連合とかは、まさに種のモデルでやっていこうとしているわけですね。種を基本に置いて、種同士で切磋琢磨していこうという考え方です。

これに対して、全く別のモデルが普遍主義ですよ。普遍主義は今では全体主義とよく勘違いされてしまうのだけれども、普遍主義とは「たった一つの原理で世界全体を覆うこと」なんです。だから市場原理主義であるとか、新自由主義というのは普遍主義になる。そこにおいては、個体がすべてになります。アトム的と言ってもいい。アトム的な個体と個体の競争で物事を決めていくという考え方で、個々の競争において一等になった人間が総取りできる。そんな全てにおいてフラットなルールで競争していく考え方が普遍主義です。

スズキさん　種と個体の違いがまだイマイチ分からないんですが……。

種と個体は固定的な関係ではないんですよ。
例えば日本国全体を種として見た場合には、スズキ家は個体にすぎないわけだよね。しかしスズキ家を種として見るならば、あなたはその構成員である個体ってことになる。何を種とするか、何を個体とするかというのは定義の問題です。
ただ、いずれにせよ、中間的な種というのが基本的な単位で、それによって個体が生まれていく。さらに種によって全体、類が生まれていくというのが田辺の「種の論理」なわけです。

スズキさん　種が個体に先行するのは、なぜなんですか？

さっき夫婦の例を挙げたように、夫という存在を考えると、夫婦がなければ夫はいないでしょ？　概念として「夫婦」の方が先行しているわけです。それと同じですね。要するに、実体的な考え方ではないのです。関係主義的な考え方であり、どこから物事を見ていくかという定義の問題なんですよ。

その定義が一定数の人々の心を引き寄せれば、種ができるのです。例えば新興宗教団体でも、ある人たちにとっては種になりうるんだね。そうすると、その種に属していること自体が重要になってくるから、「前世の因縁で大変なものがついてるから、この壺を買わないといけない」と言われたら、「ハイそうですか」と大金を出しちゃう。あるいは、種を繁栄させるために必要ならば、山海の珍味売りをさせられることも厭わない。そういう論理になるわけです。

田辺は本来「種の論理」と言うんですが――「種の論理と世界図式」、「種の論理の意味を明にす」などの論文もあります――、この箇所でのように、「種族」と言った方が分かりやすいかもしれないね。

種族のどこがいいかと言えば、その中にいる個人がアトム的でなくて済むからですね。人間にはそれぞれ能力や適性やいろんな差がある。それが種族の中に入ることによって、その差異を包摂することができるのです。個体が主体になって、アトム的になるなら、各人の能力差とか先天的な差が顕わに出てきてしまう。そうすると特定の人間が常に勝って総取りしていくし、助け合いというのは基本的に生じないから、常に負ける人間も出てくる。

だから裏返して言うと、アトム的な人間観、新自由主義的な世界観、普遍主義的な世界観で行こうというのは、勝つ自信があるヤツだけなんだ。だから最強者というのは、いつだって普遍主義の原理を採用したがるのです。二番目以下の存在にとって、普遍主義は損なだけですからね。なので、順位が下の方に行けば行くほど、普遍主義には敵対的になります。ところが日本ぐらいに中途半端に強いと、普遍主義によって得するところもあるし、損するところもある。だから、どっちつかずの態度になっちゃうんだな。

ロシアぐらいの実力だと、普遍主義で得することの方が圧倒的に少ない。イランなんかもそうだよね。そういうところになると、種族の論理が強くなるわけです。

種族か、固体の遺伝子か

じゃあ、もう少し先へ進みましょう。

「どの場合にせよ、我々は我々がその中から生れ、現在そこにあり、また将来の目標を与えられて居る、そういう種族の規定力を脱却する事は出来ない事を認めねばならない。それはもともと我々は元来一人で生れたのでなく、如何に小さくとも家族の中から生れ、部族の中に生れたのだからである。併し我々がその中に生れた種族は直ちに人類ではない。人類は私が如何なる行為をするかに対して拘束を加えない。我々は大きく云えば人類の中に生れたのであるが、人類という集団が私の行為に束縛を加える事はない。ベルグソンの言葉を借りればそれは「開かれた社会」(société ouverte) である。従ってこの開かれた社会で私が何をしようと直接束縛は加えられない。之に反して例えば部落の慣習に反すれば殺されるか、追放されるか、又追放されて外の部落で生活出来なければやはり元の社会の束縛を受けねばならない。かかる社会は「閉じられた社会」(société close) である。それで我々は時が点の集まりと考えられないと同様に、個人が集まって家族となり、家族が集まって種族となり、種族が集まって人類となるという考え方をやめなければ歴史的社会を具体的に理解することは出来ない（図五）。」

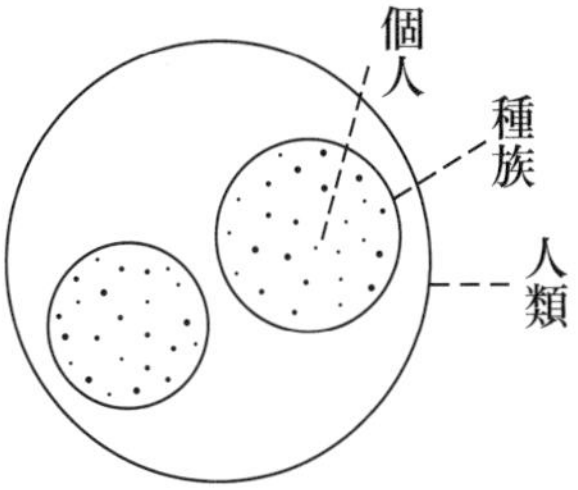

図五

会社でも宗教団体でも、あるいは趣味のグループでも家族でも何でもいい。そういった種族に帰属していないで、バラバラになっている人は、危機の時にすごく弱いし、不安になってしまう。だから、震災後に〈絆〉なんていう中途半端な種族が持て囃《はや》されたのかもしれない。ああいうものではなくて、実体的に生活面で経済的に助けたり、悩みを相談し合えたりするような種族があると、そこには必ず掟があるわけです。その掟は、時には法に反することもある。しかし、法より掟をより重視する。そういう種族こそ歴史を発展させる基本なんだ。ここで田辺が言おうとしているのはそういうことです。

だから、「うちの会社はブラック企業だ」とか言ってコンプライアンス窓口に駆け込んでいく社員がたくさんいるような会社は、種族として成り立っていないということです。ものすごくムラ的で、閉鎖的で、息苦しい側面はたしかにあるけれども、そんな種族に属していないと生き残れないんですよ、と田辺元は諭しているわけ。まあ、この種族を日本はちょっと広げすぎちゃったわけだな。大東亜共栄圏まで広げてしまったんだからね。

でも、われわれがいろんな問題を解決しようとする時、何らかの形での種族を作り出すのは今でも有効な手段です。いちばん小さい種族というのは、二人で作れます。パートナーを見つければいいわけです。パートナーは異性でなくてもいいし、同性でもいい。ただ、その時のパートナーというのは、共に生活ができるパートナーです。性的な関係があるかどうかは別として、男性同士でも女性同士でも、生活面で助け合って、お互いに何かあった時には実際に手助けができるような、そういったパートナーがいればいい。そんな種族をつくっていることが強いんだ。そういったことを述べている田辺のこの考え方は、現在でも実際にいろんな悩みを持っている人の問題を解決するのに有効ですね。

高齢者の介護だって、介護施設で一人ひとりベッドへ入れて、バラバラにしてしまうことだったら、それはやっぱり本当の意味の介護にはならないし、種族ではない。もしグループホームが本当に気の合った人たちで、時にはいろんな軋轢があって、ホーム内での恋愛騒動が起きることもあるかもしれないけれども、それでちゃんと回るようになれば、そこは種族として機能するんだよね。

じゃあ、なぜ種族はそんなに大切なのか？　これ、最終的には動物行動学の話になるんだと思う。われわれが群れを作る動物だからでしょうね。人間は群れをつくる動物で、サルの仲間なのです。あるいはニシンや、アリや、イワシや、ハチと同じ仲間です。やっぱり元来、種族をつくる生物なんですよ。

今、これに対抗する考え方が出て来ています。人間は、種族ではなくて、実は個体の遺伝子を残すことだけを考えているんだと。進化生物学者で動物行動学者のリチャード・ドーキンスの考え方ですね。それを面白く、巧みに応用しているのは『浮気人類進化論』などを書いている竹内久《たけうちく》美子《みこ》さんです。

みなさん、すぐに気づいたと思うけれど、このドーキンスの考え方は新自由主義と親和的なのです。要するに、個体がすべてなんだと。個別の遺伝子が流れていくのがすべてで、それしか考えないってことだよね。

でも、ここは種族でも利己的な遺伝子でも、どちらでも説明できると思うんだ。一昔前まで、コンラート・ローレンツなんて人が動物行動学の中心にいました。ローレンツはノーベル医学生理学賞受賞者で、『ソロモンの指環』や『攻撃』という有名な本を書いています。

彼曰く、オオカミ同士の戦いでは、お腹を見せると攻撃できなくなっちゃう。それは自分たちの種族を保存するためだ、というわけです。これは田辺元なんかの考えと同じモデルですよ。ところが、ドーキンスたちの時代になると、「いや、オオカミはお腹を見せたって殺すんだよ」と。自分と血が繋がっていないオオカミだったら、殺すんです。ライオンは群れを乗っ取った瞬間、メスは殺さないけれども、自分の血が繋がっていない子どもは全部殺す。それはどうしてかというと、自分の遺伝子だけを残したいからだと今では考えられています。でも、ライオンやオオカミの行動が、ローレンツの時代と現在で変わったわけではないよね。

それは見ている人間の方の視座が変わったから、別様に見えてくるのです。
さっきの後醍醐天皇の評価だけではなくて、ライオンの行動の評価も時代によって変わっていく。ライオンは種族を守る動物なのか、それとも自分の遺伝子しか考えないで、種を殺す動物なのか、わずか五〇年くらいで正反対の結論が出てくる。ライオンからすれば迷惑な話だよね。いつものように行動しているのに、まったく別の評価をされちゃう。

種族という「現在」

さて、田辺に戻りましょう。

「時は反対の方向のものが現在で統一されて成り立つのであって、過去・現在・未来は一方向的に同一のものがずっと発展するのではない。川が上流から中流、下流と流れる様に流れるのではない。それは同一性的な見方で、論理で云えば同一性の論理である。そうでなく時の過去・現在・未来は交互的統一をなす、三位一体的な（drei-einig）関係をなす。そうでなければ時は了解せられない。」

前に言ったように、「三位一体」はできれば「三一」に直してほしいな。ドイツ語でdrei-einigって書いてあるでしょ。Dreiっていうのは三で、Einigは一という意味だから、別に「位」とか「体」に相当する言葉は入っていません。だからやはり、三位一体という訳語には特定の神学的な立場が入っているから、日本語としては「三一」にすべきでしょう。

ここで田辺が言っているのが、経綸的三一論なのです。時間とは、川が流れるような同一性の論理で成り立っているのではなくて、三一的に、過去・未来・現在という異なるものが互いに媒介し合って一つのものとなって、時間となっているんだって見方ですね。

「それと同じく個人が集まって種族となり、更にそれが集まって人類となると考えるのは、やはり一方向的な同一性的な考え方と云わねばならぬ。そういう考え方を捨てて個人・種族・人類はお互に各々が他の二つを媒介し合うのであるとせねばならない。」

ここまでの論理を見ていくと分かるように、種族というのは、時間では「現在」にあたるわけですね。現在に過去と未来が包摂されているように、種族に個人と人類が包摂されている、というモデルで田辺は考えています。

日本はいまだ「敵国」である

同じ人で先を読んでください。

「時間の話の時は現在が未来と過去とを結びつけると云ったが、未来が却て過去・現在を結びつけるともいえる。又過去が一貫して現在・未来をつなぐとも云える。過・現・未は三位一体的に結びついてお互に媒介し合っているのである。之と同じく個人・種族・人類を一方向的に考える考え方を捨てなければ、歴史に於ける社会・国家をはっきり考える事は出来ない。国家をよせ集めても人類にならない。国家と人類は過去と未来とが方向を異にする様に在り方が違う。そこには対立がある。民族とか種族は閉じられた社会で、この社会に生れた個人を外に出さない様に束縛しているのである。では何故そんな窮屈な閉鎖社会があるのかという問は、既に歴史をはなれて歴史を考える立場である。ニイチェが若い時に書いた「歴史の利害に就いて」の中で、歴史は人間を押さえつける事が多い、過去の民族とか英雄とかの事実が我々を奮い起たせて生命の力を昂揚させる利益はあるがそれは半面にすぎない、そんなものから力を得るのは自発的な生命が不十分だからである、余り過去に頼りすぎて所謂現状維持になれば歴史は害になる、それで人間は歴史を忘れねばならない場合がある、と云っている。それは真実であろう、併し我々は歴史を忘れると云っても、歴史があるのに歴史を忘れる事は出来ない。歴史は歴史として働いている。我々はその歴史を未来に向って働く行為の媒介に転ずるより外に歴史を無視したり忘れたりする事は出来ない。ニイチェの言葉は或る程度の戒めにはなるであろうが、決して歴史の全部を忘れる事は出来るものでない。全部忘れれば却て未来に合理的な働きをする事も出来なくなる。」

目下、われわれが直面している歴史修正主義の問題というのは、過去の歴史上での自分の都合の悪い部分を忘れようとしている点にありますよね。第一、既に指摘したように、歴史というのは日本人だけで構築できるわけではありません。裏返して言うと、この国の歴史修正主義者たちはそんなことも知らないわけですよ。相手国あるいは国際社会が忘却しないかぎり、過去の日本の行為は永遠に残り続ける。

それに「日本が敗戦国である」という立場は、おそらく半永久的に残る。なぜか？　国連憲章というのは恐ろしいものなのです。国連加盟国同士の戦争を禁止しているわけですよ。もし加盟国間の紛争があった場合は、調停を行います。あるいは国連の加盟国の中で言うことを聞かない国があったら、国連軍を組織して処理することになっています。いずれにせよ、〈当事国間での戦争〉という手段で紛争問題を解決することを永遠に放棄しているのです。日本はそれを前提にして国連へ加盟しているのだから、国連に加盟した瞬間に、二度と戦勝国になることはできなくなったんですよ。戦勝国になれないのならば、かつての敗戦国のままでありつづけるほかない。そして、もし戦勝国になりたいのだったら、国連から脱退しなくてはいけない。

ハセガワさん　すみません、それは日本に対する敵国条項が残っているということですか？

いい質問です。敵国条項は残っているのです。敵国条項が適用されるのは、国連が生まれた一九四五年四月時点で敵国だった日本とドイツだけです。ただし、国連憲章が批准されたのは同年一〇月で、ドイツも日本も降伏した後ではあります。とはいえ、敵国である日本に対して、国連加盟国が戦争で問題を解決することは、原理的に可能なんですよ。日本は、そんな極めて不利な国際組織に加盟する選択をしたのです。

ちなみに「国際連合」というのは、日本の外務官僚が作った意訳だからね。United Nationsですから、「連合国」です。現に中国語では「連合国」と表記されています。ポッダム宣言の主体である「連合国」と、国際連合は同じ組織です。意外とみんな、これを知らないんだな。これも訳語の面白いというか厄介なところで、日本語を介してしまうと、相当ごまかせるんですね。日本は降伏した後、連合国に加盟しました。でも、敵国条項は残っています。

積極的に考えるならば、過去の日本にはさまざまな問題があった。ひどい国だった。そこが出発点になるんだから、ごく普通の対応をしただけでも、「過去と比べりゃだいぶマシになったじゃないか」と評価を受けることになるわけです。これは、条件として悪くない、とも言えるでしょ？　これで得をしているのはドイツですよ。例えばドイツは、イヌ・ネコの殺処分がゼロなんです。他にもイヌ・ネコの殺処分ゼロの国はあるんだけど、ドイツはよその国よりも遥かに高く評価されています。なぜかと言うと、一昔前まで人間を焼却炉に入れていたあの連中が、今やイヌやネコの殺処分までしなくなったのかと（会場笑）。本当に戦後のドイツ人は変わったし、生命に対する畏敬《いけい》の念が深まったんだなあと感心されるわけ。

歴史の問題というのはデリケートだし、一つひとつクリアしていくのが大変なのです。そこでは、見せ方や伝え方も重要になります。そのへんを気合と空気で突破できると主観的に思っている人が政治指導者になると、ただでさえ複雑な問題がますます複雑になっていきますよね。

でも、安倍さんのような歴史観だって可能なんだよ。中国の子どもにキャラメルを与えて感謝された皇軍兵士だっていたわけだし、日韓併合に賛成した李完用《りかんよう》なんて大韓帝国の首相だっていたわけですよ。あるいは沖縄だったら、琉球王朝の末端の役人だったけれども、琉球と日本が戦争になるといけないと、探訪人（スパイ）になって、琉球処分官の松田道之に報告書を提出していた大湾朝功《おおわんちょうこう》という人物がいます。そういう人たちを取り上げて「日本を支えた立派な志士たち」「世界で尊敬された日本」とかいったゲシヒテ的教科書をつくろうと思ったら、それはつくれるぜ。あるいは、「日本は中国に侵略なんかしていない。当時、国際的にも南京国民政府は認知されていた。承認した国は、大日本帝国と満州国とナチス・ドイツ第三帝国とファッショ・イタリアとフランコのスペイン、そういった国によって国際的に認知されていた南京国民政府との条約に基づいて駐留したのだから完璧に合法的だ」って、こういう歴史観を主張することだって可能なんですよ。

　しかし、その歴史観は国際的に主流派にはなりえないし、そう主張することによって、南京国民政府を認知していたような国々の仲間と思われ、歴史観を共有していると思われるのは、いまだに敵国条項の対象になっているような日本にとっておそらくは得じゃないと思うんだよね。このへんのところを何度言っても、今の政権の周辺にいる人たちは分からないんだな。それは「自分が欲するように世界を理解したい」という心の問題だから、通じないいまでしょうね。

傑出した個人のネットワーク

先に行きますよ。

「歴史、殊に政治史は国事に関する知識として——東洋では所謂温古《ママ》知新の用をなすものと考えられ、春秋・読史余論などの例がある——政治的な人間の行為の教訓として未来に如何に行為すべきかを指示するものとされる。斯かる歴史記述の方法は実用的歴史記述(Pragmatische Geschichtsschreibung)と呼ばれるが、実用的とはもと国事に関するという意味であった。こういう見方があり得る事は、過去を知らねば未来に働けない事を意味する。

丁度時間に於て過去が我々を支配し束縛している様に社会にも伝統や慣習があって我々を押えている。そこで歴史的社会の構造を時の構造に引き合せて考えると、種族固有の方向が過去に当り、個人は計画を立てて未来に働くものであるから未来に対応する。過去と未来が方向を異にする様に、種族と個人は方向が逆である。この方向の逆なものを統一するものとして現在に対応するのが人類である。所が現在を捉えれば現在でなくなる様に、人類を捉えることは出来ない。人類が理念《イデー》に過ぎないと云われる訳である。人類を捉えて「之が人類だ」という時は種族になってしまう。真の人類は別に種族の外にあるのでない。現在が過去・未来の統一にある様に、人類の開放社会が成り立つのは種族の閉鎖社会の関係に於て之を超える所である。閉鎖社会は一方に個人に束縛を加えてその自由な働きを限定し、個人は他方この社会と方向を逆にするものであり乍《なが》ら然《しか》も両者が調和された時、即ち個人が種族の中で一々自分の行為の目的を実現出来るようになり、又個人が種族の進む方向に自己の行先を認め、閉鎖社会の規律や統制がそのまま個人の自由な行為と媒介され統一された時は、種族は閉鎖性から人類的開放性に高められる。これが国家である。閉鎖社会は閉鎖という言葉が示すように相互に排除し合う。種族は種族に対し排他的関係にある。併し一つの種族に属する個人がその種族の統一と完全に調和する時、閉鎖社会の拘束性はなくなり、そこでは自由であるのと同時に、その閉鎖社会の中の個人は閉鎖社会の境を越えて他の種族の個人とお互に認め合い協調し合う事が出来る。」

ここはどういうことを言っているんだろうか？　種族、これはもう国家でもいい、あるいは会社でもかまいません。それは保守的なものなのです。新しいことをやるのを嫌うんです。種族は、今までどおりでいいのです。さらに、閉鎖的な性格も持っています。それに対して個人というのは、常に何か新しいことをやりたい。組織の束縛を抜け出したいと思っている。そして、実際に自由に飛び出すことができる人間がいる組織、種族というのは伸びるのです。外からの刺激を持ってくることができるし、内発的な発展の起因もできるわけですよね。

人類の理解というのは、こういう傑出した、突出する個人から生じるのです。種族同士、国家同士は「排他的関係にある」、決して仲良くはならない。でも、傑出した個人は普遍言語を持っているし、傑出した個人同士でお互いを「認め合い協調し合う事が出来」、尊敬し合うわけです。「ああ、こういう傑出したすごい人間がいるのだから、こいつの集団というのもバカにしたらいけないな」という、そんな傑出した個人が何人も集まるネットワークによって、種族は発展し、人類の安定もできていくと。こういうふうに田辺は考えているんだね。これはたぶん正しい考えだと私も思います。

ある業界において、例えば出版業界においても、編集者の能力はいろいろ個人差があるわけだ。でも、A社の某々って編集者は傑出しているぞと。本当に実力が抜きん出ていれば、みんな認めるわけだよ、そいつが多少人間性が悪くてもね。そういうヤツがB社にもいる。

酒癖が良くないが、あいつはすごいと。C社にもいる。女に手が早いけれどもと。そんな連中がお互いを認め合うような中で、出版業界は成り立つし、安定もするし、発展もする。だから傑出した個人というのは、種族つまり組織にとって絶対に重要だし、種の上の「類」、この場合だと業界にも重要なのです。

そうすると、種族を生き残らせるためには、やっぱりその中にいる能力のある人。あるいは、ちょっと変わっていても、ある部分では格別に適性のある人は、決して潰さないで応援すべきなんですよ。同時に、種族が成り立つためには、裏方の仕事も重要で、誰かが裏方の仕事をきちんとやらないと、傑出した個人も出てこないんだな。どっちが偉いのかって議論は意味がなくて、全体においてバランスがとれているんだと。こういう形が、本来の全体主義なんだよね。

ただ全体主義というのは、戦後はものすごく悪いイメージの言葉になったから、「多元主義」とか「複数主義」、そんな言い方をしています。ともあれ、本来の全体主義というのはこういう構成のものでした。

繰返しになりますが、〈全体主義〉と対立するのは〈普遍主義〉です。普遍的価値観というと、今やいいことのように聞こえるけれども、普遍的な価値観なんていうのは競争で最も有利な者にとっていちばん都合のいい価値観なんだとは既に触れた通りです。

スガワラさん　ちょっと質問なんですが、「過去と未来が方向を異にする様に、種族と個人は方向が逆である。この方向の逆なものを統一するものとして現在に対応するのが人類である」とありますが、なぜ唐突に人類が出てくるのでしょうか。

そこはいま説明したとおりです。種族というものが後ろを向いている。個人は前を見ている。その間に入るのが、傑出した人間なんです。とりあえずは、個人としての傑出した人間だね。同じような立場の、傑出した人間は他にもいて、彼らは相互に理解できるわけです。ここではそんな彼らを人類という立場で呼んでいるのです。過去と未来の間を調停する力を持っている現在に対応するような、種族と個人の間を媒介する者としての人類です。

スガワラさん　例えば江戸時代を考えた時、日本は鎖国していて、世界とは関係なしに一人ぼっちでいたわけですね。すると、種族と個人の方向があるだけで、人類はそこに出てくる場がない……。

それは基盤が違う話です。会津藩にも土佐藩にも、それぞれ傑出した個人はいるわけでしょう。それで、その傑出した個人たちは藩という種族の枠を越えたところで、例えば江戸詰めで共通の言葉を持っていたでしょう。それによって形成されるのを「人類」と呼ぶ、という考え方なんですよ。田辺がここで言っている人類とはそういうものです。文化的制約性はあって、当時は日本列島の外側では日本人は活動できないんだから、その場合の人類というのは、物理的に日本列島の外へは越えない人類です。

スガワラさん　あと、いま読んだ箇所の後半に出てくる「個人が種族の中で一々自分の行為の目的を実現出来るようになり、又個人が種族の進む方向に自己の行先を認め、閉鎖社会の規律や統制がそのまま個人の自由な行為と媒介され統一された時は、種族は閉鎖性から人類的開放性に高められる。これが国家である」という、この「人類的開放性に高め」た国家というのはナチス・ドイツなども当てはまるのかな、と。種族だけだとエゴになるけれど、人類全体となると……。

意外と、ナチスは種についての組み立てをきちんとしていないんですよ。ナチスの人種主義というのは、逆に国家を越えるものでした。ナチスは例えばノルウェーで人間牧場を作っていました。アーリア人種と同じ種だからっていう理由でね。だから組み立てが違うんです。ナチスの場合はもっと単線的で、田辺が言っているような「種の思想」ではないんです。ナチスって、知的にはそんなに洗練されていなくて、国家と個人の中間項だとか、人類がどんなふうに切磋琢磨して併存していくかとか、そんなことは考えていませんでした。ナチスは単純な生き残りの思想ですよ。強い者が生き残るんだ、ゲルマン民族は強いから生き残る権利があるし、実際に生き残ることができるんだ。これって、モデルとしては普遍主義的なモデルでしょう？　適者生存していって、ゲルマン民族がやがて総取りするんだと。それ以上でも、それ以下でもない、そんな思想だよね。

ここで言う人類について、そして国家について、田辺は説明を続けます。

インテリゲンチャになるために

「それが人類の立場であり、永遠の現在に於て時が成り立つのと同じく、人類の立場にたった個人を通して国家と国家とが結び合うのである。また開放された社会・人類の立場は、時の現在と同じく無の立場であるが、無といっても種族性が無くなるのではなく、種族の統制は個人の自由と媒介されて国家に存するのである。斯様に個人・種族・人類は一方向きに小さなものから大きなものになるのでなく、三者が三一性的な交互媒介的な関係を形作って国家を成すと考えられる。そういえばそういう事をいうのは空想で、個人と種族とが国家に統一されて個人が夫々《それぞれ》の位置でその天分を発揮出来るような社会が何処にあるか、国家の統一を促進する様に働く個人は現実にあるか、それは理想にすぎないではないか、という疑いが起るであろう。それは一応その通りである。が、それが全く空想的な状態にすぎず、何らの程度でも実現されないものと考えるなら、それは嘘である。」

　結局、平和を維持するために人類の相互理解を推進するには、種族に属して閉ざされた社会の中にいるのだけれども、同時に普遍的な言語を操れる人間、そんなハイブリッドな人間を作っていかないといけないんだ、というのが田辺の主張ですね。そういう人間を何人輩出できるかによって、その種族が世界の中で名誉ある地位を占めることができるかどうかが決まると。ノーベル賞なんてものに、みんながついカッカとして国家の名誉に関わる問題だと思ってしまうのは、こういう考え方の一つの現われに過ぎません。

気づかれたと思うけど、田辺って男は徹底したエリート主義です。畢竟《ひっきょう》、エリートを作り出していきましょう、エリートを支えましょうと言っていますよ。しかし、エリートたる諸君はエリートだけでは生きられないということを肝に銘じておかねばならない。君たちはいろんな人に支えられているんだ。だからエリートは他人を守れ、分をわきまえろ、威張り散らしているようなやつはエリートではない、と言っているわけだよね。これはエリートの大先輩が若きエリートたちにエリートの作法を諄々《じゅんじゅん》と教えているんだな。

読み手、代わって次を読みましょう。

「何らの程度でも実現出来ぬなら国家の正義、法律の正義は何を意味するのであるか。法の正義は理性により頭で考案して現実の中に実現したものとは考えられない。併し又どんな慣習も法たる価値があるとは云えない。慣習伝統も単に種族の利益になるからというだけでなく、或る歴史の段階でそれに属する個人が同時に自由に正しいと認める事が何らかの程度で可能であるから、法たる事が出来るのである。歴史の外から歴史を裁く規準はない。そんな無歴史的な規準の考え方が実はそれ自身歴史の産物なのである。具体的にいえば近世の自由主義の産物である。併しそれでは何処にも絶対的なものはないかというのに、それは歴史の外にはないが内にあるのであって、種族の統一に必要であると共に種族が人類的な国家の立場で個人の正しい要求や生活を保証する時、法は権威をもつ。法は全く歴史的・相対的であるが、所謂「相対的」で全く価値的な批判を容れないのかと云うとそうでない。勿論或人が法たる権威を認めるものをも、他の人はそれを法たる権威がない、不法である、ということもあり得る。併しそれは権威のあるものとないものとが混在して居るので、法の権威が全くないというのではない。前に私は自然科学の認識が仮説的・暫定的であると云ったのと同じく、法の認識も仮説的・暫定的である事を免れない、併しそうだから法は権威をもたないかというと、もつのである。若し法に権威がなければ社会の秩序はどうして保たれて行くか。成程種族的統一が個人に不当の拘束を加える事もあり得る。併しその時にはその種族は他の種族に対して長く自己を維持して行く事は出来ない。長く種族性を維持する様な国家たるには、個人が種族より束縛をうけながら却てそれが束縛でない、自分の自主的な決断で行為を決定する事がそれと一致する様なものでなければならない。即ち種族は自己を維持するためには国家に於て人類的な立場と媒介されねばならない。そこに政治は文化をはなれては政治の目的である権力的な統一を国外に対しても国内に対しても維持することが出来ない理由がある。人類的とは価値普遍的即ち文化的と云う事である。文化は他の目的の手段でなく自律的であり、自分自身に価値をもつ、故にどの人からも認められる、すなわち人類の立場で成り立つのである。」

ここはもう田辺独自の文化観だけれども、まあ、いいでしょう。普遍言語を持っていないものは、文化としても権利主張ができないのは確かです。文化は自律的で、どの人からも認められるものですが、国際社会においては、背後にある文化的な文脈がそれぞれ違うから、理解するためには普遍言語による論理が必要ですからね。

論理というのは、二つあります。プログラミングなんかをやっている人は、論理を三つ持っているかもしれない。プログラム言語を操ることができれば国境の壁は関係ないでしょ。言語の壁は関係ないからね。でも通常、われわれが持っている論理というのは二つ、数学や論理学などの非言語的論理と言語的な論理です。

現在の状況でいったら、好むと好まざるとにかかわらず、言語的な論理を担うのは英語能力になってきます。英語は事実上のリンガフランカ、交流語になっていますからね。最低限、英語でおのれを説明できない人間は文化的ではない、と田辺は考えています。人類の立場に出ていくには、普遍的な論理を展開できないといけない。もっと言えば、普遍的な論理によって日本的なる特殊なものを説明できないといけないわけです。あるいは普遍的な論理によって中国的なる特殊なものも説明できないといけないわけだ。あるいは普遍的な論理によってロシア的なる特殊なものだって説明できないといけないわけだよ。そうすると、特殊なものも普遍的なものへの回路をいちおう持っていることになるよね。もちろん残余の部分があって、言語では説明できないことも文化にはある。でも、いちおうある程度のところまでは言語で説明可能なわけです。それが「人類的」であることの条件です。

そういう普遍的な通訳能力を持っている人が知識人、インテリゲンチャなんだね。読書をする目的、あるいは公共圏において、われわれがこうやって学習をしたり論じあったりする目的というのは、性別や年齢、受けてきた教育、民族的な出自など関係なしに、知識人になることが目的なのです。別に知識人になったからって、カネが儲かるわけじゃない。しかし、自分がいる場所をできるだけ客観性をもって実証的に、かつ普遍言語で説明できるようになる、ということなんだ。普遍言語といっても、英語が喋れなくてもいい。きちんと英訳されれば、どんな国のインテリゲンチャにも理解される論理性をもって説明できるだけでも構わない。普遍言語で説明できない時には、詩であるとか、文学的な言語での説明でもいいと思うよ。その方が、言語では説明できない文化のギリギリのところまで説明できるかもしれないからね。

さて、どうしようか？　時間割的に言うと、あと五分で今日は終りなんだけど、私は夕飯食べながらでも、やり続けてかまわないよ（会場笑）。ただ、それだとあまりにもきついということなら、中をとって、あと一時間延長しませんか？　私の方からの提案ですが、いま休憩を一〇分取ります。それで一七時四五分まで講義を延長してもいいかな？　そうしたら一八時半の夕飯まで四五分あるから、その間にお風呂に充分入れると思う。箱根まで来て、温泉に浸からずに帰るのもモッタイナイけど、一時間も入らなくていいよね？（会場笑）。

それから、夕食が終わった後はフリータイムになっているけども、どうですか、一時間ぐらい一緒に田辺を読みませんか。そうしたら、このペースで行くと、明日朝は田辺の最終章を読んだ後で、少しは柄谷さんの本にも言及できると思う。みなさんに買わせた本にまったく言及もしないで持ち帰らせるのは（会場笑）、モラル的によくないからね。

じゃあ、それでいいかな？　もしもう少し休みたいとかいう人があったら、遠慮なくおっしゃってください。あ、もう一〇分ないですけども、八分間休憩して一六時四五分から再開します。

5 土曜夕方　歴史的人間になれ

当為としての存在

みんな、席に戻ってきた？　じゃあ、続きを読みましょう。

「国家は対内的に個人を統制して自己に統一する（内治）と共に、対外的に自己を主張する（之が外交戦争である）。この両面を統一する事が政治である。政治が個人の自由な働きを認め、それが種族の統一を具体化することになり、或は権力的な種族の統制が却《かえっ》てそれに属する個人の自由な行為と自ら調和する時、それは人類の立場に立っているのである。この立場に立たずしては対外的にも対内的にも種族の国家的統一を維持する事は出来ない。これは空想でなくして歴史の事実として見る事である。かかる統一は実現されるであろうし、また実現されるように我々が努めねばならない。それは当為（Sollen）である、併しこの当為は事実に対して天下り的にたてられたものではない。現実の中にそれが既に示されている。そうでなければ現実が意味をもつ事が出来ない訳である。現実が意味をもつというのは当為・理想が何らかの程度でそこに実現されているからである。斯《か》くしてそれは当為であるけれども併し存在（Sein）に対した当為ではない。現実は存在でありながら同時に当為なのである。

存在即当為、当為即存在という関係が我々の現実を成立たしめるのである。」

ここで「三　歴史の地域性、国家と人類、政治と文化㈠」は終りです。

当為という言葉は、この当時の人はよく使ったのだけれども、あんまりこなれない訳語ですよね。ドイツ語の Sollen の訳語で、あるべき姿、こうであってほしい姿、望むべき姿――それが当為です。

人類に貢献するような人間が種族から出てくるにはどうすればいいのか？　それは自分たちの種族、集団、企業といったものの掟に捕らわれずに、普遍的に価値のあることへと自らを投げ出していく人が出てくるということなんだけれども、これを強制力によって生み出していくのではダメなんです。大切なのは、いわばボランティアの思想なんだ。押しかけの迷惑ボランティアはダメよ。それも東日本大震災や熊本の地震の後に行くのは、日本という種族の枠の中での貢献にすぎないけれども、例えばネパールや台湾で地震があった時、彼らの救援のために専門知識を持っているお医者さんや看護師さんがボランティアで行くとなったら、その人は普遍的な立場、人類的な立場に立っているわけです。そんな人たちが自発的に出てくることが、種族を、社会を、国家を強くすることだと田辺は考えています。自分が持つ専門意識を自発的に世界のために活かすこと、例えばそんなことが「現実は存在でありながら同時に当為なのである。存在即当為、当為即存在という関係が我々の現実を成立たしめるのである」となるのです。

そして、これこそが本当の意味での翼賛思想なのです。翼賛というのは強制するものではなく、自発的なものなのです。「大政翼賛会」というのは、まさにこの『歴史的現実』が刊行された四ヶ月後、昭和一五年一〇月に発足しますが、あれは強制によってではなく、それぞれの政党とか、あるいは知識人や言論人、あるいは経済人が、自発的に見返りを求めずに日本の国家をサポートしよう、という運動でした。つまり、「ボランティア国家にしよう」というのが翼賛運動なのです。本来、政党はあくまでも己が集団の利益を追求していくものですよ。その集団の利益を追求することと折り合いをつけるという形ではなく、集団が日本の国家のために自分の持てる力を発揮していくこと、つまりボランティアによって成り立つのが翼賛です。だからボランティアの強調というのは極めて危険なことで、翼賛思想に繋がっていきます。

ところで、翼賛思想やボランティア思想を考えていく時は、その人の人間観に関係してきます。性悪説に立つ人は、当然、ボランティアや翼賛に懐疑的になります。田辺元の人間観は全体に、性悪説が弱いんですね。これは彼に原罪観がないからですよ。だから、戦後になって田辺元がキリスト教の精神について研究したのは、もう一回、いま読んでいる箇所のような問題と取り組もうと思ったからなのです。悪のリアリティを考えるためには、徹底した性悪説の再構築が必要である、と田辺は反省したのでしょう。

でも、性悪説の基盤が弱いとは言っても、こういう大東亜共栄圏のイデオロギーは、率直に言って、知的なレベルは全然低くないでしょ？　ただし、結論は「国のために死ね」ということになるんですよ。現在とは比べ物にならないような、戦前のしっかりした高等教育を受けた京大生たちを、自発的に人間魚雷「回天」とか特攻機に乗せてしまう思想を作るのは、なかなか大変な知的作業なのです。それを、わずか六回の連続講義、たった一〇〇ページちょいの薄い本で、知的なエリート青年たちの気持ちをそこまで持っていくわけだからね。難しいと言っても、二時間くらいで読める本ですよ。その二時間で人の生き死にを決定づけてしまうというのは、やっぱりすごい構想力であり説得力です。でも、これはたぶんインチキなんだ。それを最後まで読み通すことで明らかにしていきたいのです。

マツカタさん　この講義が行われたのが昭和一四年五月から六月で、本になったのが昭和一五年六月ですよね。もうその頃の日本は、陸軍に脅しつけられている国家体制に入っていましたよね？

そこのところを皮膚感覚で理解するのが難しいんです。現在から顧《かえり》みたら、陸軍によって脅しつけられたような国家体制に見えるし、今は存在しないから軍隊ってすごく特別なものだと感じるけれども、陸軍というのは今で言えば財務省とか外務省とか経産省みたいなものなんですよ。当時の日本のトップ・エリートがたくさん集まっている集団であり、なおかつ一九〇五年の日露戦争を最後にして、その後は一九三九年、まさに昭和一四年のノモンハン事件まで近代戦をやっていない軍隊なのです。だから、陸軍内部の昇進や評価は軍功などでなく、演習の上手下手とか管理能力、事務能力で試されてきた。そんな極めて官僚化された組織なわけです。むろん、陸軍の内部抗争に関与して敗れた人間はひどい目に遭っていますよ。あるいは軍機保護法なんかに違反した人間はひどい目に遭っている。ところが、ごく普通の市井の人間にとって、陸軍というのは比較的遠い存在です。

それは例えば、朝日新聞の連載小説だった火野葦平の『陸軍』を読むといい。これは同時代でも、もう少し後、『敵機空襲』公開の頃の連載小説ですが、戊辰戦争から日清、日露、そして大東亜戦争初期までの陸軍と結びつきがあった家庭を描いているものです。最初は長州の奇兵隊に入る男から始まるんですよ。これは日本の社会における陸軍をほぼ等身大で描いている小説だと思う。必ずしも陸軍によって国民全体が脅しつけられていて、何も言えない状態だったとは言えないいんじゃないかな。

種族と人類

カワチさん　質問があります。さっきの休憩に入る直前に読んだところで、「長く種族性を維持する様な国家たるには、個人が種族より束縛をうけながら却てそれが束縛でない、自分の自主的な決断で行為を決定する事がそれと一致する様なものでなければならない。即ち種族は自己を維持するためには国家に於て人類的な立場と媒介されねばならない。そこに政治は文化をはなれては政治の目的である権力的な統一を国外に対しても国内に対しても維持することが出来ない理由がある。人類的とは価値普遍的即ち文化的と云う事である。文化は他の目的の手段でなく自律的であり、自分自身に価値をもつ、故にどの人からも認められる、すなわち人類の立場で成り立つのである。」と。全体主義的なフレームから価値普遍的な人類へ、普遍主義的なところへ、という折り合いが自分の中でまだついていないのですが……。

よし、もう一回考え方を整理してみようか。

種族の中にいる人たちは、掟にとらわれています。その掟には従わないといけない。ところが、その中からは必ず、種族の掟に従わないで、突出してくる人間が何人か出てきます。種族の方はその突出した人間をどこまで抑えないのか、きっとある線があって、「これ以上は」って線を越えたら、もう抑え込むか、切るかをするのでしょう。でも、この突出した人間は普遍言語、つまり他の種族の突出した人間たちにも通じる言語を持っているのです。そういう人間たちの間で文化ができていく。言い換えると、そういうエリートたちが人類を作っているのです。田辺は、そういうエリートたちのネットワークを指して「人類」と呼んでいます。だから個別の種族に所属している一人ひとりが人類に所属しているわけではなくて、種族の中の一人ひとりはそこから出たエリートを通じて人類に繋がっている、という考え方です。

ミラン・クンデラという傑出した小説家がいます。彼はチェコ人で、チェコに住んでいる時から作家活動に入っていたのだけれど、「プラハの春」以降なかなか作品を発表できなくなった。そこでフランスの国籍をとって、今はフランス人です。彼はチェコの枠の中には入れない人で、だから飛び出したし、チェコが自由化した後でも、チェコの狭い枠には入りたくないからと、フランス人であることを選択して、作品をフランス語で書くようにさえなりました。で、彼がフランス国籍を選択したというのは、たぶんヨーロッパ人であることを選択したのだと思う。フランスにはいちばんヨーロッパ的なるものがあるんだと。フランスはフランス語をしゃべれて、フランス的価値観を受け入れるのなら、移民でも受け入れる国です。これが本来のヨーロッパだとクンデラは信じているのでしょう。彼はチェコに住めなくなっても、ヨーロッパに拘りを持って、アメリカには行かないわけだよね。そういった振舞いをする傑出した人間だから、普遍言語を持ちえて、彼の作品は英語はもちろん、日本語にも中国語にも韓国語にもインドネシア語にも訳され、文化的制約性を越えることによって、普遍文化として伝わっていくのです。

例えば村上春樹さんも、日本の標準的な感覚からすると突出した人だよね。アジアへの謝罪問題に関しても、飛び出している人に見えるでしょう。そして、彼は普遍的な言語を獲得しているのです。だから国際社会において彼は理解されるんですよ。

国際社会が、あるいは人類が日本人を理解する時は、たぶん安倍晋三首相を通じて理解するのではなくて、安部公房であり、村上春樹であり、あるいは芭蕉でありといった人たちを通じて理解するわけだし、われわれがドイツ人を理解する時にはメルケル首相で理解するのではなくて、ヘーゲルでドイツを理解するし、ギュンター・グラスやトーマス・マンでドイツを理解するんだと、こういう考え方を田辺は述べているのです。

だから、この田辺の講義というのは、「自分たちは、その突き抜けた普遍的人間になるための入場券を持っているんだ」という意識を持っていない人のところ、つまり京都大学ではなく偏差値三〇台の大学とかでやったら、きっと顰蹙《ひんしゅく》を買うだろうね。不快きわまりないって感じになって、とても話を聞いてもらえないよね。これ、やっぱり京都大学でやっているだけの内容ではあるのです。

戦前において、東京大学は官吏養成所というイメージでした。それに対して京都大学は西田や田辺のおかげで〈哲学の京大〉ってイメージがあったから、哲学畑を学ぼうなんて若者はみんな、東大の哲学科より京大の哲学科を選んだんです。東大で思想史をやりたい人は、むしろ国史なんかの方で、平泉澄《ひらいずみきよし》先生について皇国史観を究《きわ》めるとか、そんな感じでした。

ちなみに、私は京都大学って大嫌い（会場笑）。いまだに一度も足を踏み入れたことがない。一回、潰れかけた西部講堂までアングラ劇を見に行くためにキャンパスへ足を踏み入れたことがあるだけです。立命館大学には二回しか行ったことがない。京都って、私の学生時代の頃は相当の縄張り意識があって、同志社―京大では行き来がなく、同志社―立命館でも行き来はなくて、京大と立命館の間だけは交流していました。要するに、同志社が偏屈なだけですかね（会場笑）。最近同志社の学生に聞いてみたら、「今でも一緒ですよ」って言ってたな（会場笑）。

民族の歴史は長くない

よし、「四」に入りましょう。

「四　歴史の地域性、国家と人類、政治と文化㈡」

この前には時間の構造と結びつけて歴史的社会の構造をお話し、国家と人類、政治と文化のことに簡単に触れて置きましたが、少し話が抽象的でお分りにくかったかも知れないし、又途中で時間が来て歴史の地域性には触れる間がなかったので、今日はそれを一緒にひっくるめて具体的な内容を入れてお話したい。この前、時間について話した要点は、我々を拘束する力としての過去と可能な未来とが対立しており、その二つが媒介統一される所に真の自由である現在があり、それは絶対無として永遠の意味を持たねばならないということであった。それに対応して歴史的社会には時の未来に相当して個人が考えられ、過去に相当して種族が考えられるといいました。この種族という言葉は余り使われない言葉ではっきりしないかもしれない。今日では民族といってもよいのだが何故そういわぬかというと、歴史を回顧すると歴史の統一的単位がいつの時代にも今の様な形態であった訳ではないからである。今の様に中央集権的に民族が統一されて居ない時代もあった。ギリシヤのポリスの様に小さな都市国家というものもあった。また未来性を要求しつつある東亜盟協体などーーそれがどんな内容をもつものであるかはこれから研究されねばならないがーー盟協体或はブロックと呼ばれる民族より大きなものも考えられる。又民族と呼ばれるものも歴史的に発展したもので、自然科学的な血の純潔だけでは考えられない。どの民族も他の民族と混淆《こんこう》して居る。また征服民族が被征服民族をすっかり同化すると新しい民族が出来る様になる。民族とはこんなものであるから必ずしも自然科学的・人種学的でなく、運命協同体である等とも云われるのである。斯様《かよう》に個人に対して束縛をもつ閉鎖社会と呼ばれるものが、寧《むし》ろ歴史そのものの発展によって色々に決って行く。それでどんな場合でも包括する静的・抽象的或は寧ろ論理的な概念として種族といったのである。」

東亜盟協体なんて見慣れない言葉が出てくるのは、まだ「大東亜共栄圏」って言葉が出来ていない時期だからです。むろん、考えとしては同じようなものです。

このへんを読んでいると、田辺元はやはり抜群に頭のいいのが分かりますね。この当時、世界で主流の民族学説は、「民族は長らく存在してきた」って説だったのです。プライモーディアリズム（primordialism／原初主義）と呼ばれるものですが、民族にはその根源があって、ずっとその血筋から繋がっているんだって考え方が主流だったんです。

ところが田辺は、「民族」ではなくて、「種族」と、あえてびっくりさせる言葉を使うのですね。「この種族という言葉は余り使われない言葉ではっきりしないかもしれない。今日では民族といってもよいのだが」なんて言っていますが、これも田辺の上手いところで、人に何か物事を深く考えさせる時には、普段使っている言葉とは違う、驚かすような言葉を使う必要があるからです。

実は、民族というのは、せいぜい二五〇年程度の歴史しかありません。これは、アメリカの学者たち、ハンス・コーンやカール・ドイッチュ、あるいはベネディクト・アンダーソン、あるいはイギリスのアーネスト・ゲルナー、そういった人たちが中心となって主張した、一九七〇年代以降の学説なんですが、ここでの田辺は明らかに彼らと同じ問題意識に立っています。民族というものは近代的な現象に過ぎないと田辺は見抜いているんですね。そこで種族という新たな視点を提出しているわけです。

あと、いま言った「東亜盟協体」という形で、国家を越える共同体もしくはブロックの思想を出してもいます。これが広域帝国主義なのか、それともコモンウェルス（共同体）的なものなのかは、もうひとつ、はっきりしていませんけれども。

人類が種となる時

先へ行きましょう。

「ところでそれが種と呼ばれる事によって既に明らかである様に、種族は決して普遍的なものではない。歴史の立場では人類全体を種とはいえない。」

はい。人類全体を種とは呼べないというけれども、フクモトさん、人類全体も種といえるような状況ってありえるかな？

フクモトさん　宇宙人が攻めてくるとか？

そうだね。攻めてきてもいいし、『スター・ウォーズ』に出てくる銀河共和国みたいなものに参加するのでもいい。宇宙人に対する形で人類全体が種となる。なぜかというと、種というのは必ず類にあたる上位概念がないといけないからです。上位概念がないと、人類は種にはならないんだね。

よし、次。

「若《も》しそういえば、それは自然科学的に他の動物に対していうのである。そこで種族は必然的に相互対立しており、必要ならば他を犠牲にしても自己の生命を維持し発展させようとして居る。これは生物の生存競争と同じである。我々はそれを嫌だからといって無視して、何かもっと好ましい観念で歴史を組立てる訳にはゆかない。種族は生命共同体ともいうべき生命の統一である。生物は生命を維持するためには自然から物質的要素をとらねばならぬ。その時凡《あら》ゆる生産の土台たる土地に制限があるから、種族の争いが自己の領域を拡張し、他の領域を奪おうという形で現われるのは避け難い事実である。種族にとっては生命の共同と之を支える固有の土地とは離すべからざる関係がある。そこに今日強調される Blut und Boden 即ち人種的な血と、血の統一が支えられる土地とが、種族にとって根本的な意味をもつものになるのである。かかる自然的な地盤を無視して歴史を考える事は出来ない。」

これ、金融においてはどうだろうね。「生産の土台たる土地」が本当に必要かな？　この論理は農業と工業までは適用できるけれども、金融についての種族ができ得るのかどうかは、まさに現在進行形での問題なんだよ。〈金融族〉、〈金融種〉という種族ができるのか。それはできたとしても、種族的なものではなく、あくまでもアトム的な個体であって、人格的に資本の増強を追求しているだけなのか。そこのところはまだ答えが出ていませんね。

田辺がさっきから指摘していることをもう一つ言っておくと、種族というものがいくつかできるでしょ。すると、談合でみんな仲良くしてくってこともあり得るけども、基本は相手を利用し、出し抜き、やがて殺し合いになるか食い合いになるか、究極的には自分が生き残るためには別の種族を潰すこともあるわけだね。「種族は必然的に相互対立しており、必要ならば他を犠牲にしても自己の生命を維持し発展させようとして居る。これは生物の生存競争と同じである」というんだからね。例えば新潮社と講談社と文藝春秋という種族たちが、普段は仲良くやっていても、業界の再編の中で生きるか死ぬかという戦いになったら、各社が相手の社を潰そうってこともある。種族にはそういった側面があって、自分たちだけ生き残っていこうとするんだよね。

さきほど、種という考え方はライプニッツのモナドの考え方に近いと言ったけれども、ここはモナドロジーとはっきり違うところです。モナドロジーのモナドは消滅化、つまり、なくすことが絶対できないものです。神様以外にモナドをつくることはできないわけだから、消滅させることもできない。だから、どんな小さくなったものでも、相手の固有性をギリギリで認めないといけないんだよね。相手を潰したらいけないんだ。田辺はここにおいて、それが不明確になっています。特にナチスのスローガンである Blut und Boden（血と土）なんてのを出してきているから、なおさらだね。明らかにここはナチズムの影響を受けている、あるいはナチスにおべっかを使っている。そういう記述と見た方がいいでしょう。

他の種族の助けを借りて

よし、先へ行こう。

「所で時間と空間の結びつきを考えたいのであるが、常識的には極めて無造作に空間は横に拡がり、時間は縦に貫いていると考えるが、併し物理学でも時間と空間は結びついて居る。

即ち光が両方を結びつけるので、光のない、合図の出来ない空間は物理学では取扱われない。合図の出来ないとは時間性のないことである。」

これもどうだろうな。現代物理学では、「光のない、合図のできない空間」は取り扱われないかな？　そんなことないよ。ブラックホールがそうですよ。そしてブラックホールの中で、光での合図はできませんよね。田辺はアインシュタインの相対性理論とか量子力学までは踏まえているのだけれども、この時代はまだブラックホールに対する認識が薄かったから、こういう断言をしてしまっている。

同じ人で読み続けてください。

「それと同じく歴史でも時間と空間は離れ離れではなく、歴史的時間と歴史的空間は初から結びついている。何かで連絡の出来ない空間は光の合図の出来ない空間が物理学で取扱われないのと同じく、歴史の中で問題にならない。」

例えば一六四八年のウェストファリア条約は世界史で必ず出てくる重要な歴史的出来事だよね。プロテスタントとカトリックの三〇年におよぶ宗教戦争を終結させるための条約で、ここから新たなヨーロッパの体制が出来あがった。しかし、その時点においては日本にとっての歴史的出来事ではありません。「連絡の出来ない空間」に日本がいたからですよ。近代のウェストファリア体制に日本が入ることで、日本にとっても歴史的出来事になったわけだけれども。

一方、一六〇〇年に起きた〈天下分け目の戦い〉である関ヶ原の合戦は日本においては歴史的出来事だけれど、ドイツとかフランスには関係ないよね。連絡が取れないからね。だから連絡ができなければ、それはなかったことと一緒なんだ。田辺が前に挙げた例で言うと、「アフリカの未開土人が或時代に何をしたという様な事は、それだけで歴史とは云えない」のと同じで、連絡の取れないところで起きたことは歴史を形成しないということと同じで、歴史というのはコミュニケーションの上に成立するんです。

はい、読み手同じで続けてください。

「そこに交通が歴史的社会の発達にとって大事な要件である事が理解出来る。歴史の古い所をとってみて、エジプトのナイル河、印度のインダス河、ガンジス河、支那の黄河等は、土地の豊饒を来《きた》し生産に便宜を与えると共に交通の要路でもあった。かく交通で結びついた空間は、時間に於て行われる所の運動を含んで居るから、それだけ時間性をもっている。その意味で時間的な統一の形づくられる空間はやたらに無制限に拡がるものではない。ある種族が他の種族と対立し征服するのにも矢張り交通が出来ねばならない。かく歴史的空間は交通の出来る空間であるという地域性をもつ。これは歴史の構造を考える時無視する事の出来ない契機である。

所で尚我々が気を付けると注意されることは、種の対外的な対立は一般に内部的な対立、種の中の対立と自然に相伴っている。種族の内には他の種族に同情をもつ様な個人がいる。

それは種族の内部に支配と被支配の対立があって、支配を受けているものは他の種族の助《たすけ》を籍《か》りて支配関係を逆転しようとするからである。」

これは何のことを言っているのか分かるかな？　ナチスのスローガンが出てきたのと同様、時代的な刻印が押されているところです。「他の種族の助を籍りて支配関係を逆転しようとする」云々の「他の種族」とは、具体的に言えばソ連のことです。日本の中には、日本人という種族に所属しているにもかかわらず、ソ連という種族に対して、よりシンパシーを持っている人たちがいると。なぜそういう人たちがいるかというと、日本の種族の中に階級関係があって、「支配と被支配の対立」があるからだと。被支配の側にいる人たちは、他の種族、すなわちソ連と繋がることによって支配体制の転覆をしたいと考えていると。それを暗にというか、割と露骨に言っているのです。

現在においても似たようなことは起こっています。何だか分かる？　「イスラム国」だよね。中東やヨーロッパ各国において、種族の内部で、移民問題などから支配と被支配の対立が煽られて、支配を受けている者たちは他の種族、つまり「イスラム国」の「助を籍りて支配関係を逆転しようと」しています。社会の階級の問題、差別の問題、支配・被支配の問題は、種族を崩すきっかけになり得るんですね。だから、種族の団結を崩さないためにも、格差を作ったらいけない、ということにもなるわけ。『敵機空襲』の中でブローカーが悪く描かれた理由はそこにあるのです。あのブローカーは格差を生み出し、種を壊す可能性があるから、ああいう描かれ方になるんです。

出世もしろ、歴史的人間にもなれ

読み手代わって、先行きましょう。

「ここに個人が対立のどちらに加担するかという決断が、「これかあれか」という形で現われる事が出来る。若し個人が全く種族の内にあるだけならば個人が自由を主張する機縁がなくなるであろう。生物の社会がどんなものかを知る事は困難であるが、生物では一方が他方を撲滅する事はあっても生かして置いて同化する事は恐らくないのではないかと思う。それで生物には種族に反抗して個体が自己の自由を主張する事はない。茲《ここ》に人間の歴史社会に於ける種族の注意すべき特色がある。これは今日現われていることによっても明白である。そこから未来と過去との対立に応ずるものとして個人と種族のはっきりした対立が出てくる。そして種に内部的な対立がある様に、過去にも――今迄は話を分り易くするため過去を一つのものとして来たが――複雑な関係、色々な力の対立があるのである。

併し個は種に対立し拘束されるばかりでなく進んで種の団結を固めようと協力する事が出来る。種族の対外的、内部的なる分裂を否定し完全なる統一を回復せんとするのである。又種族も個人をただ外から抑えつけ統制するのでなく、個人がそれぞれ自由な機能を発揮する様にして、而も之を自発的に協力せしめ種族の統一を固めさせる事が出来る。斯様に両方の結合が何等かの程度で交互媒介的に行われており、又それが生存の目的であると感ぜられているのが常である。それはただ感ぜられているばかりでなく、歴史が成り立つ為には時の過去と未来が永遠の現在によって統一される様に、個人と社会のどちらもが成り立つ交互媒介的統一として成り立つ為に人類の立場が必要なのである。そこに歴史が単に種の生命の要求や個人の恣意のままになるのでなく、両方にとって都合の悪い制限が却て両方を成り立たせるに善いことである様な人類の調和的統一がそれを媒介する事が知られる。之は単なる当為・理想ではない。若し単なる当為であるとすれば、現実が必ずそれを可能ならしめるとは考えられない。併しこれが当為であると共に事実であり、事実であると共に当為であるから、歴史が成り立つのである。」

また、「当為」ばかりの文章ですね。さっき言った通り、あるべき姿、望むべき姿という意味です。

ここはいくぶん繰り返しになっています。社会の掟があって、そこから離れることはできない。一方で、個人は自分のキャリアアップをしないといけないから、自分のことだけを考える。けれど、人類的立場に立つ個人というのが突出してくるのです。自分のキャリアアップをやって、種族の掟も守る。その個人は普遍言語を獲得して、他の種族に属する人たちにも理解される。そういう人たちが必ず何人か現れてきて、それによって人類が維持されていく。歴史とは、そんな人類的な立場に立つ個人を見つけていくことによって歴史になるんだと。

田辺は京大生に対して、「歴史的人間たれ」と呼びかけているわけです。「お前たちは、人類的な立場に立て。人類的な価値観を持つ人間になれ」と扇動しています。これは要するに、さっきも言ったように、「ハイブリッドになれ」と言っているんですよ。日本という種族の掟も守りつつ、普遍主義的な国際スタンダードも身に着けろと。自分のキャリアも追求し、かつ社会の利益も追求するんだと。俺は君たちに、そんなふうに世界全体を繋いでいくようなハイブリッドな人間になってほしいんだと。

田辺の面白いところは、決して空理空論じゃないところです。人間は野心がある。自由に能力を活かしたいし、出世したいという欲望もあるし、人に勝ちたいという競争心もある。それらを否定したら、哲学にならない、と田辺は分かっているんです。

確かに、大義名分だけで何かやろうとしたって、長続きしませんよ。それから、個別利益だけを追求したところで、どこか本人が満足しきれない。そこで、大義名分と個別利益を合わせて、それが人類的な立場だって言ってしまえるずるさが田辺にあるし、君たちもそんなずるい人間になれと言っているわけです。世界にはずるい人間がたくさんいて、ずるい人間同士が集まって人類を形成しているんだから、お前たちも負けないように、もっとずるくなれ。このへんの田辺的発想は実に面白いし、古びていませんね。

先、少し長めに行きます。「世界歴史は世界審判である」と言った詩人シルラーって、シラーのことです。

「個体と種族が対立しても、正常な場合には到底個人が種族を倒す事はあり得ない。また種族が個人の自由を全く否定し窒息させる時は、その種族は決して長く歴史の舞台に自己を維持する事が出来ない。よく引かれる言葉でありますが――独逸《ドイツ》の詩人シルラーの

Resignationという詩の中にある言葉、特にヘーゲルが引いて居るので有名なのですが「世界歴史は世界審判である」（Die Weltgeschichte ist das Weltgericht）という事がいわれる。この審判というのはキリスト教更に溯って寧ろユデヤ教の考え方から来たものである。歴史を単に天体現象の様に人間の現象が繰返すものと考えたのは希臘《ギリシャ》人の考え方である。併し自然現象の様に法則的に繰返すと考えるのでは歴史は歴史として特殊の対象とはならない。それに反し個々の一回限りの事実が、神の最後審判という立場から如何なる意味をもつかと考えられるようになって初めて歴史というものが成立する。これは歴史哲学がユデヤ教・キリスト教の思想と共に初まったと云われる所以《ゆえん》である。これは歴史哲学は歴史の意味を考えるものであるとすれば当然のことと云えましょう。実際歴史が全く無意味なものでないとすれば、歴史の最後に世界審判があるとするのは、勿論特殊な宗教的信仰に束縛された見解だとしても、一々の現在に永遠的なるものが意味を与えるのであるという意味で正しい。之を社会的に考えればそれが人類の立場なのである。故にただ個人を拘束して其自由な生命を殺す種族が自己を主張すれば、その種族は人類の立場から審判されて歴史の舞台に長く自己を維持することが出来ない。これは当然の事である。もともと統一は対立、分化があるから力をもつ事が出来る。単に自主性のない死物をよせ集めた種族は外面的にはよく統一を保っていると見えても、却て長く活潑なる生命を維持することは出来ないのである。種族には、種族の中にあって然もそれから自由になろうとし、時に種族に反対し対抗し之を批判する個人が必要である。個人は単に種族の一員であるのみならず、同時に人類の一員でもある。そこで種族は人類的な立場から、かかる個人が進んで協力する様に自己を統一する事が、歴史の裁きに於て長く自己を保つ所以であると考えねばならない。これが国家の本質的成立である。個人は種族という地盤を離れ国家の外に於てはその自由を実現する事が出来ない。両者は国家に於て調和的な統一にはいらねば夫々《それぞれ》自己を保つ事が出来ないのである。その調和的統一を我々は種族と個人に対して人類の立場と呼ぶ事が出来る。国家は人類の立場に成り立つ。そこでは種族の為に働く事が同時に、個人をしてその性能を自由に発揮せしめる意味をもつのである。自発的・自主的に個人が協力する事が種族の統一を維持発展する事になり、種族の為という事が個人の為という意味をもつ。そこに文化の発生・発達があるのである。」

さっき面白いと言ったばかりだけど、ここは急につまらなくなった（会場笑）。簡単に言えば、「国のために死ね」と言っています。今で言えば、「会社のために死ぬまで働け」と。ここは時局にきわめて迎合《げいごう》しているところですね。

文化の自主自律性

はい、読み手代わって次の段落。

「文化は例えば種族の為という風に他の特殊な目的の為の手段と考えられる間は決して真の文化と云えない。文化には自主性がなければならない。芸術の為の芸術（L'art pour l'art）、学問の為の学問というのは其意味である。」

ここはまっとうな意見だ。種族に役に立つ文化とか、国家の役に立つための芸術とか、国民に役立つ学問とかいうものは、実は何の役にも立たないんだと。確かに、そんなのはただのゴミです。何々のためってことではなくて、芸術のための芸術を追及し、学問のために学問的な研鑽《けんさん》に努めればいい。それが結果として種族に貢献するんだね。だから、国歌国旗法を法制化すれば日本の国が強くなるとか、道徳の授業を義務づければ日本人の倫理観が増すとか愛国心が強くなるというのは、これはもう文化ってものの性格をまったく分かっていないトンチンカンなやり方なわけです。文化というのは独立してあるところに大きな意味があるわけ。次も同じ趣旨を述べています。

「夫々の文化は自主自律的であり、他律的に制約されるものではない。併しそれだからと云ってそれが種族の為という事と矛盾すると考えるのは、個人と種族の調和的な統一を忘れているのである。文化を容れない統制、それを政治というならば、もし政治が文化を滅却する時には、かかる政治を行う国家は歴史の裁きによって否定されてしまう。文化が自律性をもつ事は種族の為という事と両立しないのでない。却て政治は文化を容れ、国家は人類的とならなければ自己を維持発展することが出来ないのである。」

『敵機空襲』がつくられた時代は、映画は内務省による検閲があったのですが、やっぱり検閲はしたらいけないんだよ。検閲をすると、国家が弱くなるから。そして、国家が人類的になれないから。文化は自主自律的なものであって、どんなに政府を批判しようが、文句を垂れようが、言いたいように言わせておいて、あとは社会の批判に委ねればいいのです。そうすれば、種族の掟に反するものは自然と淘汰されていきます。それを規制して止めるのは良くない、と田辺ははっきり主張しています。多くのインテリがそう考えていたでしょうが、なかなかそうはいかなかった。戦争が終わったら、今度はＧＨＱが検閲を始めます。

読み手代わって、先行きましょう。

「種族の統一は個人の自発的な協力と媒介されて具体的となるのだからである。種族と個人とが単に対立し争い合って調和がないならば個人も種族も自滅してしまわなければならない。調和が行われているから両方が生命を保ち得るのである。それが双方共に人類の立場に立つことに外ならない。現実がそういうもの、その意味で存在と当為とが結びついているものなのである。現実を当為・観念・理想の面から見ればそれは当為と遠い距離をもっている。併し当為は何等かの程度で実現されているのである。種族と個人とは両立して夫々自己を維持しているので、一方を滅すれば他方も自滅してしまう。それが歴史のパラドックス的な事態である。」

これ、種族とか国家とか言わずに、会社と言ったって同じでしょ。例えば会社が社員を大切にしないと、社員はやる気をなくすよね。社員が「こんな会社、いつだって辞めてやったっていいんだぞ」と思っていたら、会社は傾いてくるよ。でも会社が潰れたら、賃金を払ってもらえないのだから、社員にとっていちばん悪い状態になる。会社も社員も「自滅」してしまう。これは国家でも家族でも全部一緒だと、田辺は考えるわけ。こういうのがパラドックスなんですよ。

対立の中で、相手を徹底的にやっつけて存在が消え去るまでやってしまうと、対立という構造自体が崩れてしまうわけ。こういうパラドックスは個人の恋愛嗜好にもあるでしょ？いつも妻帯者だけと恋愛をする女性って、私の周辺にも何人かいるんだけどね、結局、相手の男性を妻と別れさせてしまう、家庭を壊してしまう。で、「奥さんと別れた瞬間に関心がなくなっちゃうんですよね」なんて言うんだな。これは構造が変わるからだよね。死屍《しし》累々《るいるい》で、なお次々と同じことを繰返すって怖い人はいるからね、「もういい加減、反省してるだろう」なんて油断しちゃダメ（会場笑）。

押しつけたら死物のような全体になる

田辺は歴史のパラドックスについて、さらに語っていきます。

「歴史はパラドックスをもつ。存在と当為が結びつかねば歴史にならない。存在のない当為、当為のない存在は歴史的現実の世界にはない。その意味で人類は種族と個人の媒介統一せられた在り方として考える事が出来る。が其際人類は種族と種族の対立をなくして、夫々の種族に属する個人を人類社会の中に解消する事を意味しない。単に個人を集めても全体が成立するのでない。そこに全体主義の主張さるべき理由がある。併し全体は個人の先で全体から個人が出ると簡単に云い切れるかどうか。種族に相当する全体と個人とが対立していながら互に夫々の立場で両立し調和しているのでなければ種族も個人も滅びてしまうというのが私の趣意である。全体が個人より先というのは成程理由はあるけれども、それは一面で、却て個人が進んで自由・自発性を以て全体の統一を促進・維持しないなら、全体そのものが生命を失ってしまうことを忘れてはならない。全体は要素たる個が協力的に働いている故に全体性をもつのであって、死物のような全体は全体たる事を止めてしまう。そこに全体主義の一面性がある。全体が単に個体に先だつのでなく、両者夫々自立しながら同時に相媒介せられると考えなければならぬ。」

各々自立しているものを無理やり束ねる、嫌々束ねられる、そういったものは力にならない。自発的に参加するんだという姿勢がないと全体は力を持たないよ、と言うのですね。例えば国家の押しつけによる全体主義なんて、力が出てこないよと言っているわけ。「全体は要素たる個が協力的に働いている故に全体性をもつのであって、死物のような全体は全体たる事を止めてしまう」のだと。

今の政治家は、日本の国家を強くするのは行政的な方法とか、法律的な方法によってできるんだと勘違いしていますよね。これは一種の構築主義で、人間観としてはアトム的なんだ。考え方の根っこが似ているから、新自由主義政策に対してあまり抵抗なく進めちゃうことができるわけです。

「繰返して云えば人類の立場は決して他律的でなく自律的であり、単なる政治的な活動でなく同時に文化的な活動である。文化の中で最も政治に近いものである法も、何らかの程度で文化の原理である正義の実現という意味をもたねばならぬ。さもなければ法は単なる強制に止る。法が法として認められるのは、種族の統制・統一が個人によって自己の自発的な自己統制であると自覚せられ、進んで遵奉される限りに於てである。その際法は単に政治的な目的のための手段でなく自律的な文化に属する。法は人類の文化に参加・貢献しているものである。かく種族の目的が同時に個体の自発性と調和して文化の意味をもつようになれば、それは最早《もはや》単に種族と種族とが対立するだけでない。勿論種族が種族に対立する面のある事は認めなければならないけれども、而も同時に個人を通して種族と種族とが人類の立場で調和を保つことが出来るのである。又文化は普遍妥当的である事を特色としているものと考えられるが、文化は種族の中から、種族の為にということを通して発達して来たのである。普通最も人類的なものと考えられ人類の宗教等と云われる宗教も、源に溯れば種族の守神の礼拝であり、又先祖を絶対化して帰依《きえ》したものなのである。芸術も種族宗教と結びついて祭の唄・踊等として発達して来た。併しそれが文化となるのは個人の自由な生命の要求と調和せられ、人類の立場に立つ限りに於てである。かくて人類の立場に立つ事によって他の種族に属する個人も却て其の価値を認めるものになる。却て文化は種族の特性を発揮することにより内容の豊富な、生命の饒《ゆたか》なものとなるのである。種族性をなくした個人が人類の立場に立つとすればこんなことは考えられない。種族を撤廃して人類に行くのではなく、政治と文化とが結合せられて、種族と人類とが結びつけられるのである。

国家は単に種族ではない。国家は種族が同時に文化特に直接には法を通して人類の立場に高まり、その立場で個人と媒介調和せられ主体化せられたものである。国家は単に種族的社会でなく、個人をして夫々その所を得しめる国家即自己の統一でなければならぬ。種族の立場からの対立がありながら個体との調和・統一を通して他の種族と文化的に結びつくような国家の集まりを世界と呼ぶならば、世界も文化的な意味をもたねばならない。人類と種族、世界と国家、文化と政治は結びついて離れられない。」

あえて長く読んでもらったのは、この部分の構成が、ここまでの田辺の緻密な論理から考えられないくらい、ものすごく単純な同心円になってしまっているからです。家族が同心円の中心にあって、その外側に国家があって、その外側に世界があるという同心円。だから「国家即自己」とは何かと言うと、「自己即国家」になっちゃう。だから、私というものが生きているのは国のためであり、国によって私は生かされていると、そんな単純な図式になってしまっている。種族という媒介を入れて国家を相対化していこうとしていた田辺の試みが、ここに至って崩れています。

同性婚、そして動物の権利

読み手代わって、先へ行きましょう。

「政治だけを主張して文化を無視すれば国家は国家性を失って、単なる種族に墜《お》ち、種族は自己の中に個人の溌剌たる生命を許さないからその種族も生命を失って、歴史の裁きを受けるようになる。勿論、種族と個人が統一・調和するにしても、どちらがより強力であり、又より劣勢であるかは歴史に於てその時々に決まる事である。或時は種族の方が優勢で個人を強く統制する事もあり得る、戦争の時などはこの事は当然である。種族と個体がどういう関係で統一されるかといってもそれは一般的に答えることは出来ない。それを決定するのも歴史に外ならない。外から斯々《かくかく》の比例・割合という様なものを立てられるのでなしに、その時々に一定の調和点が決まるのである。その決まるべき点を正しく捉えて調和をなす民族が歴史の裁きに於て長く自己を維持出来るのである。正しい調和点を捉えずして一方が偏頗《へんぱ》に優勢になれば、長く自己を維持出来ないというのが歴史の審判である。種族と個体のかかる調和・統一をなすべく我々が努力する事が当為なのであるが、それは抽象的な当為でなく、現実そのものの要求なのである。」

種族の掟がある。そこからどの程度離れて、自由気ままに、勝手にやっていいのかは時代や状況によって変わるんだと。だから、何%ぐらい種族の要素を保持し、何%ぐらい個人の要素を重視すればいいかなんてことは一概に言えない。同じ種族に属していても、そこは時代状況によって異なってくる。このあたりの田辺にはすぐれた洞察力を感じます。個人の自由というけれども、種族を超えて、どこまで行けるのか?

戦後は、この個人の自由を強大化しようとしてきた時代ですよね。一方で、戦前の日本、ましてや「戦争の時」の日本においては、この種族的な掟が「優勢で個人を強く統制」していました。『敵機空襲』でもあったように、結婚なんて個人の自由なのに、小間物屋のおばさんは田中絹代ではなくて、まず父親の米屋に見合い写真を見せるよね、二回とも。会ったこともない人間との結婚を親に決めてもらわないといけないのは、あまりに個人の自由がなさすぎますよ。だから、この七十数年で、結婚はずいぶん個人の自由に任せられるようになってきました。

では、結婚をどこまで自由にするのか？　例えば同性婚を認めるべきかとなると、「それはちょっと行きすぎだ」と考える人もいれば、「いや、そういう形態もあっていいじゃないか」と思う人もいる。このへんの折り合いがつくような、「決まるべき点を正しく捉えて調和をなす民族が歴史の裁きに於て長く自己を維持出来るのである」と田辺は言っていますね。「歴史の裁きに於て」というのは、理屈によって判断されるのではなくて、現実によって判断されるってことです。

しかし、ＬＧＢＴ、つまりセクシャル・マイノリティであるレズビアン、ゲイ、バイセクシュアル、トランスジェンダーの人たちの権利をどうするかって問題を、近代以降の日本は先送りしすぎました。本来、明治になるまでの日本はＬＧＢＴにほとんど抵抗がなかったのにもかかわらずね。

ＬＧＢＴが問題になるようになったのは、産業資本主義と密接に関係しているのです。子どもを作らない、すなわち生産に繋がらない形での性行為を、資本主義は非常に嫌悪してきたからです。

ところが資本主義のあり方が変わってきて、人口増が必ずしも生産増に繋がらないという状況になると、ＬＧＢＴに対する価値観も変わってきました。欧米では、社会的に抑圧されてきたＬＧＢＴの人たちの権利保全がかなり進んでいます。その価値観の変化に、ほとんど日本の社会も、ましてや政治家も対応できていない。女性の国会議員が多くなっても、その女性の国会議員たちが男性よりも男性的に行動している（会場笑）。そんな形で女性の国会議員が機能しているのならば、ジェンダーの問題はいつになっても解決できないでしょう。

田辺元においても、ジェンダーの感覚は『歴史的現実』の中に全くありませんね。ここにあるのは、すごくマッチョな理論です。考えてみるとおかしい話なんだよ。日本人だって半分は女性なんだから、なんで国家とか社会とか戦争とかを論じる時にジェンダーの視点が全くないのか？　でもね、一方で第二次世界大戦中は、ある意味では日本の歴史の中で女性がいちばん社会へ「進出」できた時期ではあるのです。どうやって？　国防婦人会ですよ。戦後の主婦連の運動とか、あるいは市川房枝《いちかわふさえ》の活動とか、全て国防婦人会から出てきています。まず、愛国婦人会というのがあったんです。これは華族の有閑マダムたちの団体でした。それに対して、「お国が戦争しているのだから、私たちも何かお役に立ちたい」と、草の根的に国防婦人会ができました。国防婦人会は、いい着物を着たり、いい洋服を着ている女性たちと、そうじゃない女性たちの間の差別を廃止するために、会員が割烹着《かっぽうぎ》を着ました。みんなが割烹着を着ているのだから、見た目からして平等ですよね。金持ちも貧乏人も、国防婦人会においては関係なかったのです。あれほど活性化した日本の婦人組織と婦人運動はその後もないし、大政翼賛会の中で、おそらく、本当に翼賛運動をやったのは国防婦人会だけだったと思います。

話を戻すとね、私は日本であまりに遅れているのは同性婚の問題と動物の権利だと思っています。

　例えば今日、みなさんの朝食にベーコンが出たけれども、日本製のベーコンだとすると、たぶん豚の去勢をする時に麻酔をかけていないと思う。そんな可哀そうな豚のベーコンを食べたわけ。先進国で豚の去勢に麻酔をかけないのは日本ぐらいです。動物だって苦痛を感じるのだから、食用にする場合であっても苦痛を極小にしていかないといけない。それに対して「動物というのは痛みなんか感じないんだ。精神を持っていない、単なる機械だ」というのはデカルトの立場ですが、この動物機械論はもはや世界ではほとんど支持されていません。

　あともう一つ、「動物も固有の権利を持っている」という権利論があるんです。知能の発展の程度に応じて、動物も固有の権利を持っているんだと。すると、痛みであるとか将来の死に対する予知であるとか、おそらくイルカやクジラは相当程度持っていると思われる。ならば、クジラやイルカは、それに相応した権利が当然あるんだ、って考え方です。日本から見ると、「伝統文化であるイルカの追い込み漁なんかを叱られるのはけしからん」となるけれども、これもどうするかは伝統的な人間観、世界観と普遍的な価値観の間でのバランスなんだよね。どうも最近の日本は、政治家も官僚も社会もマスコミも、イルカ問題なりジェンダー問題なりにすごく鈍感です。田辺の言う、「決まるべき点を正しく捉えて調和をなす民族が歴史の裁きに於て長く自己を維持出来る」かどうか不安になってきます。特に東京オリンピックが近づくと、ＬＧＢＴの問題は必ず再燃しますよ。一定数いる同性愛者たちが来日する時、社会の受け入れ態勢として、その人たちへの対応をどうするか。もう、待ったなしの問題だよね。

あと、さっきドイツの例を挙げた動物の殺処分問題もある。日本でいま行われているイヌ・ネコの殺処分の数がヨーロッパで広範囲に知られたら、戦慄されて、悪評紛々になるに決まっています。動物の殺処分が大量に出るってことは、コンパニオンアニマル（伴侶としての動物）を商業化しているということだからね。商業的なブリーダーがいなければ、大量の殺処分は出てきません。すなわち動物の命を再生産することでカネを稼いでいるビジネスがまかり通っているわけです。これは日本では大きなビジネスだけれども、国際的にはなかなか理解が得られないことなんだな。

渋谷区で同性のパートナーシップ証明書を発行するようになって、「え？　そんなことがあるの？」って感じになっている状況は、国際基準からいって二〇年ぐらい遅れている感じがする。千代田区でようやくネコの殺処分が四、五年前にゼロになったというのも、やっぱり一〇年くらいの時差があると思う。この二つは、国際社会の間で、日本が今後まず確実に抱え込んでしまうイシューです。面倒くさいってことは分かるけれど、問題圏内に入ってすらいないのは極めて憂慮すべきだね。

これはどっちがいいか悪いか、正しいか間違っているかという問題ではないんです。でも、こういうのが歴史的現実の問題なんですよ。

よし、先に行きましょう。

「今述べた意味で歴史は政治的であると共に文化的でなければならぬ。昔は歴史は王朝の交替、国と国との戦争、又は個人の事業戦功など、政治史がその全部を形作るものとせられたが、十八世紀の啓蒙時代に初めて文化史が登場して来た。歴史は政治史でなくして、人類を形作っている種々の民族の風習とか精神とかいう文化の発展を書き記すのがそれの本分とされるようになった。これによって人類の全体の発展を知り得るとしてヴォルテールやヘルダーなどが文化史を唱え出したのである。それ以来文化史が優勢になり、もう少し前には歴史と云えば政治史でなくして文化史と云われる位であった。が、それは十八世紀からの歴史の考え方で、それも歴史的に出て来たものである。併し文化史だけでは真の歴史と云えない。文化史の立場でも政治を除けば歴史は書けない。例えば印度や支那の文化、更にその綜合としての日本の文化は今迄、世界歴史の中に主流としては書き記されてはいない。書き記されていても西欧の歴史と関係ある時に引き合いに出されているにすぎず、従って文化として認められているものはどんなものかというに、政治的に優勢な西欧の諸民族を標準にして定められているのである。それが今日は政治的に事情が変ろうとして居るのである。そういう訳で政治を無視した歴史は意味がない。文化は政治と結びつかねば歴史の中に具体性をもち得ない。併し歴史は政治史だけとも云えない。文化史と政治史とが相俟って歴史を形作るのである。その一方だけを主にする事は出来ない。」

ここは、まるで今の中国の拡張主義の主張そっくりだよね。だから中国は京都学派をよく研究しているってこと。

田辺元はどこまで真剣なのか？

じゃあ、次の人、この「四　歴史の地域性、国家と人類、政治と文化㈡」の結論部分の段落を読んでください。

「今種族・個体・人類の相互の関係を多少前より具体的にお話しましたが、三つのものがお互に結びつく仕方によって色々な現実の形態が出る事は認めなければならない。それで私が依然として型をお話しているに止るのは止むを得ない事ですが、併し個体が間にはいって種族を人類に高める大切な働きをするという事は予想出来る訳であります。」

はい、とりあえず『歴史的現実』のここまでは、いちおう学術的体裁を保っていましたね。きちんと緻密な論理を組み立てて、くねくねとしながらも、「国家即自己」のあたりは少し怪しくなったけど、おおむねそれまでに語ってきたことを論理的に踏まえて進んできました。次の「五　歴史に於ける発展と建設」もまだ大丈夫なんだ。「六　歴史的現実の新段階」になると、もう徹頭徹尾《てっとうてつび》ヤバい話になっていきます。いよいよ大東亜共栄圏が合理化され、お前たちは国のために死ねと、最後はそこに持っていくわけです。

次の「五　歴史に於ける発展と建設」は、大東亜共栄圏建設の話ですが、この「建設 Aufbau」というのも、さっきの「血と土 Blut und Boden」同様、ナチスのキーワードです。ナチスのキーワードだとはひと言も言わないで、ナチス的な建設理論をうまく説明しています。でも、さすがにナチズムのような下品なものに依拠しているとは田辺元は言いたくないから、ナチスとかアルフレート・ローゼンベルク（初期からヒトラーと行動を共にしたナチスのイデオローグ）とか、そんな名詞は完璧に避けて喋っていきます。

ちなみに、このAufbauというのは、戦後においては東ドイツのキーワードになりました。「建設」という言葉は、ドイツ人にとっては何か奮い立たせられる、特別の文化的な意味合いがあるんだね。

ここまでについて、何か質問やご意見があったら、遠慮なくどうぞ。

ワカスギさん　ここまで読んできて、田辺の言わんとすることは何となく分かってきたんですが、この講義を聞いている学生たち、あるいは本を読んだ学生たちはどんな受け止め方をしたのか、ちょっと雲を摑むような感じがしています。

やっぱり、当時の若い人たちは田辺元の理論を吹き込まれることで、「われわれは世界史的な使命を実現しないといけないんだ」と、身の引き締まる思いをしたと思うよ。

国際社会の力関係が変わってきて、日本は確実に強くなってきている。明治になるまでずっと鎖国してきて、知らないうちに世界の文明は発達していたけれど、日本だって明治維新以降急速に発展して、膨張する国家の建設をしている真っ最中だと。しかも、われわれはアジアの中にあって唯一、植民地にされなかった国だ。日本だけが繁栄していればいいのか？　そんな利己主義的な国ではないはずだ。肌の色が黄色いという理由で、われわれの同胞であるアジア人が奴隷のごとく使われているじゃないか。インドを見てみろ、中国を見てみろ、東南アジアを見てみろ。そこでわれわれは、例えば国際連盟で人種差別撤廃を提案したけれども、連盟によって拒否された。だから、肌の色にかかわらず、背が低いとか高いとかにかかわらず、しゃべる言語がヨーロッパ言語であるかないかにかかわらず、一つの文明圏として認められ、みんなが自分の能力や適性に応じて一生懸命働くことによって食べていき、自己実現をできるような広域共同体を作らないといけない。そういう世界史的な立場に目覚めないといけない。

そのために、われわれの日本は後発帝国主義国なのだから、力をつけないといけない。まず日本も一旦、強力な帝国主義国となって、植民地支配をする必要があるんだ。ただ、その植民地から収奪するのが目的ではなく、植民地を欧米列国から解放するという善なる目的のある植民地支配だ。だから期間限定であるし、善意の支配なのだから、植民地になる国の人びともよく理解して、当面の間はわれわれに協力してもらわないと困る。そういう説得をする仕事、そしてそういった広域共同体を建設する仕事が、君たち京大生の仕事じゃないか。こういう話だから、聞いていてみんな奮い立ったと思うな。

そして、この帝国主義国あるいは広域共同体を建設していく中で、米英との決戦がたぶんもう時間の問題だと。その戦争を生き残らなきゃいけないし、そのためにもアジアを解放しないといけない。アジアを解放するためには、今の段階では、もっと毅然と、もっと合理的に植民地からの収奪を強めないと生き残れないんだ。

学生たちは理解すればするほど、だんだん熱を帯びてきて、当時日本が進めていた政策を腹の底から支持できるようになったんじゃないかな。中国とか朝鮮半島から見たら、侵略のイデオロギーそのものなんだけどね。

サカイさん　すみません、余計な話かもしれませんが、田辺自身は本当にここで主張していることを心の奥底から信じていたのでしょうか？

若干、愉快犯ではあったろうね。「俺がやっているいたずらが分かるヤツいるかな」と。「本当に頭のいい学生がいたら、俺が悪辣《あくらつ》なことを考えていると分かると思うんだけどな」っていう愉快犯的な部分は明らかにある。でも、それが彼の一級の知識人たるゆえんでもあるけどね。田辺は自分の言っていることを本当に全部は信じていないだろう。だから、すでに昭和一九年の時点において、「懺悔道」に関する講義を同じ京大で行っているわけです。特攻隊で学生たちが散っていくのを見ながら、「本当に頭のいいヤツは俺の思想なんかにはかぶれないよな」と内心思っていただろうね。しかもこれは裏返して言えば、「俺の思想にかぶれて死ぬ程度のヤツは大した貢献を人類にできないから、まあ、仕方ないんじゃないかな」と、これぐらいの感じだったと思うよ。頭がものすごくよくて、性格ものすごく悪い感じ（会場笑）。

社会と国家と政治と文化と

タケダさん　個人、種族、国家、社会というふうに出てきました。種族や国家と個人が対立することがあるのは分かりますが、個人は社会ともやはり対立をするものなのでしょうか？

個人というのは、どこかで折り合いをつけないといけないわけです。個人の主張や権利だけ言ってみても、「じゃあ、一人で生きていけますか」となるよね。「いや、一人で生きていけますよ。私の四畳半では、手が届く範囲に必要なものは全てあるし、モノは通販で買っているから、人と会わないで生活できます」と言ったたって、冷蔵庫の電気だって人が供給しているんだし、通販のモノだって、誰かが作っているし、誰かが配達してくれるわけだから、社会との関係はあるのです。そうやって、引きこもりの人でも社会との折り合いをつけているわけだよね。だから人間は、社会との関係をつけないで生きていける人は一人もいない。

タケダさん　そこで、政治というのは、社会と同じ意味だと捉えると納得できるんですけど……。

いや、政治は社会じゃない。政治は、むしろ国家と社会をつなぐ領域、公共圏の領域にあるものです。ゆうべ、いちばん最初に言ったことですよ。政治なしでも社会は成立が可能なのです。

ちょっと説明してみようか。

政治も国家も社会の一部にすぎません。社会は、人間が群れをつくる動物である以上、いつの時代にも常にありました。人類史を振り返ると、狩猟採集の時代から農業の時代になって、工業の時代になるという三段階の発展を遂げましたよね。

狩猟採集の時代には、社会はあったけど国家はなかった。農耕の時代には、国家はある場合もあるし、ない場合もあった。むろん社会はずっとあった。さらに産業社会、工業社会になると、社会も国家も必ずある。そのいちばん大きな要因は、戦争ではなく、実は教育なんですよ。工業社会を維持するためには、文字の読み書きができないといけない。そして、工業はトレンドが変わっていくから、それに対応するマニュアルを理解できる計算能力と論理的運営能力と適応能力がないといけないから、基礎教育の時間がかかるわけです。農民は文字を読めなくても農業ができるけれども、工業に従事する労働者は文字が読めないといけないし、計算ができないといけない。だから、義務教育は最初四年でしたが、そのあと六年、さらには九年に延びる教育制度ができたんです。今の国際基準の義務教育の長さは一〇年から一二年だから、まだ九年しかない日本は遅れているわけだね。一二年ぐらいは義務教育をしないと、高度産業社会に適応できなくて、納税者になれないのです。

そんな巨額な教育費をまかなうのは、とうてい社会には無理で、国家にしかできないわけです。だから、われわれはもはや国家なしで生きることはできない。ここで国家の力が強くなったのです。そして、そこから社会の相当程度の機能を国家に委ねることになったから、国家と社会を混同しやすくなっちゃったんですね。でも、原理的に国家と社会はまったく別のものです。

国家がなくても、われわれは生きていくことができる。しかし、社会なくしてわれわれは生きていくことができない。こういうことです。

ムラオカさん　田辺を読んできた中に、「文化は自主自律的」だという話があった一方で、「文化は政治と結びつかねば歴史の中に具体性をもち得ない」というフレーズもありましたが、これは現在も有効な考え方なんでしょうか？

今でも残念ながらそうだと思うな。田辺は、政治は文化をただ受け容れたらよくて、文化を検閲したり、迫害したら、国家の力はなくなる、と言っていましたね。同時に、何らかの形で文化は政治と結びついているし、結びつかないと具体性を持てないことになっているんだと。

例えば又吉直樹《またよしなおき》さんの『火花』を読むと、非常に政治的ですよ。あれはマイノリティの問題を扱っていますよね。ラストで、主人公が尊敬している先輩芸人の神谷が豊胸手術をしたから、主人公の徳永が激怒するでしょ。「あなたは軽いノリで豊胸手術をしたかもしれないけど、ジェンダーの問題とかで悩んでいる人の気持ちを考えたことがあるのか？　あなたが差別的な意識を持っていないことは分かっているけれど、そういったことをからかって差別する人たちがいるんだ。トランスジェンダーで苦しんでいる人の気持ちを考えずに、単なるお笑いのネタにしたって、人の心をつかまないんだ」みたいなことを言って泣きながら抗議する。

あれはどういうことかと言えば、徳永がマイノリティだからだよ。それは又吉さんが沖縄の血を引いていることと――お父さんが沖縄で、お母さんが奄美の加計呂麻《かけろま》島――、たぶんどこかで関係していると思う。だから彼自身はＬＧＢＴじゃないけれども、マイノリティであるＬＧＢＴの気持ちが分かるのです。一見世の中からすごく外れているように見える神谷は、マイノリティのように見えるけれども、本当はインサイダーでいられる人間で、だけど芸人として、あえて中心から外れて生きているんだよね。『火花』は政治的な小説ですよ。だからこそ、現実の日本がマイノリティに対して厳しくなっているという文脈の中で、あれだけ受け入れられる具体性を持ちえたのです。

すべてのものは政治と結びついてしまいます。どうしてかというと、さっき言ったように、産業社会は国家なくして存在しないからです。国家があると、必ずそこには政治が出てくるのです。

ドイさん　田辺元の調子良すぎるような、こういう動きに対して、彼を後継者に指名した西田幾多郎は何か手を打ったのでしょうか？

西田幾多郎は、田辺の動きについて文章には残していないけれども、非常に危惧を持っていたと思うね。西田は海軍との結びつきを強めて、終戦工作であるとか、何とか宮中に影響を与えられないかとか、いろんなことを模索していました。結局、終戦直前に死んでしまうんだけど、田辺の調子良さを、西田は苦々しく思っていたんじゃないかな。

他方、田辺に追いやられた恰好になった山内得立はまた別の形で思想を深めていきました。「田辺のやつ、ひでえことしてるな」と横目で見ながら、「随眠」について考えていくんです。

人間は無意識の深層心理の部分でいろんな記憶を持っている。われわれが覚えていないだけだ。われわれはアーラヤ識《しき》で、前世の輪廻転生と通じあっていると。それを引き出そうとする時、マナ識といって、必ず随眠、自分に都合のいい方向へ行こうという悪い心が生まれてくる。煩悩《ぼんのう》と言ってもいいものだね。そんな随眠の研究や、東洋思想の中でどうして悪が生まれてくるかという研究をずっとやっていった。西田幾多郎とか田辺元とか高山岩男たちが脚光を浴びる脇で、「なんでこういった悪が世の中に生まれるんだろうな」って研究をしていったのです。

戦後、山内得立においてはあまり花開かなかったかもしれないけれども、例えばトマス・アクィナス研究の山田晶《やまだあきら》とか、あるいは梅原猛さん、山内の弟子である彼らにおいて山内得立の思想は実を結んだ感もあります。特に梅原猛さんにおいて独自の形で発展し、また国際日本文化研究センター（日文研）などにも結実したので、山内得立も無視したらいけない思想家の一人だと思います。

いずれにせよ、仰ったように田辺元は調子が良すぎるんだな。ホントこれ、「六　歴史的現実の新段階」に行くと、「ゲロゲロ、とっつぁん何考えてるんだ」みたいな話になってくるからね。でも、怖いのは、これだけの知的な操作を理詰めでされると、その言説がストンと腹に入ってしまうわけ。だって、田辺がいま生きていたら、このままでいいからね、「われわれは、過去の歴史の力と未来に自分がなりたい像という二つのテンションの中にあるんだ。今の自分を否定しないでいい。そこから一歩でも先に踏み出すだけでいいんだ」なんて言って、簡単に自己啓発セミナーくらいヒットさせるよ。だから油断していると、今のああいうセミナーから「国のために死ね」まで行ってしまう危険性はあるんです。

ただ、田辺はエリートだけを相手にしてやっているでしょ。エリートの嫌らしさと本音がよく出ていますね。でもね、偏差値三〇台の大学だったら、そっぽを向かれると言ったけど、偏差値三〇台相手なら三〇台なりに、大衆相手なら大衆なりに、相手に合わせた講義をしただろうな。一筋縄ではいかない、嫌なやつだよね。だからこそ、頭がいい嫌なやつのことは、やっぱり勉強しなきゃいけないんです。

ああ、もう時間をだいぶオーバーしました。急いでご飯食べて、二〇時に再集合しましょう。

6 土曜夜「死に於て生きる」

田辺元

指導者と個人

食後に一時間くらいって言ったけど、今夜できれば『歴史的現実』を最後まで読んでみない？　もしよかったら、あと三〇ページくらいだし、行けるところまで行ってみましょう。でも、疲れたり眠くなってきたら、遠慮なく言ってくださいね。

早速、新しい章に入ります。

「五　歴史に於ける発展と建設

前回には歴史社会の構造契機である種族・個人・人類の関係を時間の過去・未来・現在に対比して考え、その契機のどの一つも他の二つを媒介しているという事をお話しました。その場合意志をもって為すべきことを為すのは個人の外にはない。種族と人類は決してそれ自身が直接に自覚的に意志をもって努力する事はない。勿論《もちろん》民族意志などという事もあるが、それは本能的なもので理性を含んだ自覚的な意志ではない。理性を含む事の出来るのは国家、即ち個人の組織されたものであって、種族は唯生きんとする意志を持つ。そして人間を考えるのに食物とか性の本能とかを抜きにして考えられない様に、歴史の単位ともいうべき国家を考えるにも、種族的な面を無視する事は出来ない。又人類の意志とも云われるが――例えば歴史の審判をするものは人類の意志であるという風に――併し之も実は比喩的な云い方である。人類の意志と云われるのも個人の意志を通して実現されるのである。そして互に他を排斥し或は更に征服し自己に同化して統一しようとして争い合う閉鎖社会である種族が、その中に自由な個人を生かし、個人がそれに自発的に協力する時、種は人類という開放的な社会に高められて国家となる事は前に話しました。その点からいえば個人は種族を人類の立場に媒介するものであり、そこに個人の任務があるといってよい。それ故前にいった様に歴史が政治的な優勝劣敗に尽きるのでなく、文化が建設されねば歴史の意味が成り立たないとすれば、歴史に於ける個人の任務は大である事を認めねばならない。」

晩ご飯の前に言ったけど、「建設 Aufbau」というのはドイツ人にとって格別に心を打つ言葉なのです。前向きに何かを作り上げること、新たな価値創造みたいな意味合いがあるんですね。ナチスのキーワードはいくつかあって、先に挙げた血と土 Blut und Boden もそうだし、この建設 Aufbau や Kultur もそう。Kultur はカルチャー、文化です。他の国の文化よりもナチス・ドイツの文化は遥かに素晴らしいんだと。実は、この Kultur はナチスの前のワイマールでもキーワードでありました。やはりドイツ人を奮い立たせる言葉なんです。

田辺元はナチスについてはまったく触れないという形で、建設をキーワードにして、日本の歴史を説明していきます。われわれは文化の建設者なんだと。だんだんこの章からいかがわしくなって、最後の第六章は極めていかがわしい結論を開陳することになりますから、ゆっくり読んでいきましょう。さきほど出てきた、「戦争の時などは」「種族の方が優勢で個人を強く統制する」という部分と繋がってくる話になります。

「安定した歴史の時代には個人が直接に文化に貢献する事が個人の意味であると考える事が許されていた。その場合も国家の統制がなかったのではないが、自ら調和されて自覚される事はなかったのである。併し今日の様な危機の時代には個人に対する統制は強く、而も内部的な対立は対外的な対立と結びついているので、自己の属する種族・国家だけでなく、種族と種族との関係、国際的な圧力を感ぜざるを得ない。その際個人は無力である、何もする事は出来ないと感じられがちであるが、併し之は歴史を具体的に見ているとはいえない。今日でもその対立する国家・種族が極めて少数の人、所謂《いわゆる》指導者によって動かされ指導されて居る事を見ない訳にはゆかぬ。それを見ると個人に力がないとは云えない。更にかかる指導者と云われる特殊な人も、全然他の多くの個人、所謂「名もなき人々」を無視しているのではない。」

専制君主というのは、「あれをやれ」と命令する存在ですよね。では、指導者って何だろう？　指導者は、文字通りみんなを導いていく存在で、みんなは「よろしくお願いします」と付いていかなきゃいけない。ここは、そんな指導者原理が必要だと言っているわけ。じゃあ、指導者をドイツ語に訳したら？　フューラー Führer です。ヒトラー総統の総統ももちろんフューラーだよね。
　ここは巧みなレトリックで、名前を出さずに暗示しているわけ。フューラーというとすぐにヒトラーを連想するから、ヒトラーとかナチスといった言葉はひと言も出さないで、田辺はナチスの指導者原理を肯定的に評価してみせています。フューラーは専制君主ではなくて、みんなが「お願いします」と言ってついていくものだと次に出てきます。

「指導者は専制君主と違う。指導といわれるには他の個人も追随する事がなければならない。そこに力ずくで強制しているだけでなく――それも成程強く行われているでありましょうが――個人が国家に協力しようとする意志をもって自発的に働いて居る事を見逃す事は出来ない。そこに個人の働きがあるのである。」

　ここに書かれてあることが、いまウクライナ東部で具体的に起きています。どういうことか？　プーチン大統領が「ウクライナ東部にロシアの正規兵は一人もいない。いるのはボランティアの人たちだけだ」と言ったんですよ。
　仮にみなさんがロシア人として、いま徴兵にとられているとする。ロシアは徴兵制があるから、これは仕方ない。みなさんはロシアの西部に駐屯しています。金曜日の夕方、長官がやって来て、「この中で明日から休暇を取りたいと思わない者は、一歩前に出ろ」と。誰も前に出ない。こう聞かれて、前に出たりしたら何をされるか分からないからね。「よし、全員休暇を取れ。そして休暇なんだから、階級章を外せ、身分証明書も全部出せ。名前が付いているもの、手帳とか身分が分かるものはいっさい出せ、回収する」と。「さて、ここでみんなに相談だが、明日からウクライナ東部にボランティアで行く者はいるか？　いや、いるかという聞き方はよくないな。ボランティアに行きたくない者は一歩前に出ろ」（会場笑）。全員、前に出ないよね。それじゃあと言って、みなさんはトラックでウクライナ東部まで運ばれて、ドネツクとルガンスク州の親ロ派武装勢力の一員として、ボランティア休暇で二週間ほど戦闘してくる。だからプーチン大統領は嘘を言っていないんですよ。「ウクライナ東部にロシアの正規兵は一人もいない。いるのはボランティアの人たちだけだ」。

こういうことって、実は国際社会においてはよくあるわけです。私はずっと言っていたんですよ、「ロシアがウクライナに正規兵を送るようなトンマなことをするはずがない。あんなの全部義勇兵だよ」と。「佐藤さん、そんなこと言ったって、義勇兵なんか集まるんですか？」「集まるに決まってるじゃないか。こうやって集めるんだ」と教えてやったんだけどね。そんなの断る兵士はいないです、あとが怖いから。

でも、戦地へ行くと、そこではやっぱり「お国のために自分は仕事しているんだ」という気持ちになってくる。これこそ田辺元が言っている、「力ずくで強制しているだけでなく――それも成程強く行われているでありましょうが――個人が国家に協力しようとする意志をもって自発的に働いて居る事を見逃す事は出来ない。そこに個人の働きがあるのである」ということですよ。このへんのレトリックは巧みですね。「自発的に働いて居る事を見逃す事は出来ない」なんて、田辺は自分が講釈師ふうに嘘をついている自覚はあったと思うな。

でもね、「一歩前へ出ろ」って、まさに日本の特攻隊の話でしょ。「特攻を志願するヤツは一歩前に出ろ」と言ったら、全員出たのは事実ですよ。現に、八月一五日の玉音放送の直後に、最後の特攻隊が大分の第五航空艦隊から飛び立ったんだけれど、宇垣纏《うがきまとめ》司令官自らが飛行機に乗って沖縄特攻へ行くと言ったら、若い連中がわれがちに「私も行く」「連れていって下さい」となって、ぶん殴ってでも何人か乗せないで、「俺たちだけでいいんだ」って特攻に行った。それでも出撃したのは二十人以上になりました。閉鎖集団の中に、ある価値観で共同主観性ができあがれば、どこまでが強制なのか、どこまでが自発的なのかという境界線は非常に曖昧になります。そう考えると、例えば慰安婦問題をめぐる強制性の問題だって、広義の強制性と、狭義のそれと分ける意味がどの程度あるんだろうね。

人類的な立場に高める役目

進みましょう。

「更に単に種族に対立し反抗する事を考えればこそ、個人は何もなす事が出来ないのである。もともと個人は種族を母胎にして居る。それ故個人が母胎である種族に反抗しても、それには制限があるのである。母胎がそれ自身変る様な時には個人の力がそれに参加する事により、種族を個人が倒す様に見える事があるが、それは正常な場合ではない。正常な場合には個人が種族に反抗して勝つ事は考えられない。併し個人は種族の動く様に動くより外ないか、又種族は個人を無視して長く自己を維持出来るかというに、たびたび繰返す様にそうではない。

而も種は特殊である以上、それだけで足りているのでなく、種族相互に認めあう統一に入る事が種族の使命である。その面から云えば種族は人類的な個人に従わねばならない。それ故個人は種族に対しては無力であるかもしれないが、自己の属する種族を人類的な立場に高める役目をもつのである。」

ここは、「みなさん、会社っていうのは、つまらない仕事が多いかもしれませんね。しかし、会社にいること、組織にいることによって、みなさん一人ひとりの能力が結局は高まるんです。独りで一生懸命勉強をやろうと思ったって、学校に行かない、大学に行かないと長期間続かないでしょ。組織は人を高めてくれるんですよ」なんて、今でもそんなふうに使われる論理展開だね。

ここで重要なのは、「人類的な立場」を知っている人、「種族を人類的な立場に高め」てくれる人です。「種族相互に認めあう統一に入る事が種族の使命である。その面から云えば種族は人類的な個人に従わねばならない」のだからね。その人類的な立場に高めてくれる人が指導者ですね。だから「みなさん、自分の自己実現を最大・最高にしたい場合は、あまり難しいことを考えないで、指導者を信頼したらいいのです。指導者は世界史的な役割も、普遍的な役割も知っていて、みなさんを導いてくれるのだから。指導者の仰るとおりにやればいいのです」と。「そうすれば、種族の中でもしかるべき場所や地位を得ることができ、本当の意味で自己実現ができるんです」と、こういう話になっていくわけだな。箱根の合宿でこんなことを言っていると、別種の怪しいセミナーみたくなるね（会場笑）。

まあ、会社よりも新興宗教団体がこの論理を露骨に使いますよね。「自発的に教祖様に従え」と。断わっておくけど、特定の団体を指しているわけじゃないですからね（会場笑）。〈降霊の会〉とか称して、こうやって三〇人くらい集めれば、一人や二人は、「教祖様は私の守護霊を呼び出して下さった」と信じる人も出てきます。そこで、「この有難い教祖様のお話を一人でも多くの人に伝えたいから」と、八重洲ブックセンターにレターパックライトで送りつけて、ベストセラーのリストに入れる。本は高校の同級生なんかにレターパックライトで送りつけて、「うー、またあいつから変な本を送ってきたな」（会場笑）。そして買った冊数によって、教団の中の位が上がったりもする。ここは、そんなところで使われている論理と同じですよ。

狭い範囲の中だと、こういう論理を意外と簡単に納得させることができるんだね。だから、だいたい指導者とか「高めてくれる」とか、そんな話が出てきたら、これは誰が得をする話なのかを考えた方がいい。

このあたりから、私はだんだん田辺に批判的になってきます。どうしてか？　われわれがここに集まっている目的は、あの戦争と国家、あの戦争と日本人について考えるためだよね。そこを考えることはつまり、いかにわれわれが国家に騙されないかを身につけることだよ。騙されないためには、思想的耐性をつけていくしかないのです。国家が大きな戦争とかめちゃくちゃなことをやる時は、必ずイデオローグが登場します。そのイデオローグが言うことは、八割までは、ごくまともな話ですよ。残り二割が変な話になるのです。極めつきは、最後の五％ぐらいがとんでもない、まさにトンデモ話になるんだけれども、そこまで騙されていくと、最後のトンデモ話にもスッとみんな入っていってしまう。詐欺師が言うことも、全員が信じたら詐欺にはならないからね。

じゃあ、読み手代わってください。

「その場合丁度過去は何等かの程度で決って居り、我々がそれを全体的に作り直す事は出来ないのと同じく、種族は本能的生命の衝動的なものを性格としている。」

ここ、飛躍ないですか？

ゆっくり、見てみよう。「過去は何等かの程度で決って居り」、これは確かだね。「我々がそれを全体的に作り直す事は出来ない」。それはそうだ。会社でも役所でも、世の中でも、いちばん困るのは、一人で全部世直しができて、理想的な状態を作れると思っている人だよね。それに、組織というのは今までの蓄積があるから、その重みによってなかなか変わらない。そこまではいい。過去の制約性については、これまで語ってきた通りだ。

続いて、種族は何で動いているのかという話になる。「種族は本能的生命の衝動的なものを性格としている」。今までこんな話、出てきてないぞ。本能であるとか、衝動であるとか、いきなり正当化されています。完全に論理が飛躍しているよね。

「本能の赴くまま」というのはナチズムなのです。さっき言ったように、ナチズムはすごく単純で、「生き残らないとダメだ」という主張です。だから、政治家で「日本の生き残りのために」とか言い出すヤツがいたら、要注意ですよ。自分たちが生き残るためには何をやったってかまわないのだから。「本能」もそう。「だって本能だもん。俺が悪いんじゃない、俺の本能がやっていることだから」と、こういう話になるわけだ。さっきまでさんざん論じてきた文化はどこに行ったの？　文化と本能はまさしく対立していて、本能を抑えるから文化が出てくるわけでしょう。

いつの間にか、種族の性格が「衝動」や「本能」に還元されてしまって、そこをちょっとでも抑制できれば、指導者になれるみたいな話ですね。〈世界史的な個人〉とか〈種族を人類的な立場に高める個人〉の水準をえらく低いところにするためのレトリック操作をしています。

種族の中で死ぬことで

ここは読み手代わらないで、同じ人で読んでいきましょう。

「それで意志をもって種族を人類に高める個人は、種族の中に自己を否定する事により或る意味で個人に対する種族をも否定して、人類の立場に自己を復活するのである。それと共に種族も人類の立場に高められる。個人は種族を媒介にしてその中に死ぬ事によって却《かえっ》て生きる。」

ん？　立ち止まってみよう。「個人は種族を媒介にしてその中に死ぬ事によって却て生きる」？

お母さん鳥のそばにキツネがやってきたとしましょう。お母さん鳥はパーッと駆けて行ってキツネを引きつけて、結果、彼女が食べられちゃう。しかし、そこにいるヒヨコたちは生き残ることができた。つまり、種族は生き残ったんだと。お母さん鳥は死ぬことによってヒヨコたちの中で、あるいは種族の中で生き続けているのです、って、そんな話ですね。騙されたらダメよ、こういう話に。

しかも、「しかし、そんなこと言ったって、私たち一人ひとりの力は小さいんです。世の中なんか変わらない。何もできないんです」という個人を、田辺元は厳しく叱るのです。「君は自分の力を過小評価してる。君一人を除いただけで、もう歴史はできないんだ。君のそういう態度は謙虚どころか、かえって傲慢なんだ」と。

はい、そこを読みます。

「その限り個人がなし得る所は種族の為に死ぬ事である。我々が何も為す事は出来ないといって働かないのは、謙遜のようで実は傲慢である。何も出来ないなら種族の動く如く動いたらよい。そうすると却て種族は個人を生かさねばならないものであるから、――もともと種は種だけでは足りず、個人が自己に協力する事を必要とするものであるから――自己をも向うをも生かす事が出来るのである。国家の中に死ぬべく入る時、豈図《あにはか》らんやこちらの協力が必要とされ、そこに自由の生命が復《かえ》ってくる。国家即自己といった所以《ゆえん》であります。何か個人に対立するものを外において、それに対して我意を通すことは、社会の構造から云って出来ない事である。その意味で歴史に於ける個人は縦《たと》い名もなき人であるにせよ、種族の中に死ぬ事によって、それを人類的な意味をもった国家に高めるという働きをなすという事が出来る。」

日本という種族に属しているわれわれ、名もなき人間が同胞のため――国家のためじゃない、同胞のため、つまり愛する妻のため、愛する子どものため、愛する父母のため、愛する妹のため、そして愛する友のために死ぬことによって、つまり種族の中に死ぬことによって、永遠に生きることになる。そして結果として、それはわれわれが属する国家を強化することになるんだ。「人類的な意味をもった国家に高める働きをなす」。直接的に、国のために死ぬというのではないのです。友のために死ぬ、家族のために死ぬ、同胞のために死ぬ、つまり種族のために死ぬんだ。その結果、お前の死は国家のために貢献するんだと。

国家即自己、自己即国家というのはそういう意味なんだと。そこでこそ、名もなき個人が国家と一体化でき、国家は人類的な立場に立てるのだと。「お国のために死ね」とか「天皇陛下万歳」とか言っているのは、種の論理が分かっていない空虚な連中だ。そうではなくて、お母さん、お父さん、妹、妻、娘、息子、友人、町の仲間、その延長線上にいる自分たちと同じような家族を持っている、一人ひとりの日本人。そんな同胞を守るために死ぬんだよ。それが結果として国家のためにもなるんだ。田辺元はそういうふうに言っています。

田辺は、「国のために死ね」なんて言う人間がいたらインチキに決まっているから気をつけろ、と言っているのです。実は自分も結局、「国のために死ね」と言っておきながら、ある論理的手続きによって、そんなことを言っていないフリをして、むしろ「気をつけろ」なんて言う、ここが田辺のすごさですね。「国のために死ね。俺もあとから行く」なんて特攻隊員に言っている上官と田辺みたいなヤツと、どっちが悪質？　絶対にこっちのほうが悪質でしょ。

文化史におけるメタモルフォーゼ

この後の部分で、田辺はメタモルフォーゼ（変態）ということを言い出します。これは変態と訳されますが、今だと別な意味の方が一般的になっちゃった（会場笑）。青虫がさなぎになって、やがて蝶になる。形が変わっただけだよね。それと一緒で、一回死んでしまっても、形が変わるだけのことであって、われわれは種の中で生き残っていくのです。

別の例で考えてみようか。

私が脳死状態になったとする。それでも人工心臓をつけ、呼吸器をつけて生き残ることができる。それは生物的には生きているかもしれない。でも、「脳死状態になった時には、私の臓器の使える部分は、必要としている他の人に移植してください」と遺言を残しておけば、遺言に基づいて臓器移植がなされる。すると、私自身の体はなくなって、あちこちバラバラになるけれども、ある人の目の角膜になる、ある人の腎臓になる、ある人の肝臓になる。形は変わるけれども、臓器は動いているのだから、生きているわけじゃない？　あなたの生命は記憶されるし、誰かの大切な命のために貢献もできるんですよ。で、「はい、このカードの裏にサインしましょう」と言われたら、サインしちゃわない？　臓器移植にも、ここの田辺のレトリックは使えるんだよね。

はい、読み手代わりましょうか。

「そう考えると歴史は、文化史で考える様に単に発展であるとする時、その「発展」の概念が不十分である事に気付かせられる。文化史では個人と人類とだけを考えて、人類が或一つの時代から他の時代へ形を変えて動いて行く即ち Metamorphose をなすとする考え方が支配的である。例えばルネサンス時代とか啓蒙時代とかの文化形態という風に種々の形態(Gestalt)が現われて来る文化のメタモルフォーゼが、歴史とされる。従って歴史の記述は文化の発展形態を記述する事であり、ここから発展史という見方が文化史に於てなされるのである。この発展という概念はそれに近くして多く混同される進歩とは直ちに同一でない。西洋歴史哲学の上では発展の考えは十九世紀の歴史主義から文化史に於て行われる特有な概念であり、進歩とは十八世紀の啓蒙時代の主知主義、合理主義的な歴史の考え方である。歴史は単に優勝劣敗だけでなく――前に Die Weltgeschichte ist das Weltgericht という言葉を引いた時にも触れて置いたかと思うが――何か固有の意味をもつと考える時、それに行先きがあるとするのが一番考えやすい方法である。歴史哲学が歴史の全体の意味を考える時、基督教やユデヤ教の最後の審判の様な歴史の行先・目標を考えるのが最も容易な原始的な考え方であった訳である。」

中に出てくる「Die Weltgeschichte ist das Weltgericht」というのは、前にも出てきました。ヘーゲルが引用した詩人シラーの言葉で、「世界史というのは世界審判である」という意味でしたね。

さっきはメタモルフォーゼを、臓器移植の例で話しましたが、いろんな形で例えることができますね。文化史においてもメタモルフォーゼはいろいろあります。中世の人間がタイムマシンに乗って、二一世紀の日本に来たとするでしょ。そうしたら、投資銀行で朝から晩まで働いている人間を見たらどう思うかな？　まず、奴隷だと思うよ。「なんでこんなに働いているんだ、さては身分が非常に低いに違いないな」と侮蔑するでしょう。一方、ひきこもりで家の中にいて、ゲームばかりしているヤツを見たら、あるいはただただ寝ているヤツを見たら、「こいつは人生の究極の目標に達しているぞ。友達になろうかな」と尊敬する（会場笑）。働かないで、完全な自由人として暇をもてあましていると見るわけね。スコラは「暇」って意味だからね。スクールは暇な人の行くところなのです。だから、引きこもりを見たら、「こいつは暇で、何の仕事もしないで生きていくことができるから、自由民であって、きっと高貴な方だ」と思うだろうね。

ところが今度は、チャールズ・ディケンズの時代、一九世紀半ばあたりのイギリスから来た人間が引きこもりを見ると、「大丈夫か？　このままだと救貧院に連れていかれるんじゃないか」と心配するわけです。救貧院っていうのは、強制労働付きなんですよ。また、食事がものすごくひどい。カロリーも足りない上に、すこぶるまずい。だから、みんな救貧院に入れられるくらいなら、犯罪を犯して刑務所に何とか入れてもらおうとするぐらい、恐ろしいところなんです。でも、犯罪を犯す勇気もないと、救貧院に入れられるまで町をふらふらするしかない。すると、「浮浪罪」という罪状があって、捕まってしまう。浮浪罪の罰は、焼きごてで額にポーンと焼印を押されるんです。それで救貧院に入れられちゃう。それで、「こんなとこにいられない」って救貧院から逃げ出すでしょ。見つかったら、今度は二つ目の焼きごてを押される。それで二回目逃げ出したら、もう三つ焼印がある人間はいないんだ。二回目は見つかったら死刑になるのです。そうすると、中世において究極の理想とされた「何もしない人」は、一九世紀半ばにおいては重犯罪者ということになるんだよね。こういうふうに文化も時代によってメタモルフォーゼしていくわけです。

健康オタクとしてのナチス

じゃあ、先読んでいきましょう。

「併しそういう考え方は宗教の衰頽《すいたい》と共に取り去られて、啓蒙時代には人間が願い求める状態を行先に置いて、歴史がこの完全な状態へ向って進む、歴史は人類の進歩という方向に於て進むものと考えた。それが十九世紀になって歴史主義が現れると共に、歴史は単に一定の方向に進歩するとは考えられないとされて来た。十九世紀前半のランケはかかる進歩という考え方に反対して、その進講録「近世史の諸時代に就いて」の中で、人類の歴史は進歩(Fortschritt)とは認められない、芸術も昔の方が巨匠があり、道徳性も昔の方が純潔であった、唯知識だけは進歩が認められるとし、「夫々《それぞれ》の時代は神に直接する」といって、どの時代も夫々完成態に於て人類の文化を代表しているという考を述べている。どの時代も皆夫々完結的に纏《まと》まって、完成している(図六)。そこで発展という時は各々の形態は纏まり完成をもっているのであるから、或一つの形態が成熟すれば終りを告げ、新しい形態の統一へ場所を譲らねばならないことになる。一つの時代はただ次の新しい時代を生む素地をもつと考えられる。かかる考え方はヘーゲルや唯物史観の中にもはいっている。歴史は自己の中に自己を否定するような矛盾をもっている。恰《あたか》も生物の生育は死の方向に向いつつあると同じである。即ち生命は自己の中に否定をもっている様に、文化が栄える事は終りに近づく事であり、それは又新しい文化へ転化する事であると考えるのである。併し我々はかかる立場に立つ事は出来ない。歴史は単に生成して行くのでなく、生成を通して行為する、行為を通して生成するものである。行為がなくして単に生成し発展するものは歴史とはいえない。歴史は行為が生成であるという二重の性格をもっている。それ故文化史的に歴史を発展とする事は一面的である。勿論単に過去にあったものとして歴史を理解し文化を記述する時は一応発展という事も云える。併し歴史は単に向うにあるものでなく我々が行為的に建設するものでなければならない。これは政治史的な側面である。実際文化の一々の段階は、皆種族と個人との人類の立場に於ける綜合によって政治と結びついて建設されたるものである。一般に歴史は単に政治史でもないがさりとて単に文化史でもない。却て政治を媒介にしなければ文化も成立しない。かく政治と文化とを結びつけて考えるならば、発展は同時に行為・所業である。この後の方面を表わすにナチス独逸《ドイツ》の歴史家の使う建設（Aufbau）という言葉を借りて用いる事が出来る。勿論私は単なる全体主義の立場に立っている訳でないから、建設といっても単に政治的な概念としてではなくして、政治を通して文化を建設するという綜合的な意味で用いるのであります。」

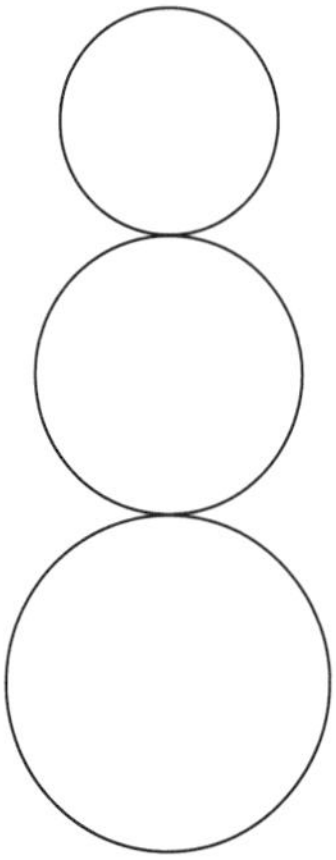

図六

一つの文化というのは、この図にあるように、円環を成していると。ある文化の形態が発展し円熟すると、それ以上はもう伸びないことがある。浮世絵だったら浮世絵という形態で完成してしまうと、それ以上発展しなくなる。そういう発想です。

ここで重要なのは、単なる発展史観ではないことです。人間の意志がある。不可能であるようなことを、いかに実現していくかという、「不可能の可能性」に挑んでいく意志が働くんですね。例えば一九世紀の終り、がんは不治の病と思われていました。ところがナチス・ドイツが、がんを撲滅できるのではないかと考え始めたんです。そのために重要なことは、まず予防。したがって、レントゲン撮影でがんの兆候を見る。それで初期に治療する。それから国家として本格的に禁煙を奨励したのは、ナチスが最初です。さらに無漂白パン、無漂白バター、それから胚芽を使ったパンなどもナチスが始めました。ナチスは一大健康オタク帝国だったんです。このあたりのことについては、『健康帝国ナチス』という興味深い本が草思社から出ています。

さらに健康保険の制度、健康診断制度、これらもナチスの時代に新しい文化として建設されたわけです。これは人種理論とも結びついているんだけどね。ドイツ社会の中にユダヤ人というがん細胞がいるから、隔離して最終的には除去しないといけない。人間の体もそれと同じアナロジーで見ているのです。純粋なものを食べないといけない。合成保存料とか着色料の入ったものを避けないといけない。「純血なドイツ人を作るためには血の交配を避けないといけない」というニュールンベルク法と裏表の関係に、ナチスの自然食はあるわけ。こういうのが当時目新しかったナチス文化です。

あるいは、今まで誰も考えなかった観光旅行。観光旅行はイギリスのトーマス・クックが一九世紀半ばに始めたことは有名ですよね。それまで旅行と言えば巡礼で、一生に一回だけ行くもの、それもものすごいリスクを冒しながら行くものだったし、お金もとてもかかった。そこでトーマス・クックが貴族たちを相手に、船とかホテルとか全部予約を済ませて、鉄道も特別な車両を用意して、苦労しないであちこち行ける、アフリカでピラミッドを見たりできますよと、ツアーを作ったわけです。それが観光旅行の始まりで、比較的新しい現象なのです。

ナチス・ドイツは、これをさらに大衆化しようと考えました。まず、道路を整備する。アウトバーン、高速道路を作る。そして大型エンジンのついた乗り心地のいい、四〇人ぐらい乗れるバスを作る。工場の模範労働者をバスに乗せて、各地の観光地に行く。そこには保養の寮を作っている。こういう健康施設も、元のモデルはナチスです。そこに温泉があって、医師たちがいて健康管理をする。そういうふうに、格安で労働者が観光できるようにした。その観光先は、イタリアと同盟を結んだ後は、イタリア各地にまで広がっていきました。だから普通のドイツの労働者がローマの遺跡を見られるようになったのです。これが新しい時代の建設なんだよね。

でも、なぜそんなに労働者とか健康をナチスは大切にするの？　また、ナチスは自殺を厳しく禁じました。それに自分の体に有害なことをしてはいけないとしました。つまり、体は自分のものではないのです。体は指導者のものなんです。われわれの体は指導者のものであり、指導者に奉仕するためにわれわれはいるのだから、自分の体を粗末にしてはいけない。それから女性は、基本的に能力があっても、家にいないといけない。高等教育を受けることは認めるけれども、よほど例外的な場合以外は、家にいて、子どもを作って、子孫を増やす、アーリア人種を増やすことが女の仕事だとされました。

魅力あるファシズム

これ、イタリアは全然違うんだ。ムッソリーニの考え方は、ジェンダーに関して言えば、男がこんなに威張り散らしているなんておかしいと。「筋力が強いから男は偉そうな顔をしているだけで、能力に男女差はない」とムッソリーニは確信していました。日本では、男にしか参政権を与えなかった。女は政治判断ができないという偏見があったからですね。ムッソリーニは、それは完全な偏見であり、女性の選挙権は当然だと選挙権を考えたし、軍隊の中でも女性の将校を作って、その下で男の兵隊が命令を聞くのも当り前であるとしたのです。

それから、ユダヤ人も差別しなかった。ユダヤ系のイタリア人は、まったく問題ない。後にナチスと提携するようになって、少し変わってきたけどね。とにかく、イタリアのために一生懸命やる者が、イタリア人なんだと。男とか女とか、出自がユダヤ人であるとか、エチオピアだとか関係ない。イタリアのために一生懸命やれば、そいつはイタリア人だ。ムッソリーニから見ると、国民というのは「ある」ものbeingではなくて、運動体、生成becomingなんだな。

イタリアのために一生懸命やる人びとを束ねていく。束ねるという言葉がファッショですね。障害者を、ナチスは優生思想から安楽死という形で除去していったけれど、イタリアは障害者を保護しました。どうして？　人間の能力には生まれながらに差があるから。障害者と健常者がいて初めて社会が成り立っているから。健常者のように力のある者が障害者を助けるのは当り前だから。ただし、問題はそれが身内だけの話に留まることです。すなわち束ねられた内側だけでの話なんです。イタリアのために努力しない者は、仮にイタリアで生まれて、イタリア国籍を持って、イタリア語を話しても、非国民になるわけです。断固として排除されてしまうのです。ファシズムがよくないのは、その運動の外側にいる人間を排除していく排外主義がきわめて濃厚にあって、どうしても非国民を作り出してしまうからなのです。

だから、そこには普遍的な人権であるとか、普遍的な社会保障はないんですね。その代わり、イタリアのために一生懸命やっている者、そしてその者の家族は徹底して守る。「一人は万人のため、万人は一人のため」というのは、今もコープ、生活協同組合にかかっているスローガンだけども、これはイタリアファシズムのスローガンでもあったのです。

経済学をやった人は、まずミクロ経済学の「効用」のところ、そして厚生経済学でパレートを習ったでしょう? ビルフレド・パレート、戦前の百科事典や経済事典で彼を引いてみたら、「ファシズムの理論家」と出ていますよ。ムッソリーニはパレートの教えを受けながら、ファシズムの経済政策、国家政策論を立てていきました。

ファシズムの経済政策は、「働かざる者食うべからず」という原則を非常に重視するものです。だから労働者は絶対にストライキをやってはいけない。その代わり経営者が労働者を解雇することも禁止する。労働者を解雇する経営者は投獄されました。賃金水準は、政・労・官の代表者が集まって決めます。要するに、市場原理とは別のところで決めていこうとしたわけです。

こういう形を取っているから、ファシズムというのは魅力的なところがあって、却って怖いんですよ。ナチズムだってファシズムの一変種ではあるけれど、そこは「血と土」の神話とか荒唐無稽の理論が入っているわけ。ファシズムはイタリア型のファシズムを一つの形とすると、ソビエトのスターリニズムもファシズムの変種だと見ることができる。ドイツの戦後の社会民主主義も、北欧の社会保障制度も、ファシズムの変形と見なすことができます。それにパレートをファシストと呼ぶことができるならば、ファシズムというのは相当広い範囲で適用できます。ということは、ファシズムは潜在的な可能性をほとんど使っていないうちに、ナチズムに吸収され、そして早々と終わってしまったから、まだ思想としての潜在的能力は残っているんですね。今後、資本主義に対する異議申し立てをする時、新自由主義的な流れでは格差の拡大どころか絶対的貧困を生み出すようになっているから、この絶対的貧困に対して敏感なファシズムが息を吹き返す可能性はあると私は見ています。絶対的貧困は個人の努力では解消できない。それだから、国家が助けないといけないんだと。

それから、さっきも出てきた教育。新自由主義によって増大した絶対的貧困層の子女は教育を受けられない。したがって彼らもまた貧困層に陥るという貧困の再生産が行われます。するとと社会が弱くなってくるし、国家が弱くなってくる。国民の教育水準を上げて、みんながもっと稼いで納税するようにさせる。納税者を増やすことによって国家を強くしていくというのがファシズムの考え方ですから、これは形を変えて出てくる可能性が大いにあると思うな。個人を新自由主義的＝アトム的に考えるのではなく、種族として束ねていく思想としてね。

でもね、やっぱりファシズムの問題点は排外主義です。国内を束ねていく中で、そのノリに乗れない人たちを、非国民だといって排除していく運動になるのです。それは社会的な緊張を最終的には強めてしまう。

あと、ファシズムは「労働力の商品化」という認識が欠けているんですよ。マルクス経済学以外は、新自由主義も管理通貨制度も同じ弱点があるんだけれども、経済の法則性に対する理解が非常に不十分だから、管理できないものを管理できる、操作できないものを操作できると勘違いしてしまうところがある。

いずれにせよ、ここで田辺が提唱しているのは、ソフトファシズムということです。

オオトモさん　質問です。中国共産党はファシズムの一種なのでしょうか、それとも中国専制王朝が共産主義に名前を変えて再現しただけなのでしょうか？

いずれも違うと思うな。あれはスターリニズム——これもファシズムの変種だとは言えないこともないけども——の要素が強いと思う。中国の伝統的な農民思想、それから儒教の伝統、それにプラスしてスターリニズムじゃないかな。特殊なイデオロギーによって中心を作り出し、そのイデオロギーを体得している人たちが世界を支配するという考え方ですね。文化大革命は一種のファシズムでした。ところが文革的な「束ねる」ってことを今の中国は非常に嫌がりますね。文革のような統制不能の運動体になってしまうのを恐れているのでしょう。だから、現状はファシズムではありません。

それから専制王朝でもありません。専制王朝だと、国民の教育には無関心なんですよ。でも、今の中国は教育によって均質の国民を作り出そうとしているからね。これは産業社会に対応しているのだと思う。じゃあ、その支配原理は何かというと、とりあえず今世紀に入ってから、胡錦濤の時以来、「科学的発展観」と言っていますよね。科学的発展観というのは、毛沢東思想の延長上の、一種のイデオロギーですよ。だから、中国はとりあえずイデオロギーによる中心をつくろうとしています。専制システムでもなければ、ファシズムでもない。ファシズムは、イデオロギーだけでは成り立たないんです。運動がないといけないから。

建設の危険性

よし、先に行きましょうか。

「それでは歴史を建設と見るか発展と見るかでどこが違ってくるかというと、建設という時は個人の決断が中心的な意味をもってくる所が違う。そこに現代独逸の新しい歴史観の注目すべき点がある。」

建設というのは、他でもない、あなた自身が何をするかということだと。日本の国があなたのために何をしてくれるかを考えるのではなくて、あなたが日本の国のために、たとえ小さな貢献でも何をできるかを考えることが重要なんだと。J・F・ケネディの演説みたいだね（会場笑）。でも、これが「建設」という考え方なんです。

例えば「日本の国が発展していけば、GDPが今期どの程度伸びるかな」みたいに傍観者的なのは、「発展」という考え方なんですよ。それに対して、ドイツ人が好きな「建設」というのは、「日本のGDPを伸ばすために、いったい私はどういう貢献ができるだろうか」といった問題設定を自分でしないといけないものなんです。

よし、この章の最後まで読んでしまいましょう。

「十九世紀の歴史観は自由主義的理想主義の産物で、それは種族・民族・国家等を軽視或は無視して個人と人類の関係だけを専《もっぱ》ら考えているのである。個人の本分は自己の欲望を抑えて芸術や学問に身を捧げることにあるとする理想主義は一見自己犠牲を含んでいるように見える。併し実は高い意味の利己主義・個人主義である。芸術の為に身を捧げるといっても実は芸術が好きでありその為に外の好きな事を犠牲にするのであるから本当は自己犠牲でない。それは外の低い欲望を抑えて文化的な欲望の為にする、即ち単に欲望に秩序を樹《た》てたにすぎない、自分を全部犠牲にしたのではない。この事は既にヘーゲルが鋭く批判しているが、それは確に適切な所があると云わなければならない。かかる立場は自分を犠牲にする事によって、却て自分以上のものに生きる真の意味の決断、行為を含んでいない。個人が真に自ら死ぬ事、かかる意味で自由に自己の行為を択《えら》ぶという事は、文化主義の立場では認める事が出来ない。併しドイツの現在の歴史の自覚には個人の決断がその根柢にあるといわれて居る。それでそうすると個人の決断と云う以上それはもはや単なる全体主義の立場でない訳である。それは既に人類的な立場に自分を高めているのである。この点を新しい歴史観を説く人も十分に認めておらないようである。歴史に於ては個人の決断が建設を成り立たしめるので、それは単なる政治史でも文化史でもなく両者の綜合でなければならぬ。従って建設即発展であり、発展即建設である。その中では個人も種族に協力する事が必要とされているのである。歴史の建設に於ては個人も重要な役割をもつ事は、全体主義の歴史家も個人の決断を重要なものと説く以上認めなければならぬ。具体的に考えるならば建設は単に種族的な民族の建設でない、それは同時に人類的な国家の建設でなければならない。その限り歴史は単に発展でなく同時に建設であるといって差支えないと思う。その様に歴史が建設である以上単に手をつかねているべきでない事は明かであるが、併し同時に生成する力がなければ我々は行為する事が出来ない。真空では飛ぶ事が出来ないように行為には生成の地盤がなければならない。歴史は生成すると共に作られるのである。我々が作るという面から見ると歴史の中には当為がある。併しそれは天下り的な当為でなく現実が当為を含んでいるのである。存在と当為とが交流し合って現実が成り立っている。これが我々の歴史であり、そこに個人の任務とか、個人を通しての歴史の建設とかいう意味が認められる。それならば建設は同時に発展だということも出来なければならぬ。」

はい、これで「五　歴史に於ける発展と建設」が終わりです。「人類的な国家の建設」のために、個人は何をやる？　人間にとっていちばん大切な価値って何？　命ですよね。だから、中途半端な価値ではなくて、命を建設のために捧げるという気構えを持つことが必要条件、あるいは必要かつ十分条件になってくるんだと。「死ぬまで働くぞ」って気概で、建設のために尽力することを決断せよと。

命を何かのために捧げるという発想は、すごく怖いんだ。人間にとって自分の命はとても大切でしょ。その命を捧げる気構えを持った人は、他人の命を奪うことに対するハードルが極めて低くなります。だから、何らかの理念、何らかの建設のために命を捧げる人というのは、仲間内から見ると、「大したものだなあ、われわれ同胞のために命を捧げるなんて」と見えるのだけれども、そういう人は外側にいる人間の命を平然と奪うことができるのです。虐殺だって起こしかねない。

キリストは「汝自身を愛するように、汝の敵をも愛せ」と説きました。命を軽々に捨てるようなことを説くのは、ものすごく危険な結果を招来しかねないのです。

国家の理念を体現する天皇

では、いよいよ最終章、「六　歴史的現実の新段階」に入っていきましょう。まず、天皇が出てきます。

「六　歴史的現実の新段階

この前には歴史は単に所謂文化史の立場で発展だとするだけでは十分でない、文化と政治とが結び付き、対立しながら相補う事によって歴史の主体とも云うべき国家が成立するのであるから、政治史の面をも同時に尊重して考えるならば、歴史は又建設と云う意味をも持たねばならないという事を申しました。尤《もっと》もこの建設という言葉は理解の仕様によっては、文化と政治との双方に関係すると解する事も出来る。世界大戦の直後に、自由主義・理想主義の立場から書かれた歴史哲学の書物として最も力の籠った、重要なものと考えられて居るトレルチの「歴史主義と其《その》問題」（Der Historismus und seine Probleme）という書物の中に、歴史を文化の層が建設される事と解しているが、これは文化史的な意味を持っている。併しこの前には名前を出さずに引いておいた今日のナチスの指導的な社会学者であるフライヤーの「二十世紀の歴史的自覚」（Das geschichtliche Selbstbewusstsein des 20. Jahrhunderts）

では、自由主義的発展的な思想を斥《しりぞ》けて建設を説いている。之は政治的な意味のものである。それで建設という言葉をフライヤーの意味に使えば、建設は発展と結び付かねばならないと云ってよい。又建設という事から、建設を行うものとして歴史に於ける個人の位置は、個人によって国家が歴史の審判に耐えるものになるという、大きな意味を持って居るという事をお話しました。その意味で善い国家は善い個人を通してあり、又逆に善い個人は善い国家に於てのみあると云ってよい。「人間はゾーオン　ポリティコンである」と云うアリストテレスの言葉は、普通には社会的動物（social being）だという意味に無造作に解せられて居るが、アリストテレスの真意は、人間は国家に於てのみ最高の善を実現する事が出来、最高の生活をなす事が出来るということであった。そして私はその逆に、「善い国家は善い個人を通してのみある」ともいわねばならぬと考える。併し之は単なる当為を云っているのではないという事は繰返して申した所であります。その実例は遠い所に求めなくとも我々の生れた此の日本の国家を考えて見ると、それが既に現実になっている事を認めねばならぬ。抑々《そもそも》天皇の御位置は単に民族の支配者、種族の首長に止まっていらせられるのではない。一君万民・君民一体という言葉が表わして居る様に、個人は国家の統一の中で自発的な生命を発揮する様に不可分的に組織され生かされて居る、国家の統制と個人の自発性とが直接に結合統一されて居る、之が我が国家の誇るべき特色であり、そういう国家の理念を御体現あらせられるのが天皇であると御解釈申上げてよろしいのではないかと存じます。」

要するに、天皇ということの中に、日本的なるもののすべてが含まれていると。天皇は、そもそもは日本の主権者だったけれども、律令制以降、国家が複雑になってきたから、軍事であるとか法律であるとか経済であるとか、司司がそれぞれ責任をもって執り行うと。その司司が責任をもって執り行うことの決定は、天皇の名においてなされる。この天皇というのは、鑑《かがみ》なのです。天皇というものに照らすことによって、自分が作った政策などに私心がないか、過ちがないかを見ていく。同時に、天皇を中心にいただく日本は、他の国家とは違って、本質において侵略的体質を持たず、そして普遍的な原理を個別的な原理の内に体現するのだと。そんな「善い国家は善い個人を通してのみある」のだけれども、「その実例は遠い所に求めなくとも」、天皇のおわすわが国では「国家の統制と個人の自発性とが直接に結合統一されて居る」。

このへんを理論的にもう少し精緻にしていくと、戦後に神社本庁を作った葦津珍彦《あしづうずひこ》あたりの国体論になります。

続いて八紘一宇《はっこういちう》の意味を説いていきます。読み手代わって先行きましょう。

「又斯様《かよう》な内部的な組織の調和は対外的にも調和を伴う。それで日本の文化は排他的・閉鎖的でなく統一が開放的な意味を持っている。これがいろいろ難しい解釈のある八紘一宇という言葉の意味かと考えます。これは単なる当為や理想ではなく、日本の国家が現実自分の中に実現して居る所である。併し統一には常に壊れて行く面がある。そこで常にこの統一が壊れない様に新《あらた》に之を進めるのが当為であり、我々の努力せねばならぬ所である。かく当為と存在、建設と生成発展は結び付いているものでなければならない。どんな当為でも当為として力を持つとは考えられないし、建設といっても現実がそう動いていない所で出来るのではない。私がこの手を挙げるという些細な行為でも、自然の法則、生理学・物理学の法則に従わねば出来ないのであります。そこに政治が建設であると云っても、その建設を可能ならしめる現実の方向が認められねばならぬ。建設はそれを指導する知識がなければ盲目的になり、国家を主体とした建設ではなく、単に生きんとする意志の主体である種族の盲目的な衝動に過ぎなくなる。そこに単なる個人でなく、知識・学問に携わる個人――皆さんや私の様な個人――の大切な任務があるのであります。」

政治家というのは単なる本能で生きていこうとする危険性がある。となると、国家の目的が、単に種族の生き残りということになってしまう。柄谷行人さんが「大東亜共栄圏なんていうのは帝国じゃなかったんだ」みたいに言うのと重なる議論だよね。

帝国には理念があって、その理念による共同体である。だからネーション・ステート（国民国家）を越えるものなのです。しかし実際の大日本帝国は帝国の名にはまったく値しない、広域帝国主義、すなわちネーション・ステートの延長線上で植民地を拡大していった帝国主義にすぎなかったと。帝国と帝国主義を柄谷さんは分けて考えています。この柄谷流の言い方を使うならば、知識人がきちんとしたオリエンテーションを政治家や官僚にしてあげないといけない。われわれは帝国を建設しなきゃいけないという世界史的な使命があるのだけど、政治家たちに任せておくと、単なる広域帝国主義に堕してしまう。だから俺たち知識人には為すべき責務があるよ、と田辺はここで学生たちに言っているわけだね。

歴史は終焉する

はい、読み手代わって先へ。

「そこで前に日本の国家が現実に歴史の具体的な構造を実現していると申しましたが、かかる日本の国家が世界歴史の新段階を建設するという時、果して現実的な地盤があるかどうか、現実の方向がそう動いているかどうかが問題にならざるを得ない。それを具体的に論ずる前に、歴史が単に発展でなく建設であると云う事と聯関して、歴史に於ては時代というものが重要な意味を持つので、先ず之に就いてお話したいと思う。一体時代がどんなものかは歴史を発展と考えるか建設と考えるかによって趣が変って来る。発展は進歩が単一の直線的方向を意味すると異なり、文化の各段階が完結したものである点に於て円環の連結に比せられる。其限り矢張り連続的であって、直線的進行と考えられる。然るに建設は決して直線的・一次元的な連続とは考えられない。一見そう見える面があると共に層が重なっていると考えなければならない。勿論連続的な面を抜きにしては歴史は考えられない。併し歴史に於ては又一つの時代が自己の統一を保つ事が出来ない時は新しい統一に置き換えられるという非連続的な構造があるので、歴史は連続と非連続との統一でなければならないのである（図七）。」

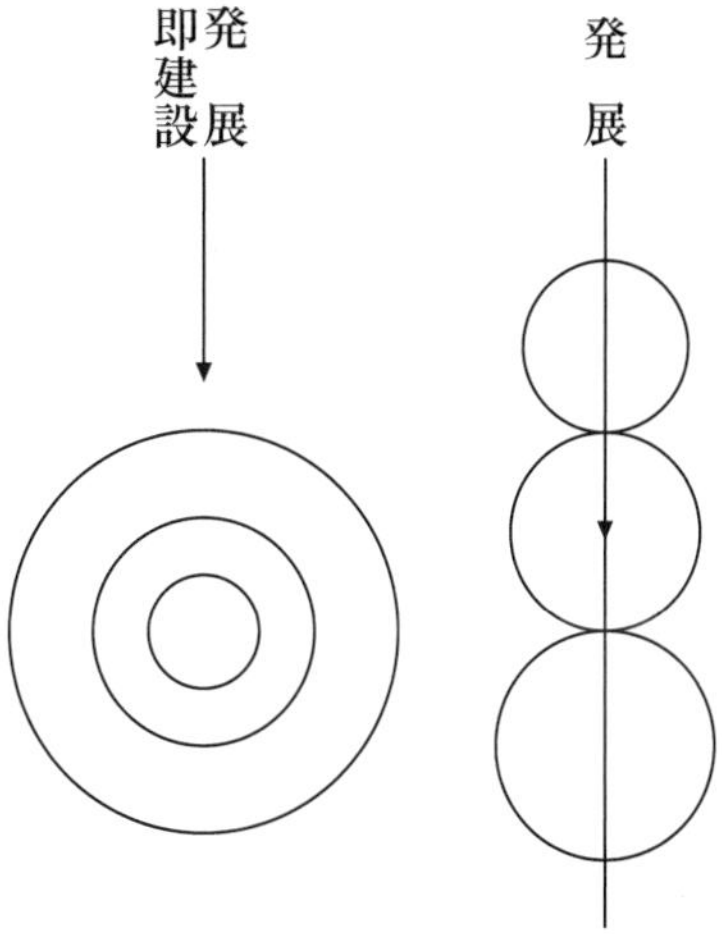

図七

一つの歴史が終焉することがあります。ある時代の力が潜在力を失ったことが如実に明らかになるのは、国家の政策が何をやっているか分からなくなった時です。今の日本だって、〈瑞穂《みずほ》の国資本主義をつくっていく〉、〈絆を強化していく〉ということと、〈規制緩和で成長戦略を目指していく〉というのが、どこをどういうふうに繋いでいけば一緒になるのかよく分かりません。単なるイデオロギー操作だけでくっ付けているわけです。「一つの時代が自己の統一を保つ事が出来ない」というのは、まさにこういう状態を指すんだよね。

場当たり的にあの人たちはやっているのだろうけれども、経済政策を見ても、教育政策を見ても、外交政策を見ても、この混乱というのはたぶん時代の転換期にあるから起きていることです。おそらく、安倍さんや菅さんの個人的な資質や才能に帰する問題ではない。だって、今の自民党政権がやろうとしていることは、目下頓挫しているけど消費税を上げることにせよTPP参加にせよ、民主党政権の時に道筋をつけたことですよね。辺野古で大トラブルになっている滑走路の建設に合意したのも鳩山政権。安倍政権というのは、民主党の鳩山・菅政権が決断したことを履行しているだけにすぎません。そこを考えると、民主党政権が続いていたとしても、自民党政権がこのまま続いたとしても、関数の閾値はほとんど変わらないでしょう。それぐらい、われわれは袋小路に陥っているのかもしれませんね。だから、仮に日本維新の会が政権を取ろうが、他のどの政党が取ろうが――公明党と共産党が政権党になった時はちょっと違うかもしれないけども――、あまり変わらないんだろうな。それはわれわれが歴史の一つの区切りに来ているからだと思います。

中世という考え方

読み手代わって、ここはたっぷり読んで下さい。

「そしてそこに時代が考えられるので、時代は単に流れている時間に著しい出来事で切れ目を与える事によって出来るのではない。時代は単なる切れ目でなく一々完結したものと考えなければならない。歴史を発展と考えると、文化の連続的な進行が考えられ、時代とは歴史の流れを著しい出来事で切れ目をつけたものと考えられ易いが、建設と考える時は、一次元的に水が流れている様に考えられるのではなく、非連続的な統一された層が重なって行くと考えられ、時代はそれぞれ完結したものとして対立して来る。併し時に於けると同じく、歴史は何時も現在に中心を置いている。前に未来の方から現在を通して過去の意味が変えられると云ったが、或る層の次にただ他の層が重なるのでなく前に進む事は後に還る事と結び付いている。之が円環的という事である。そこで過去は何時も現在から即ち新しい時代から飜って考え直されねばならぬ。新しい時代が来ると過去の意味が変るのである。一体、時代を如何に区分するかは歴史の上で難しい問題であるが、具体的な問題に立ち入らず、一般的な立場からいって、やはり古代、中世、近代或は近世と三つに分ける事に意味があると云ってよい。併し西ローマ帝国の滅亡を境にして古代と中世、東ローマ帝国の滅亡を境にして中世と近世と云う様に、著しい出来事で分けるだけなら、古代、中世、近世といっても偶然に過ぎないが、単に偶然的な事実の上で著しい出来事があったからということでなく、時の構造からいってこの三分法は意味があるのである。古代と近世とは、現在を中心としてそれと全くかけ離れている、即ち連続が切れているか、或は同じ傾向が支配しているかに従い区別される。つまり我々に対立して一応縁が切れて居る過去である事と、我々が現に行為する所の未来的な現在に連続している事とによって、古代と近世とは区別されるのである。併し斯様に非連続的に対立しているが、又過去の中にはこの現在が起るべき由来萌芽がある。そこで建設の面から云えば古代と近代とが対立するが、発展の面から、過渡の時代としてそれを連続的につなぐものが考えられる、之が中世である。それで中世は一方から云えば現在と離れている様で又繋がっている面をもつ。これが歴史家の力を振う事の出来る最も興味ある時代として、研究される理由である。日本の歴史では鎌倉時代が中世に当る。その頃は王朝の文化が壊れ、新しい文化は未だ生れて居ない。それでヨーロッパで中世を dark age と呼んで居たのと同じく暗黒時代とも云える。併し唯暗黒なのではなく、却て新しい黎明が動きつつある時代である。或は又古代と中世、中世と近世の間にも過渡の時代を考え、――例えば十四五世紀の文芸復興は中世と近世の間の独特な時代とも見られる――時代を五つに分ける事も出来よう。併し兎に角、古代、中世、近世と分けるのは偶然でなく一般的な理由のある事と云わねばならない。ところでどこまでが古代であり、どこまでが近世であるかは、それは現在が決めるのである。現在がどういう時代であるかによって、どこに区分が置かれ、如何に各時代の特色が考えられるかが決まるのである。今日世界歴史の区分として教えられているのは西欧を中心としたものである。若し新しい時代、東亜中心の時代というものが生れて来るとすれば、今迄の古代、中世、近世の区分が内容的にそのまま当嵌まるかどうかは疑問といわなければならぬ。その時は新しい東亜の文化の建設される時代を近世とすれば、ヨーロッパの中世、近世は一括して中世であると云って差支ない。丁度鎌倉時代を中世といわずに中古として、其後の徳川期を中世とする如く、今の西洋史の中世が中古となり、近世が中世となることもあるかも知れない。それは唯の空想ではなく、もともと中世とは古代と近世との過渡時代を意味するのであるから、見方によって動く筈のものである。歴史の時代区分は一遍切りのものではない。新しい時代が始まるなら、それは時代区分をも新にして、歴史を書き改めることを要求せねばならぬ。ところで果して我々はそう云う時代に臨んでいるか、」

又我々はその時代に如何なる使命を持つかという事を、或は私だけの考えかも知れないが、今迄申した事に結び付けてお話したいと思うのであります。

世界史を概説的に勉強するのなら、二ついいシリーズがあります。一つは一九六九年から七一年にかけて出た岩波講座の『世界歴史』第一版。これは全三一巻で、古本屋で安ければ四〇〇〇円で買える。高くても一万五〇〇〇円ぐらい。それに対して一九九〇年代後半に出た、やはり岩波講座『世界歴史』第二版。これは確か二九巻で、古本屋だと三万五〇〇〇円から六万ぐらいしたと思う。私は古い版の方を勧めています。新しい版は、まさに田辺がここで言っている問題意識があって、時代区分というのは西洋の基準、すなわち植民地を持っていた国の〈強者の論理〉で作られたものだからと、時代区分を一切していないのです。古代とか中世とか近世とか近代とかないんですよ。ただクロノロジカルに並べられているだけで、つまり通史になっていなくて、論文集になっているんだよね。フランス革命の巻を見ても、ロベスピエールが何をやったかよく分かんないんだ。載っているのは、フランス革命におけるジェンダーであるとか、フランス革命期におけるハイチの黒人革命とか、そんな論考が入っている。マージナルな話に焦点を当てることで歴史をもう一回見直してみようという試みなんだけれども、完全に失敗していると思う。

それはともかく、中世というのは、〈中抜けの発想〉だよね。古代に一つの良い時代があって、近現代があって、その真ん中でろくでもない時代があったと。だから中世って発想自体が、中世に対してあまり価値を置いていないのです。これは三分法の中でいつも出てくるやり方ですね。

善と悪が結びつく

じゃあ、先行きましょう。

「今日所謂西欧主義が危機に陥っている事は前に申したトレルチの書物が明白に認めている事である。」

トレルチの書物というのは『歴史主義とその諸問題』のことを指しています。古本屋だと高いと思うけれども、図書館でもあるだろうから、これはぜひ大前提として読んでほしい。これを読むか読まないかで、歴史認識が根本的に変わってくるぐらい重要な本なんですよ。ただ、一般向けの解説書でいいものがなかなかないんだな……。(iPadを見て)安くていい本があった。絶版になっているけど、今、アマゾンを見たら四三円で出ています(会場笑)。西村貞二さんの中公新書『ヴェーバー、トレルチ、マイネッケ――ある知的交流』。これを読むと、ウェーバーとトレルチの関係が特によく分かる。西村さんは一般史の人だけれども、神学のこともよく勉強しています。

さっきも触れた一六四八年のウェストファリア条約をトレルチは中世と近代の分水嶺だと見ました。それまでは宗教が中心となって歴史が動き、戦争などが起きてきたけれども、国家が中心となって動くようになり、民族のウェイトが色濃く出てくるのが一六四八年以降だからだと。だからルネサンスも宗教改革も、中世のものになるんです。これは非常に鋭い見方です。そして、時代精神やそれを貫く内在的論理で歴史を見ていく、時代区分をしていく考え方をしています。同時に、ヨーロッパはもう危機的な状況になっていて、残念ながら発展の可能性がなくなっていると認めざるを得ない、という考えを突き詰めていきました。

では、その後どうなるか、ということに関しては、彼には時間が足りなかった。でも、文化相対主義を唱えた、つまり「絶対に正しいものは、絶対にないんだ」と言い切った点で、やっぱり画期的な人です。

次の箇所で、田辺が西洋の没落に触れています。ここも長く読んでみましょう。この先、いよいよ、おかしなことになってきます。

「西欧では所謂西欧の没落（Untergang des Abendlandes）の兆候が大戦後に現れて来ており、トレルチはこの西欧主義の再建を目指して歴史哲学を説いているのである。西欧が今日危機に臨んでいる事は我々西欧人でないものがいうのでなく、かく西欧人自らが問題にして悩んでいるのである。その根本的な危機の由来は、科学によって発展した技術的文化が、元来人間の為に発展したものであるのに、それが却て人間を支配する枷《かせ》・桎梏《しっこく》になっていると いう事にある。そこに科学そのものの必然的な結果ではないが由来を求めると科学と結び付いて、人間の生命が機械化されている事を認めねばならぬ。これは欧羅巴《ヨーロッパ》の歴史を考えると、畢竟《ひっきょう》希臘《ギリシャ》に発達した科学的知性が人間全体の自由な発展に背き之を裏切る結果になったという事を意味する。近世ではかかる知性が基督教の倫理的・宗教的精神によって統制・指導されて人類の発展に貢献していた。即ち人間の精神と技術的・機械的な知性の側面とが調和的に統一されていたのであるが、今日ではこの統一が破れて技術的知性が精神を束縛している。今日の西欧には邪魔になるまで大きくなった技術的知性を統制する精神の力が足りない。そこで両者が分裂して技術的知性の方にばかり行こうとすれば唯物主義になる。之は今日西欧或は広く世界の大きな力である事を認めねばならぬ。之に対してかかる精神の敗北を認める事の出来ない人は宗教的神秘主義の立場に閉じこもる。之が今日の思想傾向の一の特色をなしている。今日の哲学の有力な傾向は斯かる現実逃避の方向に行って精神の要求を満たそうとするのである。併し唯物論も神秘主義も元来統一さるべきものが分裂して偏頗《へんぱ》に一方的に向っているのであると云わなければならない。それ故新しい時代の文化の統一原理は、希臘の知性・科学を容れて然もそれを支配出来るような精神でなければならぬ。欧羅巴に於ては今日この統一の原理の曙光を認める事が出来ない。この事は我々が単に外から同情のない立場で云う訳ではない。我々の中にも既に西洋の思想は流れて居る。その我々が影響を受けている欧羅巴の思想を、多かれ少かれその中で生きる事によって我々はそう批判せざるを得ないのである。唯物論は到底人間の具体的な要求を満たす事は出来ない。又それによって建設された社会が満足なものでない事は、細かい点は挙げないでも、もともとそれの拠って立つ原理の偏頗という事から考えて当然であると思う。それでは唯物論的な科学・技術と宗教的な神秘主義とを統一する新しい原理はどこにあるか、それは極めて難しい問題であり寧ろ信念に属するもので証明は出来ないでもあろう。併し我々はそれを現実の中から予測する事が全く出来ないかというと、それは必ずしもそうとは思えない。

一体何故に西欧の思想が技術とか科学とかを包み切れない様になったのか。近世欧羅巴精神の根本動力は基督教《キリスト》であり、その思想は終末観、即ち将来に於て人類の歴史の終末・行く先・目的を認めて歴史に意味を与えるものである。この人類の活動が一つの目標に向って指導・統制されているという考えは現実が都合よく調和的に統一されている間は極めて有力な思想である。欧羅巴の近世に於てはかかる宗教的思想が倫理的精神を支持し技術的文化の原動力となったのである。併し現実が調和的に統一されている間はよいが、一度その調和が破れ、現実に喰い違《ちがい》が出て来た時には、この思想では収拾する事が出来ない。歴史は単に一方的に段々文化の発展に向って進んでいるのではない。恰《あたか》も時の構造に於て過去と未来という相反するものが現在に於て統一されているように、統一の裏は分裂であり、綜合の裏は乖《かい》離《り》・疎外なのである。現実に於てはいつも肯定が否定と結びつき、善が悪と結びついている。善悪が結びつくから悪を通して善が実現されるのである。」

ここをどう考える？　「現実に於てはいつも肯定が否定と結びつき、善が悪と結びついている。善悪が結びつくから悪を通して善が実現されるのである」。この考え方は、具体的には、たぶんこういうことじゃないかな？

現実において日本は、東亜の植民地支配の解放を考えている。それは善なることだ。しかし、善というのは「悪と結びついている」。帝国主義の時代だから、まずはとにかく勝ち残らないとダメなんだ。そのためには、日本も植民地支配をしていかないと勝てないわけ。だからわれわれは朝鮮半島、台湾、中国、満州を植民地支配するという悪をなすんだ。やがては、その植民地支配を通じて、〈善なること＝植民地の解放〉をそのうちきっと実現するのだから、という論理だよね。これは、前にもちょっと言ったけれども、絶対に植民地側からは理解されない考え方です。こういう夜郎自大《やろうじだい》で盗人猛々《ぬすっとたけだけ》しい理屈を田辺ともあろう哲学者が平然と口にする時代だったのです。

反西欧主義では戦争に勝てない

さて、善悪は裏合わせだと主張することで、善と悪の基準を相対化しました。さらに悪を正当化していくようにレトリックは続いていきます。

「肯定・綜合の裏は直《す》ぐ否定・分裂なのであるから、善だとしてそこに安住しその立場に固着して、ただ慣習とか伝統とかに支配されていては、それは最早《もはや》善でなく怠慢と呼ばれる根本的悪にならざるを得ない。善悪は裏合せにくっついている。人間のもつ色々な力が統一的・調和的に現われる時それが善であり、この統一が破れる時それが悪である。この事は我々が具体的に現実を生きる時どうしても認めずにはおられない事である。

近世欧羅巴の文化は基督教の宗教的・道徳的な精神と技術的な知性とが相俟《あいま》って発展せしめたものであるが、両者は元来分裂の可能性をもっているのであり、そして今日ではもはや両者が統一されて生きた力をもつ事が出来なくなっている訳である。単に人類的個人的人間の救済解放を目的とする基督教思想は、個人解放の自由主義時代の原動力たり得ても、今日の集団的生産技術の立場とは背離する傾向を免れない。従って茲《ここ》に新しい精神が要求される訳である。その際西欧の技術的知性をすっかり棄ててしまうという事は出来ないし、又そうすべきでもないので、それを生かして使う事の出来る具体的な精神が出て来なければならない。」

単なる反西欧主義ではダメなんだ。どうしてダメか？　単なる反西欧主義、反科学技術主義をとると、零戦も戦艦大和も作れなくなるわけです。新しい精神は、帝国主義の時代を勝ち抜くために、兵器を作れる思想じゃないとダメなんです。「西欧の技術的知性をすっかり棄ててしまうという事は出来ないし、又そうすべきでもないので、それを生かして使う事の出来る具体的な精神が出て来なければならない」というのは、そのことですよね。結局、前に言ったように、大和魂はアメリカ的精神に負けるのだけれど、田辺は大和魂的な反西欧主義に危機感を抱いていたことが分かりますね。

さらに田辺は、ヨーロッパ的な文化、キリスト教思想を超克しないといけないとも考えているわけです。戦後になってから、田辺は『キリスト教の弁証』の中で、「自分のキリスト教認識は甘かった、間違えていた。キリスト教は集団主義的な形においても十分エトスとして機能するんだ」なんて告白することになるんだけども。まあ、それはともかくとして、キリスト教というのをプロテスタンティズムと結びつけて、その限界を指摘している点は、ある意味正しいのです。

未来としての過去

はい、読み手代わって先行きましょう。

「併しこの精神はもはや終末観的救済を説く基督教の精神、即ち神の意志とか神の摂理とかを説く精神である事は出来ない。それは種族的対立の必然を認め、その為に起る悪を通して却て善を実現せしめ、以て如何なる分裂・否定をも尚《なお》綜合・統一する精神でなければならない。併しかかる新しい精神を見出そうとする時それを全く無い所から創造しようとする事は出来ない。恰も当為は存在から生れると同じく、新しい創造も却て古いものを媒介としなければならぬ。前に時間或は歴史は先に進む事は即ち過去へ帰る事であると云いましたが、新しい段階に発展しようとすれば却て古い所へ帰る事が必要である。茲に革新は復古と結びつくという一見パラドックス的な現象が必然になる訳がある。併し革新と復古と結びつくと云っても、我々がそれを結びつけるのであるから、それが分れて一方復古の方ばかりに進む事も又他方地盤のない革新の方ばかりに進む事もあり得る。そこに両者を結びつける我々の努力が必要とされる。」

確か一九九〇年だったと思います。まだソ連は崩壊してないけれども、前年にマルタ会談があって、東西冷戦体制が終わりました。そんな状況下で、ユルゲン・ハーバーマスは、フランシス・フクヤマなんかが「歴史が終焉した」「世界に価値観対立のない平和な時代が来る」と主張し始めたのへ、「何てトンチンカンな話をしているんだ」と強烈な批判をくわえました。例えばユーゴスラビアに注目をして、大変なことになるぞと指摘しました。今われわれが生きているのは「未来としての過去」なんだ、ナショナリズムが蘇ってくるんだぞと。

共産主義という理想モデルがなくなってしまった、そして民主主義も理想的なモデルにはなっていない。民主主義は自由主義的な資本主義と結びついているから、これは最強国以外にとっては無理なモデルだ。となると、未来のモデルを過去に求めてくることになる。未来としての過去、つまり過去の歴史を再解釈して変容させて、それがやがて政治的な武器になってくるだろう。そして、近いうちにバルカン半島で大混乱が起きると予告しました。事態はその通りに動いた。

ここでの田辺も、まさに未来としての過去、復古維新の精神によって現代の西洋文明の限界を乗り越えろ、と言っているわけです。ただし、その復古維新は、科学技術精神と矛盾しない形での復古維新思想でないといけない。こういうものを見出せと、主張しています。

じゃあ、そこは具体的にはどういうふうになるか。読み手代わって先行きましょう。

「このような結び付きを西欧の精神に求める事が出来ないとしても私はそれを我々の中に求める事が出来ると信ずるのであります。日本の国家は単に種族的な統一ではない。そこには個人が自発性を以て閉鎖的・種族的な統一を開放的・人類的な立場へ高める原理を御体現あそばされる天皇があらせられ、臣民は天皇を翼賛し奉る事によってそれを実際に実現している。」

オオクボさん、質問ですが、臣民の「臣」と「民」はどう違うの？

オオクボさん　民衆、庶民と、大臣……。

大臣だけじゃないんです。大臣もたしかに「臣」だけど、国家からカネをもらっている人は全て「臣」なんですよ。要するに公務員が「臣」。それで「民」は、国家からカネをもらっていない人間のこと。だから「臣民」という場合には、公務員とそれ以外の人たちという意味になります。

特に右翼思想において、「臣」を嫌う流れが結構あるのです。例えば権藤成卿《ごんどうせいけい》が唱えた「君民共治論」という右翼思想があります。「君」はむろん天皇のこと。君と民は、本来繫がっていたんだと。それを、間に臣、つまり官僚が入ってくることによって、民の考えを天皇に直接伝えることができなくなり、天皇の大御心が国民に対して実現することができなくなってしまったんだ。だから臣というものを取り除くべきだ。そのためには、民による自治が必要だ、という一種のアナーキズムなのです。

この天皇を中心とするアナーキズム思想はけっこう根強かった。戦前日本のアナーキストたちは、「国家は認めないが、天皇は認める」という方向に行く人たちも多く、石川三四郎なんてアナーキズムの中心的な思想家を含めて、みんな天皇の方向へと転向していくんです。というか、自分が転向したとも思っていないんだ。

国家を除外した形で社会を結束する観念的な結合点としても、天皇というものは機能するんだね。このへんも非常に面白い指摘です。

国のために死ね

では、読み手代わって先読んでください。

「従って他国に発達した思想も其真理は日本の国体精神に摂取せられてゆくことが出来るのである。現に印度及び支那で重要な固有思想であった仏教は、今日日本に於ける如き力をもっていず、ただ日本仏教として独特な発展をなし今日に存続して居る。儒教の様な支那に於て発展した実践的思想もこれと同様である。斯く仏教・儒教は本国では生きた力を失い日本に於て却て真に生きた力をもっているが、更に我々は支那印度ではまだ十分取入れられていない西欧の技術・科学的文化を摂取して居る。所で否定即肯定という大乗仏教の精神は、基督教的な有神論の立場では最後的に包んで行く事がどうしても出来ない科学の二律背反を其内に包容して行く事が出来ると思う。それは終末観的歴史観と方向が全く反対しており、ランケの「夫々の時代が神に直接する」という思想と同じく、現在が絶対に触れているという考えである。私はいわゆる仏教信者でも、仏教に関係ある者でもありませんが、日本の国体思想によって日本化せられた日本仏教は、新しい時代を作って行く精神を含んでいると思う。斯様に科学と結びついて科学を生かして行く宗教的精神が新しい時代の建設の原理になると思うのであります。しかしそれが実際そうなるかならぬかは我々の努力に俟つより外道がない。若し努力しても現実がその通りになる傾向・可能性のないものならば我々の努力は徒労に帰するであろう。併し我々には信じて行うという冒険の心がなければならない。今日最も精密な知識といわれる物理学に於てさえ、なお絶対に精密確実な知識はない。行為は偶然を含み冒険であるから行為なのである。行為を導く知識は不確定的なものであらざるを得ない、そこに知識も信じ行うという事を必要とするのである。この意味に於て新しい時代建設の原理が日本化せられた大乗仏教の精神の中に示されており、日本の指導する東亜建設が世界歴史に於て重要なる意味をもつ所以がある。それは単に想像で誇大的に自己を考えるのでなく、現実に於てその可能が既に示されていると思う。併し諸君が私の意見に同意なさるかなさらないかは諸君の御決断如何によるのであり、私の如何ともする事の出来ないことであります。ただ私は諸君が夫々真剣に此《この》事を御考慮なさる事を希望します。」

ここ、「いい？ 私の言う通りにしろって言っているわけじゃないからね。みなさんがよく考えて、自分で決断するしかないんですよ」と言っていますね。訪問販売と一緒の手口（会場笑）。「買うしかない」という結論にしかならないところまで追い込んでいるのです。もう最後だ。とんでもない結論だよ。ひどい話だから騙されないように、じっくり検討していこう。

「兎に角先にも述べました様に、歴史は時間が永遠に触れる所に成り立つのであり我々個人はそれぞれの時代に永遠と触れて居る。」

まず、ここまでで考えてみようか。

ここは特に問題ないでしょう。前に検討した通りで、歴史の中でわれわれは永遠に触れている。過去と未来の間の中に立っているわれわれ、ということです。

はい、じゃあ、読み手代わって次の行。

「個人は国家を通して人類の文化の建設に参与する事によって永遠に繋がる事が出来るのである。」

ここは本当だろうか？　たしかに個人は国家を通して人類の文化の建設に参与することができるけれども、国家を通さないで、社会によって人類に貢献することもできるし、無国籍な形での世界への貢献もあるし、国家と切り離された文化もありえるんじゃないか。そこのところを、文化を国家と繋がるものだけに限定して、話を強引に進めています。

はい、次。

「今日我々の置かれて居る非常時に於ては、多くの人が平生忘れていた死の問題にどうしても現実に直面しなければならぬ。」

この講義が行われたのは昭和一四年だから、まだ太平洋戦争になるかどうかは分からない。

しかし、日中戦争は本格化している。おそらくアジアの覇権を巡ってイギリスとは戦争することになるし、アメリカとは戦争したくないけれども、どうなるか不穏な感じだ。ここにいる学生たちは、兵役免除にはとりあえずなっている。だけれども、今後兵隊にとられる可能性は高い。だから、非常時において、平生忘れていた死の問題にどうしても直面しないといけなくなるだろう。それに、親が戦死したり、兄弟が戦死したり、親戚や友人が戦死したりということにも直面するだろう。ここは田辺の言う通りだね。

「皆さんのように一朝《いっちょう》召される時は銃をとって戦場に立たねばならぬ若い人々はもとより、私共のような銃後の非戦闘民と雖《いえど》も、今日の戦争に於ては生命の危険を免かれる事が出来ない。」

なんでですか？（会場笑）　エダさん、なんでだと思う？

エダさん　敵機空襲？（会場笑）

そう、空襲があるからだね。いよいよ負け戦になったら、本土決戦もあるかもしれない。だから銃後と戦争の区別はないんだと。でも、これは相当な論理的な飛躍があって、ごまかしですよね。徴兵にとられて戦争の最前線へ戦いに出ていかざるを得ない学生たちと、後には軽井沢へ行く自分との間で、リスクが同じだと強弁しても、これは絶対に成り立たない。

ただ、空襲が物理的に可能になったから、原理的には銃後でも生命の危険があり得る。それはそうだろうし、実際に広島・長崎を筆頭にして、ひどい空襲が日本各地であったけれども、この言い方は一種のプリズム効果です。プリズムを当てて、学生のリスクを小さく見せて、自分のリスクを大きく見せて、それで同じようなリスクがあると言い張っています。

じゃあ、次の行。

「死は考えまいとしても考えざるを得ない真剣な問題となる。」

これも間違いはない。はい、次の人。

「そこで生死の問題を、歴史に於て永遠に参与する立場から考える事がどうしても必要である。」

うん、「どうしても必要」か否かはともかく、これもそういうふうに考えてみることは、まあ成り立ち得るよね。はい、その次。

「併しこの問題の解決は時間及び歴史の構造に就いて御話した事から既に暗示されていると云える。」

これは何の話かよく分からないけど、喋った本人がそう言うのだから、これまで話した事に暗示されていたんだろうな。先行きましょう。

「即ち我々が生きている事が死につつある事なのである。」

これは当り前の話（会場笑）。暗示も何も、哲学的なことではなくて、いつか必ずわれわれは死ぬのだから、日々生きているのは死に近づいてるということではあるのだからね。当り前のことを、結論部でもっともらしく言っています。当り前のことは、「イヌの頭が東を向けば尻尾は西だ」というのと同様、誰も否定できない真理でもある。「既に暗示されていると云える」とか厳かに振っておいてから、否定できない真理を述べられると、「すごい、たしかにそうだ、全て仰る通りだ」と説得力があるように見えるけれども、当り前のことを言っているにすぎません。

はい、その次。

「善悪と同じく生死は離れているものでない。我々は唯生きて居ると考えるから死を恐れるのであるが、死は始終実は生にくっついているのである。」

ここも一般論だ。病気になった時など、ふっと「生と死はくっ付いているんだな」なんて自覚するよね。それだけのことです。はい、その次。

「生の中に少しも死がはいらず、その生の流れが途切れて死に来るのならば死は問題にならない筈である。」

生と死は裏表の関係になっていて、生きていることは死に近づいていることであり、あるいは病気をしたり、怪我をしたりすることで死を意識する。それまでずっと健康で、まだ若いうちに、ある日ポックリ死ぬのなら、死は問題にならずに済むだろう。これも確かにその通り。間違ったことは言っていません。

はい、次。

「死が問題になるのは死に於て生きつつあると共に、生に於て死に関係しているからである。」

ここは何を言っているか、よく分からない。

はい、その次。

「私は明日死ぬかも来年死ぬかも分らない。」

これはものすごく当り前の話（会場笑）。はい、次。

「私が死ぬ事は決っている。」

はい、そうですね（会場笑）。次。

「唯何時死ぬかは不定である。」

これも当り前。自殺を除いてはね。はい、次。

「永生という事が単に死なないということならば、それは我々に問題となる事が出来ない。」

永遠に生きることは現実的にはできないから、そういったことについて考えるのは意味がない。あるいは、ただ死なないでいるだけだというのでも意味がないと。この後で「所で」と転換しています。このへんから怪しくなるんだな。

「所で我々が死に対して自由になる即ち永遠に触れる事によって生死を超越するというのはどういう事かというと、それは自己が自ら進んで人間は死に於て生きるのであるという事を真実として体認し、自らの意志を以て死に於ける生を遂行する事に外ならない。」

ここは完全に飛躍しているね。

死に対して自由になるとはどういうことかと言えば、死ぬ覚悟をすることではなくて、「自己が自ら進んで」「自らの意志を以て」死において生きる、つまり死ぬことを事実として体現することだと。すなわち、死ねと。こうなっていますよね。「おまえ、自分の意志で、死ね。それが永遠に生きる道だよ」と。

これはめちゃくちゃな論理でしょう？　いや、論理じゃないのです。みなさんの中で、死んだ経験のある人いるかな？（会場笑）一人もいないでしょ。臨死体験などの本が出ているけれども、臨死というのは、こっちへ戻ってきたのだから、あくまで死んではいないわけだよね。死は戻ってこないことが前提ですからね。

だから、一回死んだ人に「田辺の言っていることは事実ですか？　自らの意志で死ぬと生死を超越できるのですか？」とか問うて検証することは不可能なんです。検証不能の命題を、レトリックによってごまかしている。説得しようとしている。

はい、次の人。

「その事は決して死なない事ではなく、却て死を媒介にして生きることにより生死の対立を超え、生死に拘らない立場に立つという事である。」

死を避けるのではなくて、生死の対立を超えて、生死に拘らず、つまり「死んでもいいんだ」と覚悟して、「俺は死んでも生きてても、もうどっちでもいいんだ」というふうに泰然と構えるんだ、と。

「具体的にいえば歴史に於て個人が国家を通して人類的な立場に永遠なるものを建設すべく身を捧げる事が生死を越える事である。」

生死を越えるとは、具体的には、日本を今よりなお立派な国にするために死ぬということだと。次。

「自ら進んで自由に死ぬ事によって死を超越する事の外に、死を越える道は考えられない。」

死を越えるためには、自ら進んで死ぬことで死を超越しろ、それしかない、と。

一人死ねば、他の者も覚醒する

もう大詰めです。次は、ブロックをまとめて読んじゃってください。

「妙心寺の開山である関山《かんざん》国師は、人を導くのに「慧玄《えげん》が這裏《しゃり》に生死《しょうじ》無し」と言う言葉だけで悟りに入らせたと伝えられている。生死を超越する事は難しいことに相違ないが、我々が真剣な立場に立つ時には小さいものは小さいだけにこの真理を悟る事が出来るのではないか。そうして歴史に於て永遠なるものの建設に身を捧げ、かかる境地を実現した個人は、同時に他の個人を覚醒せしめる力をもつのである。」

怖いね。これはどういうことかというと、国のために死ぬ人、同胞のために死ぬ人が一人出てくれれば、その遺志は伝染していくんだと。他の者を目覚めさせるんだと。人間というのは、「決断しろ」と言われたって決断しないのです。何か、こちらの心を動かすような生き方をしている人がいることで、その人に共感して、共振して、同じような行動をとるんだね。だから、とにかくまず誰か、国のために死ねと。そうすれば自ずから続いていくヤツがたくさん出てくる。「かかる境地を実現した個人」、すなわち歴史における永遠なるもののために死んだ人間は、その影響がどんどん、どんどん広がっていくんだと。「俺の話を理解したのならば、まずお前、死ね」と言っているんですよ。「そうすれば、お前に憧れて死ぬやつがたくさん出てくるぞ」と。「それこそが永遠に生きることだ」と。もう完全にアジテートしているでしょ？　次の人、締め括りを読んで下さい。

「事実幾人かの人は真に生死を越えたのであり、時あって永遠なるものに触れるに過ぎない我々でも、その事により不断の緊張を促され、新しい力を喚起して、互に手をとり合って益々永遠なるものの建設に向わしめられるのである。
　それではこれで此の講義を終ることに致します。」

同胞のために死んだ人のことを思い出すたびに、われわれは、「そうだ、ああいう生き方があるんだ。素晴らしいじゃないか」と思いを新たにする。そんなふうに思うことによって、新しい社会を建設していく力がどんどん生まれてくるんだ。そして死者はわれわれの中で永遠に生きるし、われわれも死ねば、同胞の中で永遠に生きることになる。これが歴史的な現実なんだ。そういう結論ですね。

結局、この田辺元の論理が、まだ知的な訓練が十分になされていない学生たち、若い知識人たちの心を捉えたのです。そして、多くの人たちが、あの戦争の最終局面における特攻によって、自ら命を投げ出していきました。だからイデオローグという存在がどれぐらい重要な役割を果たしていたのかってことです。しかし批判的な視点を鍛えていかないと、このレトリックはちょっと変えるだけで、今でも通用してしまいますよね。こういう怪しい論理展開に説得されてしまわないような知的な耐性をつけていくのが大切なのです。

幸いなことに、まだ二一世紀の日本ではこの手のイデオロギー、イデオローグは出て来ていないと私は見ています。若い人を死に追いやるような力のあるものはまだ現れていない。でも、もう少し時代が緊張してきた時、こういうイデオロギーがどういう形で出てくるか、どんなイデオローグが登場して、何を喋るか、何を書くかということを、私は今から注目しているんですよ。

じゃあ、夜もずいぶん更けてきましたが、何か質問や意見があったらどうぞ。

マツナガさん　例えばアメリカの南北戦争で、南軍・北軍合わせておよそ六〇万人が死んでいきました。あの内戦で死んだ若い兵隊たちは、出身地である南部なり北部なりに命を捧げることを厭っていなかったという感じを受けます。あそこにも、「自分の共同体を守るために命を捧げるべきだ」というイデオロギーがあったわけですよね。

共同体のために命を捧げるのは、ごく普通に戦争ではあることでしょうね。ただ、田辺が言っているのは、共同体のために命を捧げるということではないのです。死ぬのはある歴史的・文化的遺伝子を持つ種族のためなのです。それから新しい文化の建設のためです。「共同体のために命を捧げろ」というのは古来あることで、非常に自然的な概念なんですよ。だけど、田辺は「俺たちは、通常の戦争とは違う戦争を戦っているんだ」と。戦争の世界史的な意味を彼が勝手につけていって、新しい文化を作る仕事であるというレトリックを使って、若者たちを説得しようとしているわけです。

簡単に言うと、防衛戦争はレトリック不要なんです。攻めてきたからやっつける、というだけで、知的操作がほとんどいらない。つまり、個別的自衛権にはレトリックはいらない、反知性主義でいい（会場笑）。攻めてきた敵をやっつけるのに、難しいことは考えなくていいからね。でも侵略戦争に出かけるとなると、知的な操作が非常に必要とされるわけ。ここでの田辺元も、「日本は侵略戦争をやっている」という認識があるから、きちんと種の論理を組み立てたり、さまざまな高度で巧みなレトリックを使っているんですね。

アメリカは第二次大戦においては、「仕掛けられたから、防衛のために戦うんだ」という防衛戦争の意識でしたから、国民を固めるための思想的な操作をする必要がありませんでした。「祖国のために」と、ひと言いえば済むんですよ。ソ連もそんなに難しいことを考えないでよかった。日本に攻め込んだのだって、「あれは日露戦争の報復だから」と主張しているからね。

　ところが侵略国の側は、侵略をするための理屈、方便がいるわけだよ。だからナチス・ドイツは東方生存圏を唱えた。イタリアの場合は、ファシズムによる新時代の建設だよね。そういった異議申し立てをして、今の状況を変えていこうとする国家は、物語を必要とするのです。みなさんと読み上げたこの『歴史的現実』とは、その物語性を哲学寄りに語ったものなのです。知的な若者を説得するための物語だったのです。

　今日は朝からお疲れさまでした。みなさんの食いつきがいいので、どうにか『歴史的現実』を今日のうちに読み上げることができました。明日はいったん田辺は置いておいて、柄谷さんの帝国論を少し読んで、この合宿の総仕上げとしましょう。まずは、ゆっくりお休みください。

7 日曜朝　亜周辺の帝国で

国家について考えてみよう

お早うございます。

今日はお昼まで時間の許す限り、柄谷行人さんの『帝国の構造』を抜き読みしていきます。いつもと同じように、何か質問や意見がありましたら、講義の途中でも手を挙げて下さい。

『帝国の構造』の中の、交換様式ＡＢＣＤという四つの象限の分け方については、『いま生きる階級論』をはじめ、私の本でも何度も説明しているから、今日は飛ばします。この合宿のテーマは〈あの戦争と国家〉ですから、そこに直結する「第7章　亜周辺としての日本」の抜き読みをしていきましょう。

結論からいうと、柄谷さんは『帝国の構造』を通じて何を言っているんだと思う？　近未来に日中戦争が起こる、と言っているんですよ。もちろん、この予想は外れてほしいのだけれども、なぜ「日中戦争が再び起こる」という論理に柄谷さんは立っているのかってことは理解しておいた方がいい。

ちなみに柄谷さんの『世界史の構造』という大著は、実はヘーゲルを言い直しているだけなのです。その前に、やはり同じぐらいの厚さの『トランスクリティーク』って本を出しているんだけど、これはカントを言い直しているだけなんだ。要するに柄谷さんは、いまカントとヘーゲルをもう一回勉強しないといけない、と主張しているわけです。でも日本語でヘーゲルを読むには、昨日言った長谷川宏さんの翻訳もあるけれども、訳語が一々面倒くさいんだ。

例えば、樫山欽四郎《かしやまきんしろう》訳の『精神現象学』（平凡社ライブラリー）を読むと、「境位」って言葉がよく出てくる。樫山欽四郎はヘーゲル研究をやっていた早稲田の教授で、オンワード樫山の創業者の弟なんです。で、欽四郎の娘が樫山文枝《ふみえ》だよね。昔の「おはなはん」の女優。面白い一家です。

でね、この「境位」って訳語、どういう意味だと思う？　これはElementなんですよ。だから「要素」と訳せます。要素とは、何かが存立するために必要不可欠なもの、ですね。魚にとって水は境位になる。われわれにとって空気は境位になる。こういう訳語がいきなり出て来ても、説明なしには絶対に分からないよ。だからヘーゲルを読み解くためには、チューターというか、付いて読む先生が必要になるんです。でも、『精神現象学』なら『精神現象学』に即して、いくつかのキーワードの受け止め方と、ヘーゲル独自の思考の読み取り方を三、四〇ページもやっていけば、自分で読めるようになります。

似たようなことを、私はマルクスの『資本論』を使って、この新潮講座で『いま生きる「資本論」』『いま生きる階級論』の時にやったわけ。『資本論』にもいくつかのキーワードとポイントがあるのだけど、皆さんよくついて来て下さったから――あるいはあの二冊をきちんと読めば――、もう『資本論』の岩波文庫全九冊を一人で読めると思います。

『いま生きる「資本論」』は価値論を中心にやって、そこから搾取の話に行きました。『いま生きる階級論』では社会構造論をやった。ただ、どちらも「国家」というものが抜け落ちています。それは当然で、マルクス自身が『資本論』では国家を扱っていないからなのです。ゆうべも言いましたが、社会は国家なしでも成立します。マルクスは国家をカッコに括って、社会システムだけを詳細精緻に分析することで、逆説的に国家の姿を明らかにしていくという、いわば否定神学の方法をとっているんです。

だから、まだ私がきちんとやっていないものに国家論があるわけ。NHKブックスから『国家論』を出していますが、これはカール・バルトを使って説明していったから、神学的な国家論になっていて、神学的な訓練を受けた人以外にはやや分かりにくいかもしれない。なので、いつかマルクスから積み上げた形での国家論をやりたいなと思っているのですが、これが結構大変なんだな。レーニンとかスターリンとかエンゲルスとかが、マルクスをベースにして相当トンチンカンな国家論をやっちゃっているんですよ。彼らと違う形で、国家をどう位置づけていくかと言うと、民族問題から入った方がいいかなとは考えています。これも昨日も言ったことだけれど、国家と民族は、社会と違って、人類の歴史上ずっとあったものではないからね。

それで、この国家の問題について、『いま生きる「資本論」』で扱ったマルクスの価値形態論を交換様式として読み替えることによって、新たな国家論を組み立てようとしているのが柄谷さんの『帝国の構造』です。その意味では、三〇％ぐらい私の問題領域と重なっています。ただ、方法がちょっと違うんだな。

亜周辺の有利

よし、『帝国の構造』の二一一ページから読みましょう。「亜周辺としての日本」の章の冒頭です。じゃ、今日もウチダさんから読んで下さい（会場笑）。

「1　周辺と亜周辺

私は世界＝経済を、世界＝帝国の「亜周辺」の現象として見ました。亜周辺とは、中心から隔たっているが、中心の文明が伝わる程度には近接した空間です。それ以上に離れると「圏外」となります。亜周辺は、周辺とは違って、中心による直接的支配の恐れがなく、文明の摂取を選択的に行うことができるような空間です。それに関して、私は古代ギリシアを例にとり、また、近代ではイギリスを例にとりました。」

はい、とりあえずそこまで。

帝国の亜周辺というのは、周辺よりもさらに少し距離があるわけですね。だから、巨大帝国の論理をそのまま輸入しないで済むのです。帝国の周辺とは、例えば韓国ですよ。韓国、朝鮮は、中国と近すぎるんですね。だからシステムとして中国の文明を相当程度入れないといけないことになってしまった。それに対して日本のような亜周辺は選択的な対応が取れる。亜周辺よりもっと距離があると？　例えばフィリピン。柄谷さんは、文明と縁のない土地になる、と言っています。だから亜周辺は、文明が影響を及ぼすギリギリのところと言えます。それより向こうに行っちゃうと未開社会になってしまうわけ。

日本の封建制

少し飛ばして、二三七ページの「6　日本の封建制」から。ナリタさん、読んで。

「日本に武士の政権、封建制、そして武士道が生まれたことは、いろんな観点から論じられています。しかし、日本の中だけでこれを見ても、大した認識は得られません。といっても、中国と比較することもあまり、意味がありません。すでに述べたように、これをコリアと比較することが必要です。つまり、この現象を亜周辺的なものとして見るべきだということです。

この認識は、日本のケースを西ヨーロッパと比較する場合にも必要です。たとえば、先に述べたように、石母田正は、奈良・平安時代（律令制）から鎌倉時代（封建制）への変化を、「古代」から「中世」への移行としてとらえた。これは、古典古代（ギリシア・ローマ）から封建制（ゲルマン）へという、マルクスの社会構成体の歴史的段階論を日本史に適用するものです。それとは別に、日本の封建制や武士道が、西ヨーロッパの封建制や騎士道と類似性があることは、よく指摘されてきました。新渡戸稲造の『武士道』（岩波文庫）がその嚆《こう》矢《し》ですが、武士道と騎士道の類似をいうことで、日本人・日本文化が西洋に類似すること、したがって、日本がアジアにおいて例外的だ、と主張するものです。

このような議論とは系統が異なりますが、日本の封建制を、日本が非ヨーロッパ圏で唯一産業資本主義を達成した秘密を示す鍵として見る見方があります。マルクス、ウェーバーからアナール学派（ブロック、ブローデル）にいたるまで、多くの学者が日本の封建制に注目してきたのは、そのためです。」

ブローデルが出てきました。彼の中心的な著作は『地中海』ですが、「利子率が二％以下になると、そのシステムは崩壊する」という水野和夫さんの議論は、実はブローデルから来ています。水野理論は基本的にはブローデルが種本。

封建制って何？　アカシさんと私が封建的な関係に入るとするね。私がアカシさんから領地を預かる。その代わり何かあった時、アカシさんのところに助けに行く約束をして、封土関係、封建関係になる。そしてアカシさんがハヤカワさんと封建関係を結ぶ。アカシさんは、ハヤカワさんから土地を受け取って、何かがあった時はハヤカワさんを助けると約束する。では、ハヤカワさんは、何かあった時、私に対しても「助けに来い」と言えるのか、言えないのか？

アカシさん　言えない。

そうです。言えません。専制制だと、言えるんですよ。封建制と専制制の違いはそこにあるわけ。ヒエラルキーが成り立つか、成り立たないかなんです。だから、封建制はリゾーム状の構造になるのです。専制制のようなツリー状の構造のヒエラルキーではなくて、根っこがグジャグジャに重なり合うような状況になって、訳が分からない状況になるのが封建制なんですよ。

しかし、今の日本はひどいぜ。今度、税制が変わって、この中でも何人かひどい目に遭った人いるでしょ。個人所得課税の最高税率がついに四五％にもなった。プラス、震災復興税が所得税率の二・一％あるし、もちろん消費税八％も住民税もある。というと、ほとんど六公四民だぜ。六公四民の年貢だと、餓死者が出たんです。そんな過酷な悪い領主がいる国では、農民はどうしたと思う？　逃散《ちょうさん》、つまり逃亡しちゃったんです。みんなで打ち合わせて、別の国に一斉に逃げてしまう。別の国が新田を開拓していると、ウェルカムで受け入れてくれるんですよ。だから農民たちも結構アンテナを張って、条件のいい国を探していたわけ。これ、長い時は十年から二十年ぐらいかけて準備するんだよ。それで子どもは間引きしてね、足手まといを作らないようにして、ベストの機会を捉えて、バッとひと晩で逃げるんです。

国境を越えて逃げ込むわけですが、逃げた先の国でどういう罪になると思う？　お咎《とが》めなしなんだよ。主権が異なるから罪はないんだ。それぐらいの自由は中世以来の日本でもあったのです。

子どもを間引くと言ったけれども、当時は乳児死亡率が高かったじゃない？　だから一人だけ残しておくと、死んでしまうとそれきりになるから、スペアを置いておかないといけない。そのスペアの一人が、これは農民ではないけれど、遠山の金さんですよ。遠山の金さんは次男だったから、「俺はどうせ家、継げないし」と刺青《いれずみ》を入れて遊び歩いていたんだよね

たわけ。〈会場笑〉。そうしたら長男が死んじゃって、やがて〈いれずみ判官〉と呼ばれるようになっ

こういう単純再生産の時代だと、例えば私の祖先は関ヶ原の戦いで三番乗りを果たして、知行百五十石もらえるようになったと。アカシさんのご先祖は一番乗りで武勲をあげたから、五百石の旗本だと。江戸時代の二百六十何年、この関ヶ原の戦いの戦功の結果は変わらずに、ずっと残ったわけです。アカシ家に子どもがいなければ、養子をとった。あるいは跡継ぎが言うことを聞かないと、すぐ座敷牢にでも入れて、「押し込め」にしてしまって、別の家から優秀な養子を取ってきた。歌舞伎役者の家を見れば分かるように、能力のある男子をけっこう外から入れているんですよ。だから日本の家制度というのは、実は血の繋がりにはあまりこだわらないんだ。むしろ正確には、血の繋がりにこだわる素振りを示す、というところに特徴があるのです。

で、武士の方が関ヶ原の戦功だとすると、百姓の年貢を徴収する台帳は何だと思う？　基本的に太閤検地なんだな。でも秀吉が検地した後、百年も二百年もたつと、堆肥とかも良くなって、生産力がぐんぐん上がっているわけ。当時の年貢は太閤検地を基にした上で五公五民とか四公六民だから、本当のところ、農民は金持ちなんだね。だから、わりとみんな伊勢参りができたのです。秀吉以来の台帳を改めていないんだからね。ということは、現在のわれわれの方が江戸時代の農民と比べて、ひどい目に遭っているんじゃないか、というのが私の説です。現在の税の徴収システムにおいて六公四民なんていうのは、もう勤労意欲をほとんど失わせるような状態だと思うよ。

亜周辺ゆえの漢字かな併用制

話がそれちゃったけど、日本の封建制というのはそれなりに複雑なシステムになっていたのです。ここは柄谷さんの慧眼《けいがん》ですね。

そんな封建制になった理由は〈中心〉から遠いからです。われわれは、ギリシャは歴史の中心だったと思っているでしょ？　そうじゃないんだね。ペルシャという巨大帝国の辺境であり、エジプトという巨大帝国の辺境でもあって、つまりダブルで帝国の亜周辺だったのです。周辺ではなく、亜周辺だったから、帝国の文明の多種多様なものを選択的に採用することができた。裏返して言うと、自分たちの固有のものを、あまり整理しないまま残しておくことができたわけです。

日本の例において、柄谷さんがいちばん重視しているのは、漢字かな併用制です。漢字を持って来れば、翻訳しないでいいわけですよ。今でも横文字をカタカナにするだけでいいという形で残っていますね。

例えば、昨日の『敵機空襲』で、さかんに「ブローカー」という言葉が出てきました。ひょっとしたら当時の映画の観客の何割かは、ブローカーが仲買人だということが分からなかったかもしれないけれど、「詳しいことはいいから。要するに悪いやつの代名詞だということは分かるよな」って作り方でしたよね。でも、仲買人だって、ごく普通の仕事でしょ？　AとBとの間に入って買ったものが、果たして転売できるのかどうかは分からない。リスクを冒して売買しているわけです。仲買人を否定したら、資本主義どころか、資本主義以前の市場すら成立しませんよ。しかし、ブローカーという、当時の観客には意味不明の人もいたであろうカタカナであえて呼ぶのは、うさんくささの表現ですよね。

そして柄谷さんふうに言うと、仲買人ではなくブローカーなんて、理解できない言葉をそのままカタカナで残しておけるのは、亜周辺だからできることだとなります。それが漢字かな併用制という世界でも不思議なスタイルになったんだと分析しているわけ。ここは鋭いよね。

じゃあ、先読みましょう。

「今日では、中国で資本主義化がめざましく進んだことで、このような議論への関心は失われていますが、私は今こそ、この問題を論じたい。いうまでもなく、それは西洋中心主義的な史観を反復するためではありません。その逆です。

私の考えでは、西ヨーロッパに封建制が生じたのは、日本と同様に、それが亜周辺であったからなのです。西ローマ帝国の滅亡後、ヨーロッパには、帝国が成立しなかった。そこでは、支配層の間での関係は封土と服従という互酬的な関係にもとづくものであった。それが封建制です。したがって、ここでは、専制国家が成立せず、多くの王、領主が競合する状態が続いた。

日本に封建制が成立したのも、同様の理由です。それは、日本が中心の帝国に対して亜周辺的であったからです。周辺のコリアは、新羅において律令制を導入したのち、高麗から朝鮮王朝へと、徐々に官僚制国家を形成していった。ベトナムも同様です。それに対して、同時期に律令制を導入した日本では、官僚制国家が成立しなかった。その結果、各地の武士の抗争の中から、武家政権が生まれたのです。

日本史学者は、武家政権が「東国」に生まれたことを強調します。つまり、それが周辺から生じたということを。しかし、この見方は、日本が全体的に亜周辺的であるということを忘れさせます。確かに、京都は亜周辺的とはいえ、「周辺」的なところがある。つまり、「中心」を忠実に模倣しようとしている面があるからです。その意味では、東国のほうが亜周辺的です。それは、「中心」から来たものを選択的に受け入れる。そして、勝手に政府や法を創設するにいたる。」

では、日本が中国との関係において亜周辺的だった最大の特徴は何だろう？　中国の重要なシステムで、日本が選択的に採用しなかったものは何？　科挙制度を採り入れなかったことだよね。試験制度によって高級官僚を登用していくシステムはなかった。多様な部族の人間たちの中から人材を登用していくシステム、広範な人材を社会全体から吸い上げるシステム、超エリートを作り出して国家を維持していくという中華帝国の中心的なシステムを日本は採用しなかったわけ。

武人が卑賤視される国家

先行きましょう。

「このような面を見て、石母田正が、京都の公家文化をローマ、東国の武家文化をゲルマンになぞらえたのは、それなりに妥当性があります。しかし、ローマからゲルマンへ、あるいは、公家文化から武士文化へという変化を、たんに歴史的な発展段階として見るのは、誤りです。それらは同時代的な構造として存在したのです。ゲルマンの部族国家は、ローマ教会の権威、また、滅亡したとはいえ西ローマ帝国の伝統に依拠していました。それと同様に、東国は、京都に従属しなかったけれども、政治的・文化的に、京都の王朝（律令制）の〝権威〟を必要としたのです。

武士の発生に関しては、概ね二つの意見があります。石母田正は、武士を在地領主として、農民を代表する者のようにとらえました。それは、公家の老朽し頽廃した文化に、溌剌とした新興の武士階層が挑戦したという図式になります。それは、武士をゲルマン人の戦士＝農民になぞらえる見方と同じです。一方、網野善彦は、そのような見方が、領主－稲作農民の体制が確立した南北朝以前の現実をそれ以前に投影するものだと批判しました。それ以前には、商工業をふくむ非農業民が多く存在したこと、武士も「武芸」をもつ職人ないし芸能人の一種であったことを強調したのです。

いいかえると、これは武士を卑賤視することです。が、これは、武士が権力をもち高貴な身分と見なされた時点で成立した見方を覆す意味があるとはいえ、それほど、画期的な見方とはいえません。むしろ、日本ではなぜ武家が高貴なものと見なされるようになったかを問うべきなのです。一般に、官僚制国家では、武人は卑賤視される傾向があります。コリアでも新羅のころ、ファラン（花郎）と呼ばれる武人文化があったといわれますが、実際は文官が優位にありました。」

明治以降になって、ようやく日本は科挙制度を導入するのです。それが高等文官試験、現在の国家公務員総合職試験ですが、これは科挙ほど難しくありません。そして、この国家公務員総合職試験に採用された連中は、まさに武人を「卑賤視」する傾向が伝統的にあるのです。財務官僚にしても、防衛官僚にしても、それから外務官僚にしてもそうです。だから数年前話題になった集団的自衛権でも、この日本的科挙制度たる官僚制が持つ武人・軍人に対する卑賤視という問題が、実は隠れたテーマだったのです。

でも官僚たちは、本心では武人が怖いんだ。武力を持っている人間たちを怖がっているんです。だって、いざ牙をむかれた場合は、権力がひっくり返されてしまうのは明白だからね。だからこそ、武人を徹底して下に置くわけですよ。能力的にも下だし、いつ自分勝手に動き始めるか分からないような連中だから、「文官の言うことには絶対に従わないといけないんだ」と社会総がかりで刷り込むんです。そうしないと、官僚制国家は武力を持っている軍人に転覆される危険がある。官僚において、その危機意識は根深いのです。そこを分かっているから、現在のアメリカでも中国でも、軍人は制度的かつ社会的な刷り込みにおいて必ず官僚、文官の下に組み込まれているんですね。そういうイデオロギー操作をしておかないと、いつでも軍事クーデターが誘発される危険性があるからだし、官僚たちがそれをすごく恐れているからです。

アイハラさん　二・二六事件とか五・一五事件とか、そういったものが起こったのは、明治政府のそういう制度的刷り込みが弱かったからでしょうか？

例えば二・二六事件、三月事件、十月事件、相沢事件などで対立した陸軍内部の統制派と皇道派というのは、日本を「国家改造」してファッショ体制にしようという意味合いにおいて、同じ穴のむじななんですよ。しかも、どちらも基本的にモデルにしたのはソ連体制、天皇を戴いた形でのソ連体制をつくっていこうという考えでした。皇道派は青年将校クラスの集まりで、統制派が幕僚たちを中心にしていたという違いだけで、いわば階級間・世代間抗争だったわけです。

昨日も少し話したように、今のわれわれからすると、日本軍というと自衛隊なんかよりはるかにプロっぽい、〈戦争をするための専門家集団〉みたいにイメージしがちだけれども、日本軍が近代戦をやったのは一九〇五年の日露戦争が最後で、第一次世界大戦はほとんど戦闘らしい戦闘はせず、漁夫の利を得ただけです。統制派が皇道派を抑え込んだ一九三六年の二・二六事件まで、本格的な戦争は一切していないんですね。

本格的な戦争を久しぶりにやるのは張鼓峰とノモンハンだから、一九三八、三九年のことですよ。ということは、三十年以上も戦争をしなかった軍隊なわけです。そんな軍隊の中で昇進するには、書類を書くのがうまい、演習がうまい、それから派閥の重鎮たちからの〈引き〉が重要。そんな官僚組織でした。ちょうど長州閥が崩れてきている時代だったんですよ。皇道派は反長州閥でした。だんだん群雄割拠《ぐんゆうかっきょ》的になってきて、派閥抗争がこじれて、ああいう事件に発展していったのです。

本来は、長州出身の官僚たちが、陸軍をきちんと押さえていたのです。明治以来、その仕組みでやってきたのが、非エリート層の子どもで優秀な連中が軍隊に入ってきて、だんだん力をつけてきた。つまり、薩長土肥体制の外にいる若い人たちのエネルギーを、戦前の日本の社会はうまく吸収することが十分できなくて、それが軍隊に吸収され、やがてあんな爆発をしたという側面は非常に強くあると思う。「二・二六事件は一種の東北の反乱だ」という見方があるけれども、ある程度、正鵠を射ているんじゃないかな。もうひとつは、明治の官僚制の中で文官がやはり武人を、軍人をちょっと軽く見ていたんだね。そんな要素もあったと思う。

ただ、一回でも飛び道具を使われると怖いんですよ。あれで文官は怯えちゃったわけだ。結局、二・二六事件で皇道派は粛清されました。しかし残った統制派が、皇道派と同じことを始めていったんだ。これで日本の「国家改造」が成功してしまって、ある意味では皇道派の言っていた形の日本になった。そうして日本は地獄坂を転がり落ちていった、と言っていいでしょう。

御恩と奉公

よし、柄谷論文の先を読みましょう。

「特に官僚体制が確立した高麗では武官は蔑視され、それに反撥した武官のクーデターによって「武臣政権」ができた。しかし、それは武人の栄光を取り戻すことにはならなかったのです。

中国の周辺の遊牧民（騎馬民族）は、生まれながらの戦士であり、それを誇っていましたが、「中心」からはいつも卑賤なものとして見下されていました。彼らが征服者として「中心」に立っても、この事情は変わらなかった。というのも、国家機構は文官に拠っていたからです。その中でも、正史を書く史官が独立した力をもっていました。一方、遊牧民のほうは、中心に行ってしまった者らを堕落したと考える。そして、新たな征服を企てる。このような反復を、アラビアのイブン・ハルドゥーンは『歴史序説』（森本公誠訳、岩波文庫）で歴史の法則として指摘しています。彼がいうことは、東アジアの遊牧民国家にもあてはまります。」

イブン・ハルドゥーンは、世界最初の社会学者と言われている人。「進歩」という発想を認めず、文明というのは振り子のように繰り返すんだと。彼の考えをベースにして、アーネスト・ゲルナーが『イスラム社会』といういい本を書いていますよ。ナショナリズム研究のゲルナーです。

先行きましょう。

「日本には遊牧民はいなかった。武士は本来、狩猟・移動農業民でした。彼らが騎馬を取り入れるようになったのは、のちのことです。一方、海にも、武士がいました。漁業や海上交易に従事する者たちです。したがって、武士はもともと中央から見れば、山賊や海賊の類ですが、次第に、律令制国家に組み込まれた。が、そこに完全に従属することはなかったのです。

武士の上層部は公家を警備する「侍」として、律令制国家の末端に従属しましたが、総体的に武士は辺境にいました。しかし、律令制国家の機構の外に私有地（荘園）が発展すると、国家に代わって、警察・裁判のような仕事を受け持つ者が必要になった。武士がその役目を果たしたのです。彼らは、中央の国家機構とつながる棟梁と、主従関係を結んだ。平家や源氏という集団は、そのようにしてできたのです。主として、平家は西国あるいは海、源氏は東国あるいは陸を基盤にしています。

この武士らが結ぶ主従関係は、「封」を介した互酬的（双務的）関係です。したがって、これは集権的なピラミッド型の官僚組織にはなりません。」

ここはさっき、アカシさんと私とハヤカワさんの例で説明したことですね。要するに、ピラミッド型の組織にはならない、というのがポイントです。それから、アカシさんが私に土地を与えてくれなくなったら、私はもう助けに行かなくていい。これは契約によって成り立っている関係ですからね。中世においては、〈御恩と奉公〉というのは、御恩がなくなったら奉公はしなくていい、という実にわかりやすい構成になっていました。つまり契約社会でした。

するとね、外敵が攻めてきた時は困っちゃうんだよ。国内の戦争だったら、敵をやっつけて、敵を追い出すか滅ぼすかして、その土地を与えればいいわけでしょ。ところがモンゴルが攻めてきたらどうする？　打ち破ったって新しく与える土地がどこにもないじゃない？そこは豊臣秀吉なんて図々しくて、先に与えるんだよね。朝鮮とか琉球とか明《みん》とか、あっちこっちで空手形をいろんな大名に与えているわけ。「ぶん捕《ど》ったあとは、あそこをお前にやるからな」なんて。

いずれにせよ、土地を恩賞として与える時代だから、来襲してきた外敵と戦って勝っても、土地がもらえなかった場合、社会が混乱するんです。「なんだ、タダ働きか」と。つまり、〈国家防衛〉なんて発想はまるでない時代なんですね。ウクライナ東部のボランティア兵の方が、国家防衛の意識が遥かに高いし、愛国心にも溢れている（会場笑）。それはそうで、中世の武士はみんな自分の一族の繁栄と恩賞を得るためという、シンプルな個別利益で動いていたのです。

下剋上と交換様式C

次はちょっと長く読んで下さい。

「また、この主従関係は互酬的なので、軍事的貢献に応じた臣下に恩賞を与えないと続かない。たとえば、モンゴル来襲に対する戦争では、たんに防衛するだけで獲得した領地がないから、北条政権は恩賞を与えることができなかった。そのために、政権が揺らぎ始めたといわれます。このような互酬制（交換様式A）は、のちに「武士道」と呼ばれるようになったあり方とは、本質的に違います。「武士道」は、武士がもはや戦士ではなく官僚となった時期に発生したイデオロギーにすぎません。

武士の中で最初に政権を握ったのは、西国および水軍を基盤にした平家です。しかし、平家は朝廷政治、つまり、文官的政治の中にのみ込まれた。平家を倒した源氏の源頼朝は、平家がたどった道を避けた。つまり、一一九二年、京都から離れて、東国に新たな政府を開設したのです。とはいえ、それは律令制の下での「征夷大将軍」という官職でした。その後、一二三二年、執権北条泰時は「貞永式目」を発布しました。先述したように、この法は律令体制の否定ではなく、ただその空白を埋めるものです。武家政権は実際の権力を得たにもかかわらず、皇室の〝権威〟を否定しようとはせず、逆に、それに依拠しようとしたのです。しかし、このように旧来の国家の権威を利用することは、封建制的な要素を抑制することになります。すなわち、そこにあった互酬的（双務的）な関係を弱めてしまう。

マルク・ブロックは、日本の封建制がヨーロッパのそれと酷似するにもかかわらず、そこに「権力を拘束しうる契約という観念」が希薄であるといい、その理由を、つぎの点に見出しています。《日本では、西ヨーロッパの封建体制にきわめてよく似た人的並びに土地的従属関係の体系が、西ヨーロッパにおけると同じように、それよりはるかに古い王国に相対峙して少しずつ形成されるようになった。しかし、日本では（国家と封建制という）二つの制度は相互に浸透することなく併存していた》（『封建社会』下巻、新村猛ほか訳、みすず書房）。

この「二つの制度」が併存したのは、鎌倉時代からです。たとえば、古代からの公家法と新たな武家法が併存した。日本の封建制が変容していったのは、それらが相克するようになってからです。そして、その口火を切ったのは、「古い王国」の側からの反撃です。すなわち、後醍醐天皇が鎌倉幕府から実権（天皇の親政）を取り返そうとしたことです。しかし、このことは日本の内部からだけでは説明できません。

先ほど述べたように、日本で武家政権ができたころ、高麗でも武臣政権（崔氏）ができていました。しかし、これはモンゴル（元）によって打倒されてしまった。さらにモンゴルは征服した高麗の兵を動員して、武家政権下の日本に二度「襲来」し、敗退しました。日本の北条政権は一応安泰を保ったのですが、その後に危機に直面します。その理由の一つは、先に述べたように、この防衛戦争では勝利したのに、獲得したものが何もなかったため、武士らに恩賞を与えることができなかったことです。各地の武士の不満が沸き起こった。

律令制＝古代国家を回復しようとする後醍醐天皇の企ては、そのような不満をもった武士階層と結託するものです。注意に値するのは、これが、中国的な「正統性」の観念に動かされたものだということです。具体的にいえば、この時期、人々は、宋学、というより、正統性に関する朱子の理論に震撼された。北畠親房の『神皇正統記』はそれを示しています。彼は天皇親政を説きつつ、それを武家か公家か、南朝か北朝かという党派性を越えて考えようとした。このような観念性が人々を昂揚させたということができます。律令制が導入された八世紀にも、このような観念的昂揚があったはずです。そのときは、均田制のような社会的構想があった。しかし、後醍醐天皇らの場合、実現すべき何ものももっていなかった。たんに「正統性」を主張しただけです。彼らのいう「建武の新政」は、まったく内容空疎なものです。

この正統性をめぐる争いが、南朝と北朝という皇室の分裂・抗争だけでなく、それらを担ぐかたちで、武士勢力の分裂・抗争を全面化させました。それが日本の「南北朝」時代です。この結果、南朝側は敗れ、「復古」的勢力は滅んでしまいます。逆に、武家の支配はこの過程を通して、一層浸透しました。それまで皇室、公家、寺社などが所有していた領地が、武家によって所有されるようになった。こうして、鎌倉時代以後の公家と武家の二元的体制が滅んだのです。

しかし、それはただちに、武家による中央集権的国家を作ることにはなりません。なぜなら、武家の主従関係は、互酬的な人格的関係（交換様式A）によるもので、組織的な支配関係（交換様式B）になじまないからです。そこから、中央集権的な体制が作られるまでの過程は、全国の武家集団が戦う時代を通過せねばならなかった。それは戦国時代と呼ばれますが、実際、そこには中国の「戦国時代」と似た要素が多々あります。

この時期に生じた上下の転倒を指す言葉として、「下克上」があります。それは古代国家の権威にもとづいてきた既成権力を否定するものです。それはたんに公家や武家に限定されるものではなく、全社会に及びました。下克上の根底には、農業・商工業の発展によって民衆が自立してきたことがあります。いいかえれば、それは交換様式Cが浸透してきたということです。」

よし、やはり一度、交換様式ABCDの図を描いておきましょうか。私なりに纏め直したもので、柄谷さんの本にある図よりも分かりやすいと思うよ（会場笑）。

B 帝国 略取と再分配 服従と保護	A ネーション 民族／部族あるいは家族 互酬的（贈与と返礼）
C 資本 商品交換（貨幣と商品）	D X　理想的な社会

交換様式Cは市場商品経済だよね。Bに下克上的にCが浸透してきたと。そう考えるならば、ホリエモン事件というのは、この交換様式Cの中でのさらなる下克上だったわけだね。だから経済界の既成勢力は、「あの若造、挨拶が足りない」と怒った。

私も外務省にいた頃、よく永田町で聞きました。「あいつは挨拶が足りないな」って。足りる／足りないというのは、挨拶を受ける側が主観的に決めるわけだからね。堀江さんは「え、おれ、挨拶したじゃん」と思っていたかもしれないけれど、そういった形での年寄りパワーを軽く見ていたんだな。だけど、彼はまさに下克上をしようとしていたのだけれどね。

最近、私も付合いのある出版社なんだけど、〈寝袋族の反乱〉というのが起きたのです。某出版社がＩＴ系のビジネスの会社と合弁したんだ。ＩＴ系の会社の連中は、寝袋を持ち込んで月二〇〇時間から三〇〇時間超勤しているわけよ。二十代、三十代が中心で、年収二〇〇万円、多くて三〇〇万円ぐらい。その連中が怒り心頭に発して、会社を突き上げた。賃上げ要求じゃないんだよ。

「出版社の方にいる四十代、五十代、六十代の穀潰《ごくつぶ》したちをなんとかしろ」と。「あいつらをクビにするか、賃金を下げろ、われわれと同じところまで」（会場笑）。そんな強力な賃下げ要求が出てきたので、会社はビックリした。さらに、寝袋族はベースアップに反対なんです。「ベースアップって、能力のないヤツも一緒に上げるんだろ」と。「そんなことするくらいなら、仕事ができたヤツ、出来のいいヤツに一時金を出すことで処理しろ」と。会社はまたビックリ（会場笑）。「そういう突き上げをするなんて、最近の若者はなかなか達者だ」という受け止めを経営陣はする。

こういう寝袋族の反乱みたいなのも、まさに下克上です。でも、それで寝袋族の状況が良くなるとは思えない。社会科学の知識がないから、賃金がどういうふうにして決まるかを知らない。一方で、彼らは競争が好き。そういう感じでやっていくと、もう家に帰るのが嫌で、お金も使いたくないから、寝袋の中に住むようになっちゃう。そりゃ、固定費用がまるで増えないんだから、一時的には会社の利益は上がるかもしれないけれども、そんな寝袋族に依存している会社って、先々大変だと思うな。

イワイさん　すみません、ちょっとズレてしまいますが、柄谷先生が「国家は政府とは別のものだ」と書かれていました。私は、国家は政府、つまり官僚組織が国家だと思っていたんですけれども、これはどう違うものでしょうか？

おそらく、その場合の国家は総資本を含んで考えているんだと思う。総資本、つまり経済過程も全て含んだ国家。要するに国家は、近代になって帝国主義段階になると、経済政策に関与していくでしょ。戦争になった時も総力戦体制をとらないといけないから、国家の中に経済プロセスが入ってくる。だから、それは『資本論』で謂う「総資本」という考え方が入った国家ですよ。で、総資本は政府によっては統制できないんです。ということは、やはり国家と政府をイコールで繋げないんですよ。

秀吉から始まった沖縄問題

先、行きましょう。

「下克上の兆候は南北朝時代に始まっています。たとえば、〝ばさら〟と呼ばれる態度が生まれた。それは明らかに市場から来るもので、華美な服装や派手なふるまいなどで目立ちます。が、それはもっと広汎に、旧来の価値秩序を挑戦的に否定するアヴァンギャルド的傾向です。これは末端の武士から大名にまで及んだ。「戦国時代」は下克上の全面化にほかなりません。これはまた、一向宗の一揆に代表されるように、旧来の生産関係や身分制を否定する千年王国的な社会運動をもたらしました。」

ばさら大名って、日本史の中でも興味深い現象です。高師直《こうのもろなお》なんかいちばん面白いよね。このへんは網野史学、網野善彦さんの成果をだいぶ活用していますね。後醍醐天皇の政権を描いた『異形の王権』（平凡社ライブラリー）は傑作なので、ぜひ読んでみて下さい。

じゃあ、読み手代わって先行きましょう。

「一六世紀には、交換様式Cあるいは下克上を促進する契機は、外からも来ました。それは近代の世界市場の到来です。メキシコを経由して、スペイン、ポルトガルらが交易を求めてやってきたのですが、日本人はたんにそれを受け入れただけではなく、自ら交易するために大勢が東南アジアに渡りました。その結果、堺などの自立的な都市が興隆した。それらに加えて大きかったのは、鉄砲の到来と普及です。西洋では鉄砲の普及が騎士の存在理由を無化しましたが、日本の武士にとっても同じです。それぞれが恩賞を期して、名乗りを上げ一騎打ちで戦うというような光景は、もはやありえない。武士は事実上不要になったのです。

多くの大名が競合する中で覇権を握った織田信長は、特に鉄砲を活用したことで知られています。信長やその後を継いだ豊臣秀吉の時代には、鎌倉時代にあったような封建制、あるいは、互酬的な主従関係は成立しなくなっていました。たとえば、秀吉はおそらく賤民の出身でありながら最高位（関白太政大臣）に立った。これは「下克上」の極みであり、封建的な主従関係や身分制が消滅したことを示すものです。

このように、一六世紀末には中央集権的な政権が形成されようとしていました。それは、西洋の絶対王政に近いものです。実際、信長や秀吉はスペインやポルトガルとの交易や宣教師らとの交際を通じて、それを熟知していました。信長は自らを絶対的な主権者と見なしていたようです。たとえば、比叡山を攻めて多数の僧侶を焼き殺しても平然としていた。皇室の権威を尊重するふりはしましたが、いずれは破壊するつもりだった。しかし、そのせいもあって、中途で暗殺されてしまいました。

信長の地位を継承した秀吉は、逆に皇室に接近し関白となったのですが、それに満足することはなく、明を征服して皇帝となることを考えた。実際、そのために、朝鮮半島に攻め込んだのです。しかし、彼の考えは根も葉もない誇大妄想とはいえません。彼の企図の背後に、戦国時代を経て強化されてきた軍事力だけでなく、東南アジアにいたる広域通商圏がありました。」

実は、現在の沖縄問題の淵源も、豊臣秀吉による明の侵攻計画にあります。

これは意外と知られていないことだけれども、秀吉が明への侵攻のため、島津氏に兵士と資金の供給を命じたら、島津氏は孫請けみたく琉球王国に資金供給の要請をしました。でも琉球王国は、明とは臣下の関係にあるから矢を向けることはできないと、サボタージュしてカネを出さなかった。これが結局、一六〇九年の琉日戦争、薩摩の琉球入りへと繋がっていきます。だから、秀吉の「明まで攻めていって、やがては明の皇帝になろう」という誇大妄想的な計画が、琉球を日本の版図の中に入れるという結果を齎《もたら》したわけです。明は高度国防国家でしたが、現在の習近平体制が明のようになっていくのは、日本のテンションを非常に上げることになるし、このアナロジーで行けば沖縄をめぐる問題も緊張することになるわけです。歴史の反復現象というのは気をつけなきゃいけない時がある。

歴史の反復現象

先読みましょう。

「明朝は元と違って、そこから内に閉じこもろうとした。だから、明に代わって、それを制覇しようと考えたのは、別に奇矯ではありません。この時期すでに、日本は「大航海時代」の世界＝経済にコミットしていたのです。秀吉の誤りは、海洋国家を目指すかわりに、陸の帝国を目指したことにあります。そのため、簡単に挫折してしまった。しかし、ある意味で、日本国家が明治以降にやろうとしたことを、秀吉はいち早く実行し、そして、いち早く挫折したといえます。秀吉の生存中には彼に服従し、その死後権力を握った徳川家康は、すぐさま、このような路線を撤回しました。」

ここがポイントです。実は先の戦争および日本の国家戦略というのは、秀吉がやったことのまさに反復現象でした。地政学的に日本は海洋国家であるにもかかわらず、その地政学に反する形での大陸国家を目指したのが、秀吉の失敗であり、昭和の戦争の失敗なのです。

日本は海洋国家なのだから、本来は同じ海洋国家が敵なんですよ。そして、海洋国家は常に潜在的な敵なのだから、うまく折り合いをつけていかないといけない。アメリカも海洋国家だから、日本にとっては、いちばんの脅威なのです。だからこそ、そこと戦うことはしてはいけない。海洋国家同士として折り合いをつけつつ、交易を通じて国益を大きくしていくのが、日本が繁栄する時のお得意のパターンなのです。それを大陸国家として進出していこうなんてすると、秀吉同様、まるでうまくいかない。なおかつ海洋国家の側面では、アメリカと対立する道を選んで、やってはいけない基本戦略を二つも採ってしまった。そのために大日本帝国は滅亡してしまったのです。これがあの敗戦の本質ですよ。

ちょうど、アメリカは海洋国家から海洋大陸国家、グローバル国家へ伸びようとしている時期でした。その状況において、日本が大陸国家としての道を行こうとしたことが、大変な軋轢を齎したのだけれども、日本はその軋轢にかかる力を正確に計算することができなかったのです。

開戦も終戦も天皇のおかげ

半藤《はんどう》一利《かずとし》さんや保《ほ》阪《さか》正康《まさやす》さんたちが共同で『「昭和天皇実録」の謎を解く』という文春新書を出しています。『昭和天皇実録』で重要なのはまず開戦前夜、昭和一六年（一九四一）一〇月の記述です。

伏見宮《ふしみのみや》（博恭《ひろやす》王・元帥海軍大将）から「人民はみな対米開戦を希望している」「開戦しなければ陸軍に反乱がおこる」と言われ、昭和天皇が「結局一戦は避け難いかもしれざる」と答えたのが一九四一年一〇月九日なんです。しかし同時に、「なお外交交渉により尽くすべき手段がある」とも言っており、御前会議の開催に反対した、すなわち開戦のための会議はまだやる必要はないという立場です。つまり、そろそろ戦争の腹を固めないといけないかもしれないが、まだ外交での解決を模索する余地があるだろうと。

ところが問題は、四日後の一〇月一三日に天皇は木戸幸一内大臣に対してこんなふうに言ったことです。

「昨今の状況に鑑み、日米交渉は漸次成立の希望が薄くなりつつある如く思われるため、万一開戦となる場合には、宣戦の詔書を渙発すべき旨を述べられる。その上で天皇は、国際聯盟脱退に際する詔書や日独伊三国同盟に際する詔書において述べた世界平和の考えが国民に等閑視されていることを遺憾とされ、今回宣戦の詔書を発する場合には、近衛と木戸も参加の上、十分に自分の気持ちを取り入れてもらいたき旨の御希望を述べられる」

これが昭和一六年一〇月一三日の出来事だと。これはすごく重要な歴史文書ですよ。やっぱり、「天皇は開戦には関与していないけれど、終戦は天皇のおかげだ」というのは論理矛盾しているんですよね。終戦が天皇のおかげだったら、開戦も天皇のおかげに決まっているわけ。そういう明確な文書を宮内庁が公表したのです。

保阪さんはこの部分の昭和天皇について、こう言っています。わずか四日しか経っていないのに、「開戦拒否への態度が後退しているように見受けられます。何しろ、もし開戦の詔勅を出す場合は、自分の世界平和に対する思いを入れたいと、内容にまで踏み込んでいるのですから」と。

それに半藤さんが応じて、

「実は、十月二日にハル国務長官から、野村吉三郎駐米大使に、次の四条件に合意しなければ、首脳会談は開催しないという覚書が手渡されています。いわゆるハル四原則と呼ばれるもので、わかりやすく言えば、

一、中国および仏印からの日本軍の撤退

二、満洲国は認めない

三、日米両国政府は中国における一切の治外法権を放棄する（中国から出ていくようにということ）

四、三国同盟の有名無実化

要するに、満洲事変以前の日本へ戻れということです。こんな要求は絶対に認められないという東条陸相と、なんとか頂上会談によってアメリカと和平を結びたい近衛首相の対立は深まるばかりです」

つまり、満州事変（一九三一年）までの日本というのは、海洋国家戦略に立っていて、その時代まではアメリカも折り合いをつけられたわけです。そして、日本も一〇年前までの海洋国家戦略に立ち戻りさえすれば、ハル・ノートは呑み込むことができる内容でした。どうしてか?

まず「一、中国および仏印からの日本軍の撤退」というのは、やれというならやったって構わない。戦線が広がり過ぎていましたからね。

「二、満洲国は認めない」というのは、「未承認国家になる」というだけでしょ。満州国を解体するわけでなく、承認しないだけだったら、全然構わないですよ。今だって、北キプロ

スとかアブハジアとか南オセチアとか、未承認国家はありますよね。一方的につくられた満州国という国家が存在する事実にまでは手をつけないということだから、これは日本が満州国を植民地として確保できるって意味合いですよ。リットン調査団もそういう結論だったんです。

それから「三、日米両国政府は中国における一切の治外法権を放棄する」。これは「一、中国および仏印からの日本軍の撤退」と裏表になっていて、そこを決断すればできる話です。それから「四、三国同盟の有名無実化」。実際ドイツが戦争をして、ドイツへ軍備を送ったり、あるいはドイツから兵器をもらったりしたことは特にないし、それから日独が協力して対米戦とか対ソ戦をやるわけでもない。ということは、軍事同盟ではなくて、三国防共同盟のまま、つまり共産主義の影響力を阻止するだけで十分目的は達成されるのだから、これも日本は受け入れることができる。

いま検討したように、ハル・ノートの内容は、日本が地政学的な戦略を転換して、大陸国家になることをやめて、従来通りの海洋国家戦略でいくことにすれば、十分飲める範囲なのです。そしてこれを飲めば、あの戦争は回避することができました。

ただ、あの時の日本は大陸国家戦略へ、もうずぶずぶに踏み込んでいて、そこでインフラもつくり出していたからね。だから、満州だけで止められなかったのが、やっぱり最大の戦術上の問題でした。もちろんハル・ノートを飲んでいたとしても、今頃、満州国の返還交渉になっていたでしょうね。それも中国に返還するのか、ロシアに返還するのか、返還先をめぐっても大変なことになったと思うけどね。

いずれにせよ、『昭和天皇実録』自体を読むのはたいへんだけど、『「昭和天皇実録」の謎を解く』を読むだけでも、「あの戦争って、日本の地政学の問題だったんだ。地政学的な転換をしたのが、あの戦争の敗因だったんだな」ということがよく分かりますよ。

朝鮮半島とは平和に騙し合ってきた

先行きましょう。ちょっと長く読みましょうか。

「一方、秀吉軍を撃退した李朝は、その後に、厄介な問題に出会いました。それは、彼らが夷として蔑視してきた女真（満州族）のヌルハチが、明王朝を倒して清朝を築いたことです。そこで、李朝の人たちは、明の文化を真に受け継ぐのは自分たちだと考えた。つまり、朝鮮王朝こそ〝中華〟だという観念を抱くようになったのです。儒学に関しても、清朝では批判的に見られるようになった朱子学を発展させた。徳川時代の日本に伝わった朱子学は、それです。一九世紀後半になって、清朝がそれなりに西洋化をはかろうとしていたとき、〝中華〟意識を強くもつ李朝はそれを拒否しました。これは、ある意味で、〝周辺〟に特有の現象だということができます。」

そのまま「7　徳川体制とは何か」に入って下さい。

「 7　徳川体制とは何か

徳川幕府体制は、一口で定義することができないような体制です。たとえば、これを封建制と見るのは、普通の見方です。しかし、その場合、西洋でいう feudalism と中国でいう封建制を区別する必要があります。中国の場合、周の時代が封建的で、戦国時代を経て、秦によって集権的な国家体制（郡県制）が形成された。徳川も戦国時代を経て、他の封建領主を完全に制圧したのですが、中央集権的な体制（郡県制）を作ることはなく、他の領主に各地を支配させた。ゆえに、徳川体制は、中国的な意味で「封建制」です。したがって、明治維新によって「郡県制」が実現されたことになります。

しかし、こういう概念だけでは、徳川体制がどのようなものかを理解できません。やはり、封建制を feudalism という意味で考える必要があります。日本の「戦国時代」は先ほど述べたように、一六世紀の世界市場・交通のただなかにあった。それは、それ以前の封建的（feudalistic）な社会を解体するものであって、そこから、西洋の絶対王政のようなものが出現するように見えた。ところが、徳川家康はそのような方向をあえて回避しようとした。まさにそのことから、徳川体制の奇妙な形態が生じたのです。

第一に、徳川家康は、信長や秀吉のように京都の朝廷の元にいることは危険だと考えました。したがって、源頼朝がかつて東国の鎌倉に幕府を開いたように、東国の江戸に幕府を開いた。また、皇室や公家に形式的な敬意を示すことによって、自らの「正統性」が皇室から来るという格好をしたのです。こうして、家康は鎌倉時代にあった武家と公家の二元性を取り戻そうとしたといえます。

といっても、江戸時代の〝封建制〟は、鎌倉時代のそれとは異質です。第一に、江戸時代では、主従関係はかつてのように「封」にもとづく互酬的なものではなくなっています。武士はもともと在地領主として農民との強いつながりをもっていました。戦争になれば、農民が戦士となった。が、徳川体制では、武士は都市に集められ、農民も武装解除（刀狩り）をされた。武士と農民が完全に分離されたわけです。武士はいわば武官となったわけですが、戦争がないので、事実上、文官と同じようになった。にもかかわらず、武士が官僚であることは「否認」されたのです。ここにも、徳川体制を定義することの困難があります。武士に関しては、後で述べます。

徳川体制はもはや封建制 feudalism だとはいえません。では、それは絶対王政に比すことができるでしょうか。もちろん、できない。信長や秀吉の体制は絶対王政に近いところがあった。しかし、徳川は、そのような方向を否定したのです。西ヨーロッパの絶対王権は領主の封建的特権を奪い、彼らを宮廷貴族・官僚の中に組み入れました。それに対して、徳川は封建領主（大名）をそのままにした。また、絶対王政が重商主義政策をとり富国強兵をはかったのに対して、徳川はまったく反対のことをしたのです。

第一に、〝鎖国〟政策をとった。もちろん、オランダとの交易を続けたし、また、中国・朝鮮・琉球との交易も続けたけれども、その程度の海外交易では、一六世紀にあったような経済発展はありえない。さらに、商人を「士農工商」という身分制の最下位に置いた。実際には、たえず、商人の力に屈していたのですが、建前では、商人を最下位においた。徳川はこのように、一六世紀に世界市場とつながって開花した商人資本主義を抑えようとしたのです。

第二に、徳川幕府は軍事的な発展を停止させた。鉄砲などの開発を他の大名に禁じただけでなく、幕府自身もそれを凍結した。要するに、徳川は絶対王権なら行うであろうことを、すべてやめてしまったのです。徳川の原則は、経済発展であれ、軍事的発展であれ、拡大主義の否定です。一六世紀に世界市場あるいは近代に向かっていた日本の社会は、徳川によって、それを押しとどめられたといえます。

ある意味で、徳川は、日本が壊した旧来の東アジアの秩序を取り戻そうとしたといえます。秀吉の侵攻と破壊のあとですから、朝鮮との関係を修復するのは容易ではなかった。徳川家康はそれに真剣に取り組みました。たとえば、将軍の代替わりのたびに、朝鮮通信使を迎えるようにした。朝鮮王朝との関係修復は、朝鮮を冊封《さくほう》する明や清との関係を回復することでもある。その意味で、徳川家康は、東アジアにあった帝国とその周辺という世界秩序を回復しようとしたのです。

また、家康は朝鮮の朱子学を導入して幕府の公認の教義としました。儒教を優位に置くことは、戦国時代にあった価値を否定するものです。それはいわば、礼楽を武に優越させることだから。にもかかわらず、家康は文官による官僚制国家を作ろうとはしなかった。武士階級を従来のままにとどめたのです。というのも、徳川は武家政権としての正統性を必要としたからです。朱子学が重要だったのは、そのためです。それはかつて後醍醐天皇が朱子学にもとづいて南朝の正統性を主張したのと類似します。それは著作でいえば、北畠親房の『神皇正統記』に代表されます。一方、徳川時代では、武家政権の正統性を示すために書かれたのが、新井白石の『読史余論』です。」公家と武家の立場は異なるとはいえ、いずれも朱子学の「正統性」の観念に立脚していたわけです。

面白いでしょう?

徳川時代の特徴は、朝鮮との関係において根本的な認識の差異があることを詰めなかった、という点にあります。朝鮮通信使は、将軍が代わるごとに挨拶に来ました。朝鮮が臣下の礼を尽くしに来るのを日本が受け入れる、というのが江戸幕府の解釈です。

ところが、朝鮮通信使側は「巡察《じゅんさつ》」という解釈なんですね。朝鮮の辺境である日本を、王が代わる時にチェックしに行くんだと。つまり、日本は朝鮮に従属しているという解釈なわけ。でも双方とも、これがどういう性格の通信使なのかは全然詰めずにやっていきました。そして、詰めないことによって、安定的な関係が維持されていたのです。とにかく往来があって、お互いそこそこ礼儀正しくして、戦争をしないと。それでいいじゃないか、ということなんだよね。だから朝鮮半島との問題については、共通の理解を求めない。お互いの考えていることには知らんぷりをして、時折相手が自分の考えとは違うことを言っても気づかないふりをする。「お互いに騙され合おうや」という体制をつくって、安定性を維持したわけだね。ひと昔前までの竹島問題みたいなものですよ。これが朝鮮と付き合う時の一つの知恵なんです。この合宿でずっと言って来たように、そもそも歴史は一つではないのだから、あえて一つにしようとしなくたっていいのです。

田辺と併せて考える

柄谷さんの先へ行きましょう。

「徳川体制には、このように相矛盾した面が各所に見られます。たとえば、家康は郡県制（中央集権制）をとらず、封建制（地方分権制）をとったのですが、実際には、徳川体制はきわめて中央集権的でした。それを如実に示すのが、参勤交代制度です。これは、大名が家族を江戸に人質として置き、また、一年おきに江戸に居住するというものです。この移動の経費、江戸での滞在費が大変な負担でした。これは諸大名に浪費を強いることによって、彼らの経済的・軍事的な発展を阻止するものです。

この参勤交代制度は、徳川体制の性質を凝縮して示すものです。中国の専制国家やヨーロッパの絶対王政においても、王権を確立するために王が地方を巡回したり、官僚を地方に移動させたり、貴族を宮廷に集めたりはします。しかし、王が移動せず、支配階層のみが定期的に大量に移動するという例は、ほかにありません。たとえば、中国の皇帝は、地方の領主らを毎年「参勤交代」させるほどの力をもたなかった。その意味では、徳川政権の中央集権的な力はもの凄い。にもかかわらず、徳川はあえて各藩を解体せず「分権制」（封建制）を保とうとしたのです。

同じことが武士についていえます。徳川時代に、武士はもはや戦士ではなく、官僚となってしまった。にもかかわらず、武士はあくまで武士であって、官僚にはならなかったのです。

たとえば、武士だけが帯刀を許された。しかし、武士が実際に刀を使うことはほとんどありません。ここから矛盾に満ちた態度が生じます。山鹿素行などは、武士が儒学を学び詩文を書くことを奨励し、それを「士道」と呼びました。大半の武士はそのような規範に従ったといえます。それは鎌倉時代の武士とはまったく違います。その時期は、「切り取り強盗は武士のならい」といわれたのです。武士はろくに字も読めない乱暴者であった、ということです。

一方、「士道」の観念が標準的な中で、「武士道」を説いた者がいます。山本常朝は、たとえば、「武士道は死に狂ひ也」という(『葉隠』)。それは、理屈を唱えず、ただ無闇に死ぬのが武士なのだ、ということです。しかし、徳川時代には、武士が死ぬような機会はほとんどなかった。また、それ以前に武士が死を賭けた時代には、自分や遺族に恩賞が与えられることを期していました。だから、『葉隠』でいうような武士道は一度も存在したことがない。武士道とは、徳川時代に官僚でしかなくなった武士が、自分の存在理由を見出そうとして考えた観念にすぎません。

徳川時代に武士は、すでに官僚となっていたにもかかわらず、自らが官僚であることを〝否認〟したわけです。そして、官僚を蔑視し続けた。奇妙な矛盾に満ちた武士のあり方は、徳川体制そのもののあり方を象徴しています。では、どうしてこんなものができたのでしょうか。それは、一言でいえば、徳川の支配を永続化させるという動機にもとづくものです。

徳川家康は、一六世紀に浸透した貨幣経済が「下克上」を促進すること、また、それが中央集権的な国家に帰結することを知っていました。それらは、結局、徳川家の支配を崩壊させてしまう。だから、あくまで〝封建制〟を確保しなければならない。すでにそれが滅んでいたにもかかわらず。要するに、徳川は一六世紀に一度世界資本主義に内属した日本の社会を、そこから強引に引き揚げさせようとしたのです。しかし、結果的に、それに挫折した。なぜなら、そんなことは不可能だからです。」

『葉隠』の「武士道は死に狂ひ也」みたいなものが出てくるのは、戦争をしない時代、誰も殺さず誰にも殺されないような時代になってきたから、観念の中で勇ましいことを言うようになったんだと。このへん、今の集団的自衛権で勇ましいことを言っている人たちと一緒ですね。「地球の裏まで行って戦う」なんていうのは、戦争のリアリティが全然ない話です。戦後、自衛官は戦闘で死んだ人間、一人もいないのだからね。外交官や警察官は死んでいるし、NPOの人も死んでいるけれどね。そういう時代だからこそ、あんな観念論が出てくるわけ。本当の戦争を知らないからこそ、出てくるのです。裏返して言えば、その程度の観念論で戦争なんかできっこないんですよ。

次行こう。

「徳川幕府が参勤交代を強制したのは、封建諸侯の服従と忠誠をたえず確認し、また、彼らに経済的な負担を課して弱体化させるためでした。が、参勤交代はそのための経費に苦しんだ諸藩をいっそう貨幣経済・商品生産に向かわせ、且つ、それを通して大坂などの商人階級の力を強めた。コンスタチ《ママ》ン・ヴァポリスは、『日本人と参勤交代』（小島康隆《ママ》訳、柏書房）

で、参勤交代が幕府を倒す結果をもたらしたことを指摘しています。たとえば、参勤交代によって、全国各地から来た大勢の武士が江戸に滞在し、交流するようになった。また、中央の文化が地方に伝わるだけでなく、逆に、地方の産物や情報が中央に伝えられた。」

ここ、田辺元と合わせて考えてみようか。

みんなは各藩のために働いているんだよね。しかし、藩の中には傑出した個人がいて、藩の枠を外れる人たちがいる。その人たちが他の藩の人間にも通じる普遍文化をつくっていく。彼らが江戸に集まって、交流することによって、日本という枠組みの文化的な基礎ができて、産物や情報の行き来も盛んになる。それがやがては各藩を壊し、江戸幕府を壊す莫大なエネルギーにもなった。だから田辺の謂う「種族」という考え方は、江戸幕府が壊れていく流れにも明らかに見てとれるんですよ。傑出した個人の果たす役割は、日本の枠の中だけでも、普遍的な価値観をつくり上げていくことができる、というのは面白いよね。

ナショナリズムではなかった攘夷運動

じゃあ、読み手代わって先行きましょう。

「さらに、大名行列が立ち寄る京都・大坂、さらに、街道沿いの都市もまた発達した。このように、江戸を経由した中央と地方の相互交流によって、統一された「ナショナルな文化」が形成された、というのです。封建体制を永続させるための制度が、こうして、それ自身を解体させることに帰結したわけです。

要するに、徳川幕府は一六世紀に開かれた世界市場（交換様式C）の浸透を抑えようと懸命に努めたが、結局それができなかった、ということです。明治維新のあとに、日本は急速に産業資本主義的発展を遂げました。しかし、それは、明治時代に始まったものというより、一六世紀に存在し徳川時代に抑えられてきたものが、その足枷《あしかせ》を外された結果だというべきです。

最後に、徳川幕府がその永続性のためにとった政策が裏目に出たもう一つの例は、自らの正統性を天皇の権威に求めたことです。徳川御三家の一つ、水戸藩では、尊皇思想が唱導されました。むろん、それは徳川の正統性を根拠づけるためです。しかし、皮肉なことに、それが幕府を崩壊させる一原因となりました。具体的にいえば、一九世紀半ば、幕府は、米国などの西洋諸国の圧力に屈して「開国」し、不平等条約を結んだのですが、そこから、「尊皇攘夷」を掲げる討幕運動が起こった。それは、幕府が皇室をさしおいて外国（夷）に屈したということを糾弾したのです。」

まず水戸藩は、二代藩主の徳川光圀《みつくに》が「国学の研究をやるぞ」と旗振り役になって、『大日本史』の編纂《へんさん》を始めたわけです。ここから水戸学になっていくのだけれども、彼らは思想のベースを南朝の忠臣北畠親房の『神皇正統記』に置いて、南朝正統論を唱えたのです。

昨日もちょっと触れましたが、彼らの主張としては、今の（江戸時代も、そして現在も）天皇家は北朝なのだから、正統性において劣るんだと。そこを理論化することによって、徳川幕府の朝廷に対する地位を強化することを目指したのです。つまり、江戸時代における南朝正統論には、現在まで連なる北朝系・持明院統系の皇室に対する強い牽制があるわけ。柄谷さんもそこを押さえていますね。

そして幕末の攘夷がどうして起きたのか？　考えてみると、あれだけ攘夷運動が盛んだったのに、攘夷をやっていた連中、例えば薩摩藩は薩英戦争で負けた途端に、「薩摩スチューデント」なんて留学生グループをイギリスへ行かせて、たちまちイギリスと友好関係になっちゃうわけです。つまり、攘夷の原理って、ナショナリズムじゃないんですよ。

これ、理屈は簡単なんです。元寇の役の時の武士に国防意識がなかったのと同じで、幕末の彼らもまた封建的な契約関係だったのです。徳川幕府の最大の契約は、朝廷との関係における〈征夷大将軍〉という契約ですよね。では、征夷大将軍って何？　朝廷をお守りするガードマンの役でしょ。坂上田村麻呂《さかのうえのたむらまろ》が陸奥の夷狄《いてき》、蝦夷に対して朝廷を守るための戦いをするというので、征夷大将軍になったわけじゃない？　ところが征夷大将軍のくせに、徳川家は夷狄、つまり外敵であるアメリカのペリーとか、あるいはロシアの軍艦とかに対して、戦いもせずに、しかも朝廷の勅許を得ずして勝手に和平条約を結んじゃった。これ、ガードマンとして契約違反じゃない？　そんなの征夷大将軍じゃない、けしからん、恥ずかしいと思ってみんな怒り始めたのが攘夷運動のきっかけですよ。徳川の契約違反に怒っているのであって、べつに日本を守るためにロシアやアメリカ、イギリスに対して怒っているわけではないんだ。

つまり、「もう私は夷狄から朝廷をお守りすることができません。なので、征夷大将軍というお役目をお預かりしていたのですが、それをお返しいたします」というのが大政奉還なのです。だから、それであっさり、全てのけりがついちゃったわけだね。攘夷を動かすのがナショナリズムの原理だったら、もっとずっと引っ張って抵抗運動が長く続くはずだけれども、ナショナリズムではなくて、「お前、約束守ってないじゃないか」という契約論、大義名分論が問題の焦点だったから、あっと言う間に解決したのです。

日本資本主義論争へ

次の「8　明治維新以後」へ行きましょう。もう締め括りです。

「8　明治維新以後

明治維新のリーダーらは、討幕を命じる天皇の詔を得ることで徳川幕府に勝利しました。明治維新が実質的にブルジョア革命であることは、明らかです。しかし、その種の事柄が公言されたことはなかった。」

ここはすごく重要。明治維新とは何だったか、ということなんです。

戦前、一九三〇年代の日本で、明治維新をめぐって、ものすごい論争がありました。

日本の思想史とか日本人の思考の鋳型は一九三〇年代にほとんど決まってしまいました。

その一九三〇年代に、左翼陣営の論争で、「日本資本主義論争」と呼ばれるものがあるんです。「封建論争」とも言います。これは明治維新の性格をめぐって起きた大論争で、歴史、経済、哲学、ありとあらゆる分野で論戦が繰り広げられました。「講座派」と「労農派」という二派が侃々諤々《かんかんがくがく》争ったのです。

この二派をちょっと詳しく説明しますと、講座派は一九三〇年代の初めに岩波書店から出ていた『日本資本主義発達史講座』の執筆者であった共産党系の人が多かった。それに対して労農派は「労農」って雑誌に集まっていた、共産党とは一線を画すマルクス主義者たち、今の基準だと社会民主主義者たちです。山川均とか岩波文庫版の『資本論』を訳している向坂逸郎《さかいつろう》とか、あるいは『いま生きる「資本論」』『いま生きる階級論』の影の主人公と呼べる宇野弘蔵《うのこうぞう》なんかも労農派です。要するに、左翼のインテリたちですよ。

さっき柄谷さんの文中に出てきた石母田正とか網野善彦とかは講座派と言っていい。講座派の人たちは、明治維新はブルジョア革命（市民革命）ではないと見ています。むしろ、絶対主義天皇制が成立したということで、封建制の強化だったんだと見る。つまり、日本はまだ資本主義社会になっていないのだから、天皇はいわば地主の親玉であると。そして天皇制官僚に押さえられているんだと。

だから、日本がまずやらないといけない革命は、資本家と労働者が手を握って、天皇制を打倒することだと。それによって資本主義社会をつくる。その後で、市民革命を起こして社会主義に転化させていくんだという「二段階革命論」をとりました。天皇は日本の権力の中心であり、それは土地と結びついた地主勢力である。なおかつ日本にはそんな独特の型があって、その型はどんな時代になっても生き延びて、不変なのだ。講座派はこういう考え方です。だから、日本が特別な社会であるといった思考、日本には特殊なシステムがあるといった見方、日本異質論、日本型経営論なんていうのは、思考の鋳型は全部講座派の鋳型を使っていると言っていい。

この共産党系の考え方の基は、共産主義インターナショナル（コミンテルン）が一九三二年にモスクワで出した「日本に関するテーゼ」に発しています。「日本は天皇制絶対主義にある。明治維新は絶対主義を拵えただけで、まだ資本主義になっていない」という思考の枠組みはモスクワ製なんですよ。

第二次世界大戦後になると、こういった共産党系＝講座派の人たちは「対米従属論」を唱えました。日本はアメリカに従属しているのだから、自立していない国である。そこで、まず日本的なものを取り戻すことを目的にしないといけない。日本的なものを取り戻すというのは、日本特殊論ですよね。日本には日本独自の日本的なるものがあるってことです。

講座派の論争相手である労農派は、「コミンテルンの言っているのは、帝政ロシアのツァーリ（皇帝）を天皇と置き換えただけで、日本の現実とまったく合致していない」と批判しました。明治維新は、どう考えたってブルジョア革命じゃないか。ただ、革命が不完全なものだったから、封建制の尻尾は残っている。それは、西洋よりも遅れて産業化がなされたから、最新の機械を持ってこられたため、農村を完全には分解しないで済んだからだ。けれど資本主義のグローバリゼーションは当然日本にも及んでくるから、資本主義においては日本の特殊な型なんてない。ベタな感じ、フラットな感じで資本主義化は進み、そこからわれわれは逃れることはできないだろう。そこが前提の上で、各国の文化に応じた変容がある。しかしあくまで資本主義自体は普遍的かつフラットな原理で、どんどんグローバル化していくんだ。これが労農派の視座です。

だから労農派の革命論は、そのグローバルな資本主義をどういうふうにして脱構築していくかになっていくから、「直接、社会主義革命を目指すんだ」という考え方になります。つまり、「二段階も何もない、すぐに社会主義革命だ」と主張したわけ。すると、不思議なことが生じたんだよ。「ただちに革命を起せ！」と主張する労農派は治安維持法に引っかからないんだ。治安維持法は国体変革を目指す者や組織が対象だから、天皇制と戦おうとする講座派、共産党をまず取り締まるわけ。労農派の方は、天皇制に関心がないんだな。「だって、天皇制はもう資本主義システムに吸収されているのだから、あんなものを打倒したところで社会は変わんねえよ」と。だから、労農派は最初のうちは治安維持法違反で逮捕されなかったのです。

そして労農派は、「共産党みたいな政党をつくると唯我独尊になるから、政党という形より、いろんな労働運動の横断的なネットワークだけつくればいいんだ」という考え方をしました。党なんか、いらないよと。人民戦線みたいな形を考えていくのです。

彼らは、「日本は基本的にかなり進んだ資本主義国で、帝国主義段階にまで発達している。当然、資本主義の矛盾が相当現れてきているから、左翼運動が盛んにならないためにも、国家は社会福祉政策を始めている」と。「その社会福祉政策というのは、上から一定程度の社会主義政策を入れていく形だ。これはファシズム政策の特徴だ。やはり排外主義的な立場に立ってもいるから、近いうちに戦争を始めるにちがいない。ということは、いま喫緊の課題は反ファシズムだ。ファシズムの流れに反対する人なら、資本家だろうが、文化人だろうが、誰でもいいから全員味方にして、とにかくファシズムだけは阻止しないといけないんだ」と考えました。また、ソ連には関心がありません。「ソ連はソ連流の形で、自分たちの国家建設をしている。それとマルクス主義とは、基本的に関係ないね」と。そんな考え方の左翼が労農派だったのです。

そうしたら講座派が、労農派のことを「社会ファシズムだ」と非難し始めるわけ。「日本はまだ資本主義社会ではないし、ましてや、帝国主義段階に達した資本主義国家が財閥と結びついて起こるファシズムなんかが存在する段階ではないのに、『日本はファシズムになりつつある』などと言って、労働者を惑わす不埒な連中だ。やつらは労働者をだましまして、本当の敵から目を逸らさせようとしている」と。だから、「まず労農派を叩き潰すことに全力を尽くそう、革命はその後だ」。ほとんど内ゲバの論理になっていった。

結局は、国家によってまず講座派が狙い撃ちで弾圧されて（一九三六年のコム・アカデミー事件）、その翌年に労農派も弾圧され（人民戦線事件）、空中分解したみたいに誰もいなくなりましたけどね。

ただ戦後になって、労農派の人たち、あるいはその思想というのは社会党左派、それから共産党から分かれた新左翼へと流れていったのです。講座派はむろん共産党の主流派で息を吹き返しました。

だから柄谷さんが、ここで「明治維新が実質的にブルジョア革命であることは明らかです」と言い切っているのは、「私は労農派の立場に立っている」と宣言しているわけですね。

日本の論壇人で労農派的な認識を持っている人はほとんどいません。柄谷さんと池上彰さんぐらいです。だって、それ以外の人はみんな日本特殊論でしょ？　柄谷さんの書くものが面白いのは、まず普遍的な価値観を徹底的に追究して、その後で日本の文化に応じた変容を見ていくというアプローチをとっているからです。それはこの『帝国の構造』でも同じですよね。

一方で講座派の人たちが書くものは、最終的には信仰になっちゃう。「だって日本だからね」とか「日本には日本のあり方がある」とか「瑞穂の国資本主義で行けば何とかなる」とか言って納得している。そのへんを見ていれば、思考の鋳型がわかりますよ。「瑞穂の国資本主義というのは、グローバルな資本主義とどこがどう違うの？」なんて質問する人は、労農派的な発想の人なわけです。講座派と労農派の鋳型の違い、あるいは対立はいまの日本でも依然としてあります。

マキハラさん　すみません、明治維新がブルジョア革命だというのは初めて知りました。もともとは権力闘争からだろう、くらいに思っていたので……。

それは講座派的な見方なんです。そうではなくて、権力闘争の面はあったにしても、その背後には資本主義的な運動が存在しています。日本でも、江戸時代の終わり頃から始まったマニュファクチャーから資本主義が動き始め、明治維新政府になって本格的に後発資本主義国から帝国主義国へと飛躍していく基盤が維新の時にはすでにあったのです。その基本は近代的な市民の成立にあります。だからこそ、薩長土肥体制という枠はあるにせよ、それ以外の人間たちも社会の中で登用され、身分に関係なく国家建設や社会建設に参加していけることになったんだと。そんな社会構造の転換が起きていたのだから、明治維新は市民革命、ブルジョア革命だと。こういう見方を柄谷さんはしているわけですね。そして、これは典型的な労農派の見方です。

カサハラさん　先ほどの講座派、労農派の説明の中で、天皇制の見方の違いを強調されていましたが、明治維新における天皇というのは、単に薩長土肥連合政府では正統性がないので、正統性を担保するために天皇を持ち出しただけで、お神輿《みこし》みたいなものだと私は思っていたんです。そのお神輿みたいなものが、だんだん、なぜか実質的な力を持つようになったという印象を持っていますが、当初はべつに薩長の人たちも……。

そうね、山県有朋《やまがたありとも》あたりは天皇を突っついて、「あんた、あんまり変なことばっかり言うと、天皇やめさせますよ」なんか言ったとか、逸話はたくさんありますね。

天皇が神格化したのは

では、いつ頃だと思う？　実質的な力を持つまでに神格化されていったのは。

カサハラさん　天皇機関説事件（一九三五年）のあたり？

私は違うと思う。天皇機関説が出るよりもっと前、さっき言った三二年テーゼじゃないかな。あそこから「天皇制」という言葉が流行し始めたのです。つまり、日本語ではあるけれども、モスクワ製の言葉なんだね。

天皇制という言葉のいちばんの含意は、制度だから改変可能であるってことです。それまでは、改変可能だと誰も思っていなかった。日本の文化の一部ですからね。

そして、「絶対主義天皇制というのは、地主と軍人の権力と、秘密警察でもって人民を弾圧し云々」とか、いかに恐ろしいものであるかを三二年テーゼは書いてあるわけ。これを特高警察とか政府高官とか権力者の連中が読んでいるうちに、だんだん自己成就の目標、あるいは自分を縛る予言みたくなってきて、それが天皇制を変容させていき、やがては三二年テーゼそのものみたいな感じにしたんじゃないか――というのが私の仮説なんです。

言語化がまずモスクワでなされた結果、そのミラー効果のようにして天皇制の変容が一九三〇年代の日本で起きたのではないでしょうか。明治維新あたりでは、「天皇はん、天皇はん」と町人が声をかけていたような天皇がいた。それから、仰ったように、正統性を持つための〈玉〉として、これはいろんな時代に天皇候補ってたくさんいたのです。すごく身近な存在である一方で、けっこうプラグマティックに扱われてもいたわけです。それが今から百年もたたぬ前になぜか神格化されて、いまだに脱構築されておらず、天皇タブーは強く残っています。このきっかけは三二年テーゼの呪縛なんだと思う。

カサハラさん　そもそも明治維新の頃は権力闘争をやっていて、天皇はシャッポみたいなものだったのが……。

ただ、その権力闘争が起きてくる原因は何だったかだよね。権力闘争というものは常にあったのだけれども、その時の権力闘争がなぜ大政奉還にまで至るようなインパクトを持って、それまで二六〇年培ってきたシステムの大転換に繋がっていったのか。やっぱり社会構造の変化があったと見るべきだろうな。

クラモトさん　先ほどおっしゃっていた、もともとの太閤検地の基準で年貢が決められていたから、幕藩体制が窮乏化していた、もはや経済的にはもたない状態だったという面もあるのでしょうか？

これはそうでもなくて、各藩はけっこう力を蓄えていて、初期的な工業までできる藩もありました。だから資本主義的な土台は既にあったのです。明治維新以降は、進んだ機械を急速に輸入することによって、農村を完全に解体しない形で資本主義を進めることができた。これは後発国の優位だよね。だから資本主義国のモデルとしては、ドイツ・モデルに近い。それでわずか三、四〇年のうちに日清・日露の戦争を経て、帝国主義国になりおおせた。そんな感じじゃないかな。

ヤマナカさん　今のお話を伺っていて、僕は講座派的なのかもしれないと不安なのですが（会場笑）、明治維新がちゃんとしたブルジョア革命でなかったところへ、急速に近代化していったので、そもそもの政策というか指針や思想的基盤などが非常にあやふやなまま進んでいったような気がします。

そのとおりです。だから端的にいうと、ブルジョア革命が行われたにもかかわらず、税金の物納、例えば地租改正までコメによって税金を納めることが可能だったでしょ？　今だって、相続税なんか物納が可能じゃない？　そんなの変な国だよね。やはり不完全なブルジョア革命だったんだよ。だからこそ激しい論争になったわけだけども。

そのへんを端的にまとめている文章に、一九五四年に出た『左社綱領』、別称日本社会党左派綱領というものがあります。労農派の立場からいちばん簡潔に、明治維新の性格についてまとめたものです。それを踏襲した『社会主義協会テーゼ』という本、これは古本屋で一〇〇〇円ぐらいで売っていると思う。それから労農派では対馬忠行《つしまただゆき》の『日本資本主義論争史論』、講座派の方も小山弘健《こやまひろたけ》の『日本資本主義論争史』がそれぞれ出ています。このへん、調べてみるのは非常に面白いですよ。

ウエハラさん　明治維新の性格ゆえに――つまり、不完全なブルジョア革命だったゆえに、先の戦争が始まったという面もあったのでしょうか？

日本は不十分な形でしか資本主義化がなされなかった、不十分にしか近代化がなされなかった。だから、日清・日露戦争に勝ちながらも、また第一次世界大戦でほとんど戦わずして漁夫の利的な利益を得ながらも、本当に近代的な意味での、合理的な形での帝国主義政策ができなかった。そして軍隊が何十年も戦争をしていない時代に三二年テーゼが出てきて、「共産主義革命が起きるのは心底怖いな」と、みんなが共産主義恐怖症になった。指導層、権力者層がコミンテルンのテーゼを勉強しているうちに、だんだん、だんだん自分たちの姿がそこに書かれているものに似てきちゃった。これはとにかく共産主義の防波堤をつくらなきゃいけないぞと、日独伊三国防共協定をつくる。当時、アメリカは意外に共産党が強かったから、アメリカと仲良くすると共産主義が入ってくるかもしれないという虞《おそ》れもあった。それで、何だかよく訳が分からないうちにアメリカとこじれてきて、一方で満州建国以後は大陸国家への道を歩み始めて、十分受け入れられるはずのハル・ノートを受け入れず、すべてのタイミングを逸して、「ええい、一丁やったるか」みたいな軽いノリで戦争を始めちゃった。そんな気がしませんか？

さすがに知識人は戦争が始まる前にはもう、これは日本がめちゃくちゃになってしまうことが分かっていた。となると、特攻にだって行くことになるかもしれないから、それに向けて若者を教育しなくてはいけない。そう考え始めていた。

他方、民衆は、『愛染かつら』の延長線上で、昭和一八年春になってもなお、「え？　こんな大変なことが起るの？　嫌だねー」というような感じでいた。そういう戦争であり、国家であったように思います。

イワシタさん　海洋国家から大陸国家への移行は、日本が明確に意識して選択したものなのでしょうか？

意識してない。意識していれば、矯正ができるわけ。わざとやっていることは直せるし、引き返せます。何となくやっていることは直せないのです。これが怖いんです。

よし、柄谷さんの『帝国の構造』は最後の二ページ半が残っていますが、この明治維新のところでおしまいにしましょう。あとは昨日からの講座を受けたみなさんなら読んでいただければ、すぐに理解できることばかりです。

そして、柄谷さんが結論部で言っている、憲法九条を新しい日本の「帝国」の原理にして、東アジアの近隣諸国との間によい関係を築けばいい、そうして日本は初めて「帝国」的になれる、みたいなことに現実性はまったくないと私は思っています。にもかかわらず、こういう現実性がない統制的理念というものを、それでも掲げておかないとおかしくなっちゃうんだよ、という柄谷さんの思いが出ているのではないかなと解釈しています。そういう真摯な思いに溢れていると同時に、非常に頭のいい人であることは『帝国の構造』一冊でも明らかです。

本というのは、頭のいい人が書いたものを読むことが重要なのです。ただ、頭のいい人が書く本は積み重ね方式になっているから、少し補強しながら読む必要がある。独学で補強すると、いろいろ余計なものを読まなきゃいけないから時間も手間もかかるので、こういう集中的な勉強会で、「こういう道筋で、こういった本を読んでおきゃ分かるよ」とチューターがいた方がいいんですね。

それから頭のいい人には、飛躍があります。柄谷さんの場合は善意の飛躍、田辺元の場合は悪意の飛躍（会場笑）。だから昨日、『歴史的現実』の最後を一行ずつ細かく読んでいったでしょ？　野矢茂樹さんの『論理学』の本で知ってから、私はああいう読み方をするようにしているんですよ。論理をごまかして、勢いで何か喋ったり、書いたりする時は接続詞が省かれます。接続詞を省くと論理の矛盾が見えにくくなるからですよ。田辺は接続詞をほとんど使っていませんでしたね。あるいは接続詞で「しかし」とあっても、逆説にならずに、順接になっているとか、変な具合になっている。接続詞の有無にまどわされずに論理の矛盾を読むには、ゆっくり一行ずつ吟味して、解析していけばいいのです。そういうふうにすると、頭のいい人にも騙されずに済む。

この二泊三日の合宿は、ある意味では悪魔のように頭がいい田辺元という人が、八合目まではものすごく正しい議論で、誠実で、説得力を持って案内してくれるんだけど、最後の二合でとんでもないところに持って行く。最終的には彼の話を聞いた人間は国のために死なないといけない、無謀な戦争で命を落とさないといけない、そんなところへ落とし込まれる、その実例を読みました。あの戦争を、あるいは若者のあの戦争への出征を、頭のいい人間が正当化するとあんなふうになるのです。

あともう一つは、今の世界で「戦争反対」と言うだけではなぜ戦争を阻止できないのか？　戦争に至る必然的な構造はどういうふうになっているのか？　それから日本が国際社会からちょっとずれて、すぐに何となく変なことをしてしまうのはなぜか？　このへんを、帝国ということや、日本が亜周辺にあることから説明したかったんだけれども、そこは時間不足で、本当に入口までしか辿りつけませんでした。それは申し訳なかったけれども、ポイントは「日本資本主義論争史」、とりわけ明治維新の性格をどう見るかだというところまでは説明できたので、まあまあ所期の目的は達成できたと思っています。みなさんが熱心について来てくれたからですよ。三日間、本当にありがとうございました。

田辺元『歴史的現実』を取り上げたのは、私が読者とともに「未来としての過去」について真剣に考えてみたいと思ったからだ。真理は具体的であるので、われわれの目の前にあり、近未来に日本社会に脅威をもたらす問題について考察してみたい。

フィリピン南部のミンダナオ島でイスラム教スンナ派過激組織「イスラム国」（ＩＳ）がテロ活動を強めている。これに対抗する動きをフィリピン、インドネシア、マレーシアが始めた。

〈インドネシア、フィリピン、マレーシアの3カ国は（6月）19日、比ミンダナオ島沖の海域などでの合同警備を始めた。３カ国の境界が入り組む海域で過激派組織「イスラム国」（ＩＳ）を信奉するグループによる船員誘拐事件が多発し、テロリストが密航している疑いも出ていることに対応する。

３カ国の国防相らが19日、現場海域に近いインドネシア北部の港湾都市タラカンで会談した。同地の海軍施設内に合同警備の司令センターを設置し、フィリピンとマレーシアにもセンターを設置して情報を共有する。会談にはシンガポールとブルネイもオブザーバーとして参加した。

19日に始まった合同警備はミンダナオ島沖のスールー海を中心に、主に海と空から不審船の監視を行う。インドネシアのリャミザルド国防相は「３カ国の周辺からテロリストの問題がなくなるまで続ける」と述べた。〉（２０１７年6月19日「日本経済新聞」電子版）

歴史的にフィリピンの南部ミンダナオ島では、イスラム教徒が多い。ミンダナオの分離運動は、一時期、毛沢東派の過激な共産主義者が中心を占めたが、現在はISの影響力が圧倒的に強い。ミンダナオ島のダバオ市長を長年つとめていたフィリピンのドゥテルテ大統領は、現地事情を正確に把握している。〈中東に行ったテロリストたちがさまよい始め、家に戻ってきたらどうなるか。私たちは備えておかないといけない。人権問題なんて言葉が通じる相手じゃない（2016年11月14日）／中東に足場をなくしたらすぐ、過激派組織「イスラム国」（IS）はイスラム教徒の多いインドネシア、マレーシア、ブルネイそしてフィリピンに王国をつくって居座ろうとするだろう（同年12月22日）／テロ組織も麻薬を資金源にしようとしている。ISは（過激派組織アブサヤフ幹部の）イスニロン・ハピロン容疑者を支部のリーダーと認めた。巻き込まれる時まで待つことなく、覚醒剤を断たなければならない（2017年3月19日）／これらはいずれもフィリピンのドゥテルテ大統領の発言。同国南部ミンダナオ島の現状をまるで半年以上も前から予言していたかのようだ。〉（2017年6月24日「朝日新聞」朝刊）。

ドゥテルテ大統領は危機を正確に認識していて、それなりの対抗策を取ったがISの侵入を防ぐことが出来なかった。

シリアでは、ロシア軍とシリア政府軍、さらに米軍の支援を受けたクルド民兵の攻勢によりISが実効支配する地域が急速に減少している。そのため、ISの活動家は、エジプト、中央アジア、フィリピンなどに流出を始めている。最近になりフィリピン政府軍が掃討作戦を開始したために、ミンダナオ島のIS勢力にマスメディアの関心が集まったが、ドゥテルテ大統領の発言からも明らかなように、同地におけるＩＳの浸透はかなり以前になされたものと見られる。住民間にも一定の基盤を持つＩＳの影響力をミンダナオ島から駆逐するためには、本格的な対テロ掃討作戦が必要とされる。

そしてこの掃討作戦が進捗すると、ＩＳ工作員はミンダナオ島から周辺地域に拡散する。テロリストが観光客を装って、日本に渡ってくる可能性は十分にある。そうなると日本も対テロ戦争の前線になる。国家間で行われる従来型の戦争と異なるテロ戦争の戦場に日本がなる日も、残念ながら、そう遠くない未来にあると私は見ている。そのための思想的、精神的な準備が今から必要だ。

現在、ヨーロッパとロシアのほぼ全域がテロ戦争の戦場になっている。最近上梓されたイアン・カーショー（三浦元博／竹田保孝訳）『地獄の淵から　ヨーロッパ史１９１４―１９４９』（白水社、２０１７年）を読むと、近代システムに戦争が組み込まれていることがよくわかる。カーショーは英国の歴史家で専門はドイツ近現代史だ。分厚い２巻本からなる『ヒトラー』の評伝（邦訳は白水社）が有名だ。全４巻からなる「シリーズ近現代ヨーロッパ２００年史」の第３、４巻をカーショーが担当している。シリーズ第３巻の『地獄の淵から』では第一次世界大戦が勃発した東西冷戦体制が確立する１９４９年までを扱っている。本書を読むと、近代ヨーロッパの基本原理が民族で、統治する地域で自民族が支配的地位を占めようとするエスノクラシーという病理が二度の世界大戦を引き起こしたことがよくわかる。経済混乱によって弱体化した政治エリートが過激な民族主義を自己の権力基盤を強化するための道具として用いたことに最大の問題があるようだ。

〈一九二〇年代前半のインフレ危機と一九三〇年代のデフレ危機が、砂上の楼閣と判明するほんの短いにわか景気を挟んでいる。わずかな時間を隔てたこの二つの経済的・社会的大混乱の局面は、欠乏と欠乏の恐怖が政治的過激派を大いに煽り立てる風土を生んだ。

政治的大変動を生み出すには、経済混乱だけでは不十分である。それには、弱体化した権力エリート層を大衆動員の新たな圧力にさらす、既存イデオロギーの分裂と根深い文化的対立に根ざした国家の正当性の危機が必要だった。ところが、まさにそうした条件が、ヨーロッパの多くの地域に存在したのだ。とりわけ、根深い過激ナショナリズムが、社会をおおう国家威信の喪失感と裏切られた大国としての地位への期待に便乗して、強力な運動――自らが対決していると称する邪悪な敵の「強さ」を糧とする運動――を育てることができ、権威が地に落ちた国家で権力をうかがう立場にあった地域に存在したのである。〉

21世紀のヨーロッパにおいてもエスノクラシーが頭をもたげ始めている。英国のEU（欧州連合）からの離脱、フランス、ドイツ、オーストリアなどでの極右勢力の台頭がその具体例だ。民族主義を抑制する方策をヨーロッパ各国が取らないと、再びヨーロッパの地で戦争が起きる可能性がある。しかし、それは過去2度の世界大戦とは異なる形態の戦争になる。

過去2度の世界大戦は国家と国家の戦いだった。これに対して、今後起こりうる戦争は、国家とISのような国境を越えるテロ組織の宣戦布告なき戦争となる。この戦争も総力戦となる。田辺元も強調していることであるが、総力戦においては、前線と銃後の区別がなくなる。カーショーはこう述べている。

〈第二次世界大戦における前線と銃後の隔たりは、それに先立つどの戦争の場合より小さかった。多くの場合、隔たりはまったくなかった。両戦線は多かれ少なかれ融合していたのである。東欧各地では、ヒトラーとスターリンの軍が暴れ狂いながら前進と後退を繰り返し、そしてパルチザン活動が広がって、前線と銃後の個別の意味をほぼすべて消し去ってしまった。他のヨーロッパ各地では、違いはもっとはっきりしていた。すべての交戦国の国民は、多くは占領ドイツ軍の長靴《ちょうか》の下で、さまざまな形で生き地獄に耐えたのである。〉

現下のシリアとイラクで起きている状況を見てみよう。無辜《むこ》の住民をテロの標的とするISに前線と銃後の区別はない。このような状況を踏まえ、ヨーロッパ各国が総力戦に向けて社会構造を変化させている。これまで普遍的価値とされていた自由や人権が著しく制限されている。一度、テロが起きれば、日本でも人間の自由と権利が制限されるような事態が生じかねない。そのときに用いられる論理は、『歴史的現実』で田辺元が展開した総力戦の哲学に似たようなものになる。

田辺元の思想を扱わざるを得ないほど危機的な時代にわれわれは生きているのである。

本書を上梓するにあたっては新潮社の小林由紀氏、楠瀬啓之氏にたいへんにお世話になりました。また箱根講座を企画、運営してくださった上田恭弘氏、作家・佐藤優の生みの親で、私にとってのメンター（精神的指導者）である伊藤幸人氏にも助けていただきました。どうもありがとうございます。

２０１７年７月１日、京都の同志社大学神学館にて

佐藤優

学生《がくせい》を戦地《せんち》へ送《おく》るには

田辺元《たなべはじめ》「悪魔《あくま》の京大講義《きょうだいこうぎ》」を読《よ》む

発行――二〇一七年 七 月二〇日

著者――佐藤優《さとうまさる》

発行者――佐藤隆信

発行所――株式会社新潮社

〒162-8711 東京都新宿区矢来町七一

電話 編集部(03)三二六六―五四一一
　　 読者係(03)三二六六―五一一一

http://www.shinchosha.co.jp

印刷所――錦明印刷株式会社

製本所――加藤製本株式会社

乱丁・落丁本は、ご面倒ですが小社読者係宛お送り下さい。送料小社負担にてお取替えいたします。

価格はカバーに表示してあります。

ISBN978-4-10-475213-3 C0095